BESTSELLER

Alejandro Jodorowsky nació en Tocopilla, Chile, en 1929. Tarólogo, terapeuta, escritor, actor, director de teatro y cine de culto (*El topo* o *Santa sangre*), ha creado dos técnicas terapéuticas, la psicomagia y la psicogenealogía, que han revolucionado la psicoterapia en numerosos países. La psicogenealogía sirvió de base para su novela *Donde mejor canta un pájaro*, y la psicomagia fue utilizada por Jodorowsky en la ficción *El niño del jueves negro*. Tanto su autobiografía, *La danza de la realidad*, como *Psicomagia* desarrollan y explican estas dos técnicas. Otros libros del autor son *El loro de las siete lenguas*, *El maestro y las magas*, *Cabaret místico*, *Las ansias carnívoras de la nada* y dos libros que dedica al estudio y aplicación terapéutica del Tarot: *La vía del Tarot*, escrito junto a Marianne Costa, y *Yo, el Tarot*.

Biblioteca

ALEJANDRO JODOROWSKY

Cabaret místico

DEBOLSILLO

Segunda edición: marzo, 2009

Printed in Spain – Impreso en España

ISBN: 978-84-8346-306-2 (vol. 613/10)
Depósito legal: B. 8948-2009

Fotocomposición: Comptex & Ass., S. L.

Impreso en Novoprint, S. A.
Energia, 53. Sant Andreu de la Barca (Barcelona)

P 8 6 3 0 6 2

Prólogo

Cuando me sentí cansado de parir obras que eran sólo espejo de mis egos, abandoné durante dos años el arte. Al olvidarme de mí mismo, me cayó encima el dolor del mundo. Envueltos en su laborioso acontecer, no siendo sino pareciendo, los ciudadanos, como yo, habían perdido la alegría de vivir. Amortiguados por drogas, café, tabaco, alcohol, azúcar, exceso de carne, desengañados de la política, la religión, la ciencia, la economía, las guerras «patrióticas», la cultura, la familia, tristes animales sin finalidad con máscaras de satisfechos, nos paseábamos por las calles de un planeta al que sabíamos que poco a poco íbamos envenenando. La enfermedad de nuestra sociedad era profunda. Un antiguo cuento chino me sacó del abismo:

Una gran montaña cubre con su sombra una pequeña aldea. Por falta de rayos solares los niños crecen raquíticos. Un buen día los aldeanos ven al más anciano de ellos dirigirse hacia los límites del pueblo, llevando una cuchara de loza en las manos.

–¿A dónde vas? –le preguntan. Responde:

–Voy a la montaña.

–¿Para qué?

–Para desplazarla.

–¿Con qué?

–Con esta cuchara.

–¡Estás loco! ¡Nunca podrás!

–No estoy loco: sé que nunca podré, pero alguien tiene que comenzar.

El mensaje de este cuento me impulsó a la acción. Me dije: «No puedo cambiar el mundo pero sí puedo empezar a cambiarlo». Y sin tardar conseguí que un amigo mío, campeón de karate, me prestara su *dojo* [recinto sagrado para el entrenamiento] una vez por semana. Comencé a dar conferencias gratuitas los miércoles. Por sentido del humor, las definí como un servicio individual de salud pública. Me propuse realizar durante hora y media una terapia colectiva, aplicando el resultado de mis búsquedas teatrales. El actor (en este caso yo) no debía ser un hombre que tratara de interpretar un personaje, sino una persona (convertida en personaje por su familia, su sociedad y su cultura) tratando de encontrarse a sí misma... Eliminé los decorados, el texto aprendido de memoria, los cambios de luces, los disfraces, los acompañamientos musicales, e incluso limité el escenario. Nunca me otorgué un suelo de más de dos metros de ancho por uno de largo. Poco a poco se fue creando un público que, heroicamente, se quitaba los zapatos y se sentaba en el suelo durante hora y media. Antes de comenzar a hablar les pedía que se tomaran del dedo meñique formando una cadena, luego que suspiraran cuatro veces sintiendo que se liberaban de las tensiones de su cuerpo, de la urgencia de sus deseos, de las oleadas de sus emociones y del incesante coro de sus pensamientos. Finalmente les pedía que estiraran los brazos con las palmas dirigidas hacia mí para que me bendijeran y diesen el poder de comunicarles algo útil y sanador... Fiel a mi decisión, sin abandonar nunca, he dado estas charlas, con la sala del dojo llena, durante más de veinte años.

Cada conferencia era el resumen de aquello que había aprendido en mis lecturas de la semana más la interpretación de los símbolos de una carta del Tarot, más (siguiendo el lema «Lo que das, te lo das; y lo que no das, te lo quitas») la descripción de mis íntimos trabajos para llegar a mí mismo y, por último, como fin de fiesta, la explicación de un texto sagrado y su aplicación de manera útil a la vida cotidiana. Guiado por los tres principales consejos de la Bhagavad-Gîtâ («Piensa en la obra y no en el fruto», «Identifícate con el Yo esencial, tu Dios interior» y «Realiza siempre lo que debe ser hecho como un sacrificio sagrado, liberándote de cualquier atadura»), analicé hexagramas del I Ching, poemas del Tao te king, algunos Upanishad, el Génesis y los Evangelios, textos sufíes, budistas, alquímicos, koans, haikus, fábulas, cuentos de hadas, semánticas no-aristotélicas, teorías psicoanalíticas, etc. Cierta vez, desentrañando pensamientos del filósofo Ludwig Wittgenstein, encontré uno que me pareció de suma importancia: «El saber y la risa se confunden». Decidí entonces incluir chistes en mis conferencias, a las que denominé «Cabaret místico», junto a la interpretación de textos sagrados e historias iniciáticas.

Un símbolo no concede un mensaje preciso, actúa como un espejo que refleja el nivel de Consciencia del buscador. En el cristianismo no hay una sola cruz, sino infinitas: para unos es un objeto de tortura, para otros el cruce del espacio y el tiempo, el árbol de la vida, el signo más, etc. Los textos sagrados pueden originar múltiples comentarios; esto lo saben muy bien los cabalistas, que extraen de la Biblia caprichosas revelaciones. Varias generaciones de psicoanalistas han encontrado enseñanzas en los sueños y en los cuentos de hadas. Entonces, me dije que no hay, en sí, textos sagrados; lo sagrado lo otorga el lector. La verdad no está en un libro sino en el espíritu de quien, usando como apoyo el símbolo, descubre en las profundidades de su ser ese misterio esencial que es su genuino Maestro. Si es así, ¿por qué no ir a buscar la sabiduría en el arte literario más humilde de todos?: el chiste. ¿Por qué no tratar estos cuentecillos como si fueran textos iniciáticos? Son anónimos, tienen por finalidad provocar la risa sanadora, hunden sus raíces en el inconsciente, transportan un sentido crítico y una filosofía natural... Comencé por éste:

La inquilina de un gran inmueble va a la clínica a visitar a la conserje del edificio, que acaba de parir.

–Si me lo permite –dice asombrada la inquilina–, le voy a hacer una pregunta indiscreta: es usted soltera, ¿verdad?

–En efecto –responde la conserje.

–¿Y quién es el feliz papá de este nene?

–Sobre eso –contesta la conserje– no sé nada en absoluto. ¡Usted sabe perfectamente que, cuando limpio las escaleras, estoy demasiado ocupada como para darme la vuelta en cada ocasión!

Comparé este chiste con una historia del sabio idiota Mulá Nasrudín, considerada por ciertos maestros sufíes como iniciática:

Mulá Nasrudín, sentado a la sombra, mira el camino en tanto que su mujer, sentada a su lado pero vuelta de espaldas, mira hacia el otro lado. De pronto, ella comenta a su marido:

–¡Cuánta belleza! Hay muchos pájaros y las nubes son maravillosas. ¡Es un paisaje espléndido!

–Te equivocas, como de costumbre. ¡Es un paisaje triste: por mi lado no hay nubes ni pájaros! –gruñe Nasrudín.

El hombre no hace el menor esfuerzo por mirar hacia el lado de su mujer, se limita a ver su mundo. Del mismo modo, la conserje no presta ninguna atención a lo que ocurre a sus espaldas. Ambos se ocupan exclusivamente de su limitado punto de vista, y lo que sucede a su alrededor no les concierne. Sin embargo, sufren las consecuencias de ello.

¿Cuál es la dimensión del mundo de una conserje que limpia las escaleras y se encuentra encinta porque no se da la vuelta? ¿Cuál es la dimensión de nuestro mundo? ¿Somos capaces de ver «la realidad» desde diferentes puntos de vista o nos enfrascamos en uno solo creyendo que los otros no existen? En esta sociedad donde hemos perdido el significado profundo de la tradición religiosa y donde Dios representa un complemento infantil que se nos inculca en nuestros primeros años de vida, ¿podemos describir a esa divinidad de la cual solemos hablar? ¿Cómo la vemos? ¿Qué representa para nosotros? Al describir a Dios no hago otra cosa que describir mi realidad. Si Dios existe en alguna parte, está aquí. Si el infierno existe, también está aquí. Todo lo que no está aquí no está en ninguna parte. Todo lo que es, sólo existe en este instante. Entonces, ¡si en este instante todo está presente, debo sentir lo que es el instante para mí, con su tiempo, su espacio y su posible creador! Si Dios no existe, debo inventarlo. Y si soy incapaz de ello, ¿en qué principio se basa mi realidad? ¿Cuál es la energía que la rige y qué consecuencias extraigo de ello?

Nos dan ganas de preguntar a la conserje del chiste: «¿Quién es el bebé que llevas en el vientre? De una u otra manera te vas a encontrar con que estás encinta de un producto del que no percibes toda la realidad, con que no te das la vuelta, con que no concibes lo que el otro piensa. Tú no imaginas casi nada, ni los millones de millones de años del pasado ni los millones de millones de años del futuro, ni la extensión infinita de la materia ni la Conciencia sin límites que ésta encierra. ¿Dónde te sitúas? ¿Cuál es tu verdadera realidad? ¿Y si llamaras a tu bebé *Dios interior*?».

El primer paso que debemos dar para ampliar nuestra mirada hasta más allá de todos los horizontes, es inventar al Dios interior; un Dios que es diferente de aquel otro, ubicado en los cielos, impensable, inalcanzable, descrito por Michel Onfray en su *Tratado de ateología*:

> Mortales, limitados, padeciendo sus obligaciones, los humanos, obsesionados por la completez, inventan una potencia dotada exactamente de sus cualidades opuestas: con sus defectos volteados como los dedos de un guante, fabrican cualidades ante las cuales se arrodillan y luego se prosternan. ¿Soy mortal? Dios es inmortal. ¿Soy finito? Dios es infinito. ¿Soy limitado? Dios es ilimitado. ¿No lo sé to-

do? Dios es omnisciente. ¿No lo puedo todo? Dios es omnipotente. ¿No estoy dotado del don de la ubicuidad? Dios es omnipresente. ¿He sido creado? Dios es increado. ¿Soy débil? Dios es todopoderoso. ¿Estoy en la tierra? Dios está en el cielo. ¿Soy imperfecto? Dios es perfecto. ¿No soy nada? Dios es todo. Etcétera.

Imaginemos ahora que no en un paraíso infantil sino en el centro (o en el fondo) de nuestro inconsciente se encuentra Dios. ¿De qué manera? Como creador y destructor de cada una de nuestras células. Transformador de nuestras experiencias internas en consciencia sublime. Poseedor de la llave de cada una de nuestras ignorancias, aquello que se nos presenta como secreto salvador. Bálsamo seguro para nuestro corazón adolorido. Remedio supremo para cada enfermedad. Aquel que nos enseña a amar a todos los seres, sin distinción...

Este íntimo ser debe servirnos de modelo. Dado que día tras día inventamos nuestra realidad, así también podemos inventar nuestra divinidad:

Yo soy inmortal, sencillamente porque la muerte es sólo un concepto. Nada desaparece, todo cambia. Si acepto mis incesantes transformaciones, entro en la eternidad. Yo soy infinito porque mi cuerpo, mascarón de proa del universo, no termina en mi piel: se extiende sin límites. Yo lo sé todo porque no sólo soy mi intelecto sino también mi inconsciente, formado por la energía oscura que sostiene a los mundos, no soy sólo las diez células cerebrales que empleo cotidianamente, sino también los millones de neuronas que forman mi cerebro. Soy omnipotente cuando ceso de encerrarme como individuo y me identifico con la humanidad entera. Soy omnipresente porque, junto con todos los otros seres, formo parte de la unidad: lo que sucede, aunque sea en el lugar más lejano, me sucede. Soy increado porque antes de ser un organismo fui materia ígnea, antimateria, energía, vacuidad. Mi carne está formada por residuos de estrellas que tienen millones de años. Estoy en el cielo porque mi tierra es un navío que recorre un universo que a su vez recorre incontables otras dimensiones. Soy perfecto porque he domado mis egos haciendo que se unan a la perfección del cosmos. Yo soy todo porque soy al mismo tiempo yo y los otros.

Este primer intento de buscar la sabiduría de los chistes tuvo una buena acogida, lo que me dio ánimos para continuar. Me dediqué a explorar en los libros de humor que encontraba en los aeropuertos, en revistas infantiles, en las apariciones de humoristas en televisión, en cualquier reunión con amigos o de negocios. Me bastaba preguntar a mi interlocutor «¿Sabes algún chiste?» para verlo, entre risas, contar humildes y geniales cuentecillos en los que, más de una vez, asomaba el brillante astro de lo sagrado.

A un buscador de la verdad le cuentan que existen flores que brillan tanto como el sol. Comienza infructuosamente a buscarlas. Se le convierten en una obsesión. Durante años recorre el planeta rastreando esas luminosas flores sin encontrar ninguna. Decepcionado, convencido de que no existen, se sienta al borde de un camino con la decisión de ayunar hasta morir de hambre. Al cabo de unos días ve pasar a un viejo campesino llevando en sus brazos un enorme ramo de flores que brillan tanto como el sol. Asombrado, le pregunta:

–Dígame, buen hombre, ¿cómo puede usted encontrar tantas de estas flores cuando yo, a pesar de haber recorrido el mundo entero, nunca las vi?

–Muy fácil –responde el viejo–: por la mañana, apenas me despierto, miro fijamente el sol. Luego, veo estas flores por todas partes.

Si concebimos al Dios interior, todo lo que cae en nuestras manos, todo lo que escuchamos, vemos, experimentamos, puede convertirse en símbolo y objeto de sabiduría. Lo despreciado no tiene por qué ser obligatoriamente despreciable.

En un monasterio, un anciano prior, verdadero santo, no logra ocultar su tristeza.

–¿Por qué está tan triste, padre? –le pregunta un joven monje.

–Porque comienzo a dudar de la inteligencia de mis hermanos

respecto a las grandes realidades de Dios. Ya es la tercera vez que les he mostrado un trozo de lino sobre el que he dibujado un pequeño punto rojo, pidiéndoles que me digan lo que ven. Me han respondido todos «un pequeño punto rojo», pero nunca «un trozo de lino».

Alejandro Jodorowsky

CABARET MÍSTICO

1. Quien siembra proyecciones cosecha enfermedades

El día en que Jesucristo cumple treinta años, los apóstoles, queriendo agasajarlo, le dicen:

–Maestro, tú, como nosotros, tienes un cuerpo dotado con un sexo. Sin embargo nunca has hecho el amor. ¿No te parece fundamental intentar esa experiencia?

–Por supuesto, amados discípulos. Pero ¿con quién?

–Muy fácil, Maestro. Daremos dinero a Magdalena y ella te iniciará.

Así lo hacen. Magdalena, sonriente, deja entrar a Jesús en su humilde cabaña. Cuando se cierra la puerta, los apóstoles se sientan frente a ella disponiéndose a esperar por lo menos dos horas la salida satisfecha del Maestro. Pero no ha pasado un minuto cuando la puerta se abre violentamente. Ven salir a Magdalena con los cabellos erizados, que huye hacia el desierto dando gritos. Jesús aparece desconcertado.

–¿Qué ocurrió, Maestro?

–No sé... No entiendo su extraña reacción.

–Cuéntanos, por favor...

–Bien... Entré... Ella me sonrió y yo le sonreí... Ella me abrazó y yo la abracé... Ella me besó y yo la besé... Ella me acarició y yo la acaricié... Ella me desvistió y yo la desvestí. ¡Entonces vi que entre las piernas tenía una herida y la curé!

Este chiste está basado en esa concepción enferma que la sociedad masculina tiene de la mujer, viéndola como un hombre castrado. En México, entre otros nombres, a la vulva se la llama «el hachazo» y en Chile «la raja». En este cuentecillo Jesús se comporta como un ignorante bienintencionado. Por desgracia muchos terapeutas, médicos, curanderos y tarólogos hacen igual... Creen que el mundo es como piensan que es, sin darse cuenta de que esa «realidad» es como si fuese un símbolo: es decir, cada cual se forma de ella una imagen que corresponde a su herencia genética, familiar, social y cultural. En un mar de proyecciones e introyecciones el individuo padece, al mismo tiempo que todos los demás, un destino general deformado por la estructura de su personalidad; y decir «personalidad» es decir «trastorno».

En el clima psicológico familiar, en el que desde su nacimiento se sumerge el niño, se mezclan ideas locas con sentimientos desviados, deseos frustrados y acciones guiadas por concepciones antiguas que no se corresponden con los cambios actuales. Se le inculca al niño que debe ser como sus padres y otros familiares estiman que debe ser. Si no obedece estas normas, es considerado un traidor o un enfermo. Con silencios envenenados se le repite: «Es malo no parecerse a nosotros», «Es malo realizar lo que nosotros no pudimos lograr», «Es malo entregarse a aquello que nosotros no nos atrevimos a desear», «Es malo haber nacido porque te convertiste en una carga», «Es malo que no te sacrifiques por nosotros porque nosotros nos sacrificamos por ti». En resumen: «Es malo que quieras ser tú mismo». Debido a que se nos inculca que somos culpables de ser lo que somos, nos sumergimos en una dolorosa neurosis de fracaso.

Hay que tener cuidado con aquellos terapeutas que utilizan a sus pacientes para asegurarse de que su propia enfermedad es la salud. (Sigmund Freud, a pesar de haber contraído un cáncer en la mandíbula, siguió fumando de quince a veinte puros diarios.) O con aquellos otros que piensan que lo que creen es la verdad.

Un hombre, apenas ha salido de su casa, siente que se ahoga y su rostro se cubre de manchas rojas. Consulta con un médico, quien diagnostica una úlcera y le corta un trozo de estómago. Pero eso no hace que mejore: continúa sintiendo molestias. Un especialista, afirmando que se trata de un problema respiratorio, le extrae el pulmón derecho. Un segundo especialista, creyendo que es un cáncer de hígado, se lo cambia por otro. Por desgracia su enfermedad continúa: en cuanto sale de su hogar por la mañana, enrojece y se sofoca.

Por último, un eminente profesor le dice:

–Señor, no le ocultaré la verdad: es muy grave. Le quedan sólo tres meses de vida...

El pobre quiere aprovechar el tiempo que le resta. Vende todo lo que tiene, se compra un coche deportivo y decide vestirse a la moda. Después de adquirir una docena de trajes, entra en una camisería y pide al vendedor camisas de seda de todos los colores del número 40 de cuello.

–Pienso que su talla es la 42 –dice el vendedor.

–Mire, yo conozco mi cuerpo. La medida de mi cuello es un 40.

–¿Me permite que lo verifique?

–¡Es inútil! Siempre he usado camisas con cuello del 40. Insisto: deme una docena del 40.

–De acuerdo, con mucho gusto, señor. Pero se lo advierto: cinco minutos después de haberse abrochado el cuello de la camisa, la cara se le llenará de manchas rojas y sentirá que se ahoga.

También debemos desconfiar de los terapeutas que, dominados por un ego delirante, de pronto se convierten en profetas o gurús:

Un hombre que tiene una crisis de hemorroides va a ver a un médico. Éste le dice:

–Le voy a dar un antiguo remedio para atenuar el dolor: durante tres días, cada cuatro horas, póngase en el ano una cataplasma de posos de café turco. Verá como es muy eficaz.

El hombre así lo hace. Pasados los tres días regresa a la consulta. El médico le pide que se desvista, que se arrodille en la camilla y que levante muy alto sus nalgas. Después se pone a observarle el ano. Al cabo de cinco minutos, el paciente, algo inquieto, pregunta:

–Doctor, ¿ve usted algo?

–Veo... Una cita con una mujer rubia. Llegada de dinero inesperado. Un cambio importante en su trabajo. Un accidente de bicicleta...

El vidente «lee el futuro» pero es incapaz de curar la enfermedad. Tan sólo consigue eliminar los síntomas. Para sanarse, el enfermo tiene que comprender que la mayoría de las veces el origen de su padecimiento es de naturaleza psicológica. Esa enfermedad le da una forma de identidad, de pertenencia a quien lo enfermó: generalmente, algún miembro de su familia. La enfermedad es el único lazo que lo ata a los seres que él quiere, pero que no lo amaron en la forma en que él necesitaba ser querido. Si reconocemos que nunca nos amaron, comenzamos a sanarnos. Pero no queremos saberlo, porque el dolor sería tan grande que, aunque sanáramos, moriríamos. Queremos que nos den aspirinas, que sólo nos quiten el dolor físico, que nos calmen, que nos cuiden largo tiempo. En fin, deseamos que el doctor nos acaricie.

Un hombre llega llorando a la consulta del psicoanalista.

–¿Qué le pasa?

–Todas las noches sueño que un hombrecillo con chaqueta y sombrero rojos me viene a visitar y me propone: «¿Hacemos pipí juntos?». ¡Y yo me orino en la cama! ¡Ya no puedo más!

–Su caso no es grave –comenta el psicoanalista–. Le voy a dar una solución que lo va a liberar rápidamente. La próxima vez que el hombrecillo se le aparezca, respóndale: «¡Ya hice!», y no le volverá a molestar.

–¿Eso es todo?

–Sí. Repítase todo el día «ya hice», con el fin de condicionar su mente a esta contestación.

El hombre repite la frase a lo largo del día, en el metro, en la oficina, en el restaurante, etc., y también cuando se acuesta por la noche, antes de quedarse dormido.

A la mañana siguiente, regresa a ver al terapeuta.

–¿Qué pasó? ¿Practicó lo que le aconsejé? –indaga el especialista.

–¡Sí, innumerables veces! –responde entre sollozos el paciente.

–Vamos a ver, cuénteme con calma todo lo que ocurrió.

–Me dormí, y durante mi sueño el hombrecillo de la chaqueta y el sombrero rojos, presentándose como de costumbre, me dijo: «¿Hacemos pipí juntos?». Yo le respondí: «¡Ya hice!».

–¿Y luego? –pregunta el terapeuta.

–El hombrecillo me dijo: «Entonces, ¿hacemos caca juntos?».

Si tenemos un problema de incontinencia, el responsable de ello no es el hombrecillo vestido de rojo. Nuestra incontinencia es la manifestación de un problema que está en nosotros pero que no queremos enfrentar. En lugar de eso nos dirijimos a cualquier curandero, a fin de que nos dé una solución. Buscamos a alguien que nos diga cómo suprimir ese síntoma, pero en realidad nos escudamos detrás de él mismo. No queremos saber qué nos ocurre. Lo único que queremos es que no nos ocurra.

Si nuestro matrimonio va mal no nos preguntamos por qué va mal. Solamente pedimos que nuestra mujer regrese, que las cosas vuelvan a ser como antes. No deseamos cambiar. No deseamos hacer el trabajo de introspección, no deseamos evolucionar. ¡Ningún cambio que desestabilice esa concepción que tenemos de nosotros mismos y del mundo!

Cuando aceptamos seguir los métodos del gurú, el mal que conseguimos suprimir por un lado reaparece por otro. En verdad no hemos mejorado fundamentalmente nuestro estado. No se resuelve el problema cambiando un síntoma, sino trabajando en uno mismo.

Mulá Nasrudín llega a una aldea donde nadie lo conoce, haciéndose pasar por sabio.

–Queridos amigos, ¿tenéis algún problema?

–Sí, tenemos uno: hay una vaca que metió la cabeza en una vasija de arcilla y no podemos sacársela.

–Tráiganme un corderito asado –dice Nasrudín–. Tengo hambre y comiendo hallaré la solución.

Cuando termina de devorar al animalillo, eructa solemnemente y les dice:

–La solución es simple: corten la cabeza a la vaca.

Los campesinos, impresionados por ese hombre tan seguro de sus conocimientos, cortan la cabeza del vacuno. Luego regresan junto a Nasrudín:

–Ya le cortamos la testa a nuestro rumiante, pero aún no podemos sacarla de la vasija.

–Muy simple, queridos amigos, tomen un martillo y rompan esa vasija.

Todo el mundo felicita a Nasrudín, pensando «Comió y bebió en abundancia, incluso luego pidió dinero, costó muy caro: debe de ser un gran sabio».

Escuché en la radio a un cómico decir algo que, a pesar de ser injusto, sonaba verdadero: «La cirugía es una rama de la medicina que, en donde no puede curar, corta». Ciertos médicos que creen que sólo deben preocuparse del cuerpo de sus pacientes, ignorando por lo tanto la complejidad psicológica de éstos, tienden a eliminar los síntomas sin tratar de averiguar por qué se han producido. Extraer un tumor es aliviar al enfermo, pero no es sanarlo espiritualmente.

La enfermedad física puede ser un aviso del inconsciente para que el paciente afronte un problema psicológico determinado. Ante esta situación de conflicto, si el ego intelectual o el emocional o el libidinal no logran encarar la verdad, el cerebro creará un mal tratando de buscar en el cuerpo una solución al problema. Pero no debemos confundirnos: la enfermedad no es una solución a un problema, sino un intento de solucionarlo, invitándonos a enfrentar un conflicto que se ha mantenido secreto.

Dependiendo no sólo del cuerpo sino también de nuestros propios traumas intelectuales, emocionales y sexuales, ninguna enfermedad es semejante. *Mi* gripe no es *tu* gripe, no es *su* gripe... Cada persona, ante los mismos virus, reacciona de manera diferente. No se puede abstraer la enfermedad del terreno psicológico donde se produce.

Un viajero pregunta a Mulá Nasrudín:

–¿Qué distancia hay hasta el próximo pueblo?

Nasrudín no contesta. El viajero, ofendido, sigue su camino. Cuando ha recorrido doscientos metros, Nasrudín le grita:

–¡El próximo pueblo está a tres horas de camino!

–¿Y por qué no me lo dijo cuando se lo pregunté?

–¡Porque necesitaba saber a qué velocidad camina usted!

Los Maestros nos ayudan a encontrar el camino, pero sólo nosotros podemos recorrerlo. La energía infinita que existe en nuestro interior, luz central en los meandros del inconsciente, es la única que nos puede curar.

Podría decirse que la curación consiste (prescindiendo de las prohibiciones familiares, sociales y culturales) en el reconocimiento y la realización de lo que uno es... Pero no en la realización de lo que el médico es:

Una mujer muy atractiva acude a la consulta de un psicoanalista.

–Desnúdese completamente –le dice el médico.

Ella se despoja de todas sus ropas.

–¿Y ahora?

–Tiéndase en el sofá.

La mujer así lo hace. Entonces el psicoanalista se arroja sobre ella y la penetra. Cuando obtiene su placer, se retira y con calma le dice:

–Señorita, yo ya solucioné mi problema. Dígame ahora cuál es el suyo.

En el libro de divulgación *Cómo sanar el suicidio*, de un psicoanalista que por piedad no quiero nombrar, aparece esta elocuente afirmación: «Hay que dejar que la persona se cure ella misma. Por lo cual, como psicoanalistas, no debemos intervenir». ¡Muy bien, así el paciente tardará quince, veinte, treinta o más años en sanar! El siguiente chiste ilustra los beneficios de esta técnica:

Dice el consultante:
–Me siento mal.
El terapeuta le responde:
–Usted se siente mal.
–Creo que me voy a suicidar.
–Usted cree que se va a suicidar.
–Me levanto del sofá y abro la ventana.
–Usted se levanta del sofá y abre la ventana.
–Me tiro por la ventana.
–Usted se tira por la ventana.
–¡Pluf!
–Usted ha hecho ¡pluf!

Sigmund Freud no fue un artista, sino un médico genial que al comienzo de sus experiencias con mujeres histéricas cometió un error fundamental, error que a lo largo de sus ochenta y dos años de existencia nunca corrigió: creyó que su terapia se realizaba a través de la palabra, sin darse cuenta de que no se puede limitar la expresión de un ser humano sólo a su lenguaje oral. Comenzó trabajando con el doctor vienés Josef Breur, un buen hipnotizador, pero cuando él intentó usar sus métodos, fracasó. Sin darse cuenta de que carecía de talento para ese tipo de terapia, creyó que sus enfermas no estaban en buena disposición para ser hipnotizadas. Tratando de hacerlas caer en trance, es decir inmovilizándolas, decidió apoyarles una mano en la frente logrando así, en su opinión, buenos resultados. Creía que induciendo al paciente a que recordara su trauma, y lo expresara con palabras, acababa curándolo. «Curando los síntomas, acabo con los problemas.» Nunca concibió la importancia sanadora del hecho de que un arquetipo paterno, él, entrara en contacto con el cuerpo sufriente. Al fallarle la hipnosis, Freud escribe en sus *Historiales clínicos*:

En tal apuro, se me ocurrió recurrir al procedimiento de aplicar mis manos sobre la frente de la sujeto. Ejerciendo esa presión, despertaba yo en ella un recuerdo, surgía una sensación dolorosa, casi siempre tan intensa que la sujeto se contraía y llevaba sus manos al lugar correspondiente [...]. Durante esta penosa labor, muchas veces sucedía que la paciente no me comunicara ocurrencia alguna sino hasta después de imponer por tercera vez mis manos sobre su frente durante un par de segundos [...]. Sé, naturalmente, que podía sustituir esa presión por otra señal cualquiera, pero la he elegido por ser la que resulta más cómoda.

Freud no sospechaba la importancia que tiene tocar al paciente. No se le ocurrió en ningún momento poner su ser entero en ese contacto. Lo limitó a un par de segundos, el tiempo necesario para que su enferma hable: quiere obtener palabras. Desdeña el cuerpo, da existencia sólo a la cabeza; quiere que la persona bajo su influjo se concentre en su sufrimiento secreto y lo lleve al mundo racional. Piensa que el ser humano es un animal que habla. De la misma manera en que apoya sus manos en la frente, podría hacerlo en la espalda, en el pecho, en todo el cuerpo del que sufre, un ser que sólo ha conocido el contacto físico como proposición sexual, como castigo o como demostración de poder.

El problema de la curación psicoanalítica reside en el hecho de que el terapeuta no se permite tocar al paciente. Quizá se podría reducir todo el problema del enfermo al deseo de ser un niño acariciado por ese adulto que intenta curarlo. Pero el único contacto material entre el psicoanalista y su cliente es el dinero. Éste saca un billete que ha manoseado largo tiempo, y se lo pasa al analista. La única caricia que acontece es a través del dinero. Por eso el acto de pagar se hace tan importante.

Un hombre visita a un psicoanalista por primera vez. De inmediato éste le dice:

–Señor, la consulta cuesta cien euros y sólo tiene usted derecho a hacerme dos preguntas.

–Pero... ¿no cree usted que es muy caro?
–Quizá. ¿Cuál es su segunda pregunta?

Muchos niños padecen males psicológicos que arrastrarán hasta la madurez, porque sus padres no supieron acariciarlos con la debida ternura. Y, si éstos no lo hicieron, fue porque a su vez ellos no conocieron una auténtica ternura por parte de sus propios padres.

En un terapeuta, ¿qué es tocar bien? Acariciar sin brusquedad, sin deseos sexuales ocultos, sin demostración de poder, con infinita devoción, atención amable y bondad de madre-padre. El terapeuta debe tocar situándose en su Yo esencial, más allá de su personalidad, como un receptáculo lleno de energías puras.

...sobre los enfermos pondrán sus manos, y sanarán.

Marcos 16, 18

...por la imposición de las manos de los apóstoles se daba el Espíritu Santo.

Hechos 8, 18

En los Evangelios, Jesucristo enseña a sus apóstoles la técnica de la imposición de manos. Si él no hubiera tocado a Pedro, nunca habría existido la Iglesia, por falta de transmisión. Sin contacto corporal no hay traspaso.

Durante siglos se han atribuido al tacto oscuras intenciones. Un padre o una madre pueden tener miedo de sus impulsos homosexuales o incestuosos, y acariciar a sus hijos con un amor mezclado de rechazo porque desconfían de sí mismos o porque, desvalorizándose, los desvalorizan. Si nuestros padres no han reconocido la divinidad de nuestro cuerpo, no podemos amarnos.

Para poder tocar bien a un ser, despertando en él su Yo esencial (que los Evangelios llaman «Espíritu Santo»), debemos concentrar en nuestras manos la fuerza corporal, libidinal, emocional y mental. Sentir en ellas el espacio infinito, el tiempo eterno, el amor inconmensurable que es raíz de la materia, la grandiosa alegría de la vida. Cuando tocamos al otro podemos transmitirle todo ello. Tocar es acompañar.

Viene a verme Marcela, una joven mexicana de hermosa piel morena y exuberantes formas. A pesar de que sabe que no concedo consultas privadas y que todos mis actos de psicomagia los hago en público, me acosa hasta conseguir verme a solas. Le pregunto:

–¿Por qué has deseado tanta privacidad? ¿Tienes algún secreto?

–Sí. Quiero hacer el amor con usted. Ése es mi problema.

No puedo mostrar una actitud de rechazo. Esta mujer ha venido desde muy lejos para decirme tal cosa. Le respondo con calma:

–Escúchame bien, te voy a abrazar para que te pegues a mí con toda tu energía sexual. No la retengas.

Entonces Marcela se comprime contra mí, como si tratara de incrustarse entera en mi cuerpo. Yo la recibo sin oponerle barreras, en un estado de vacío, sin ningún deseo de posesión. Cuanto más me da, más la acojo. Cuando se siente así recibida, se queda quieta. Le digo con dulzura:

–Ahora absorbe tu energía sexual, no la dirijas hacia mí sino hacia tu corazón. Concéntrala en tus latidos. Deja que se mezcle con tu sangre. ¿Qué edad tienes?

Me responde con voz de niña:

–Cinco años.

–Hija mía, reposa entre mis brazos.

Instantáneamente, su deseo sexual se convierte en lo que en verdad es: la petición de ternura de una niña a un padre ausente. Solloza apoyada en mi pecho derramando lágrimas que ha contenido durante muchos años.

Imponer las manos significa entrar en contacto con *el cuerpo, el alma* y *el espíritu* de quien nos necesita.

2. El cuerpo, el alma y el espíritu

Desde lo alto de su castillo, un rey ve llegar a un caballero. Éste va a caballo y, muy contento, lleva un dragón en los brazos. El rey le grita: «¡Estúpido, tu misión era matar al dragón y traer a la doncella!».

¿Qué representarían, según el psicoanálisis, el dragón y la doncella? Ella, virgen y pura, es el símbolo del alma, la parte más sagrada que llevamos en nosotros. El dragón es la parte tenebrosa, nuestro abismo ignoto, el inconsciente que nos causa pavor. San Jorge hunde su lanza en el animal de la misma manera en que la mente racional, deseando realizarse, penetra en la noche oscura del inconsciente para rescatar la estrella que oculta en su centro.

Nosotros seríamos a la vez el caballero, la doncella, el dragón y el rey. El Rey (nuestra voluntad) nos dice: «¡Basta! ¡Es preciso que trabajes en ti mismo! ¡Domina al dragón!». Entonces el Caballero (nuestro intelecto) se pone en marcha, comienza su introspección, esgrime su lanza, su poder de concentración y enfrenta al Dragón (la energía ancestral) penetrándolo para reconocer, sin rechazo y con desprendimiento, las pulsiones caníbales, narcisistas, incestuosas, bisexuales, sadomasoquistas, etc.

Matar al Dragón no es eliminarlo sino sublimar esas pulsiones encauzándolas hacia la luz, la fe, el amor a la vida, la realización espiritual. Si el Caballero rescata a la Doncella, en la mente vence al diálogo interior y logra el silencio. Dejando de lado los rencores, aprende a perdonar y amar sin exigir nada a cambio, obteniendo la serenidad. En su centro sexual logra liberar el deseo de su objeto para absorber internamente esa energía, hasta llegar a la constante satisfacción creativa, mientras en su cuerpo y sus obras reina el agradecimiento al Creador... Si por el contrario aniquila a su Ánima y libera a su Dragón, el Rey es devorado y el castillo destruido. El Caballero vagará por su ruinosa ciudad llevando a la bestia en los brazos, alimentándola con ideas falsas, sentimientos falsos, deseos falsos, acciones falsas: cosas que parecen, pero que no son.

El conocido filósofo de origen ruso G. I. Gurdjieff afirma que la finalidad del ser humano es crearse un alma. Nace con una semilla de ella que debe cultivar y hacer crecer. Si no lo hace, es sólo un espíritu muerto dentro de un cuerpo vivo. Este ocultista ve las ciudades pobladas de sonámbulos: sin un alma desarrollada nadie está despierto.

Sin embargo, entre psicoanalistas y escritores «espirituales», la falta de mutuo acuerdo sobre el significado de las palabras «espíritu» y «alma» ha dado origen a una gran confusión. Generalmente las utilizan como sinónimos. No se han preguntado por qué san Pablo puede decir en Hebreos 4, 12: «...la palabra de Dios es viva y eficaz, y más cortante que toda espada de dos filos; y penetra hasta partir el alma y el espíritu...». Llegan incluso a considerar el alma como una entidad separada de nuestro cuerpo pero que, en cierta forma, también es material porque, adjudicándole peso, afirman que cuando morimos, y el alma se libera de la carne, nuestro cadáver pierde unos veinte gramos. El alma no es una *entidad*, en el sentido de tener forma (la filosofía búdica declara que «donde hay una forma, hay una causa de dolor y sufrimiento»), sino un centro de consciencia, un estado.

También hablan de la tríada Cuerpo-Alma-Espíritu sin definir claramente qué es lo que llaman así. A fines del siglo XIX, la ocultista rusa Helena Petrovna Blavatsky, en su *Glosario teosófico*, intentó definir el Alma, el Espíritu y el Cuerpo:

> El Alma es el eslabón entre el Espíritu divino del hombre y su personalidad inferior. Es el Ego, el individuo, el Yo que se desarrolla por medio de la evolución.
>
> El Espíritu es uno con lo Absoluto Universal, siempre desconocido. No debe confundirse con el Alma.
>
> El Cuerpo es el vehículo para la manifestación del Alma en este plano de existencia, y el Alma es el vehículo, en un plano más elevado, para la manifestación del Espíritu, y los tres forman una trinidad sintetizada por la Vida que los impregna a todos ellos.

Cuando nos referimos a Cuerpo, Alma y Espíritu no hablamos de tres «cosas» diferentes sino de diversas categorías del Yo. Estamos acostumbrados a afirmar «yo soy yo» sin saber claramente cómo estamos constituidos. El Yo que nos distingue de los otros puede ser una percepción limitada, confusa, desviada de lo que en verdad somos. Tenemos que aprender a distinguir el Yo personal (Cuerpo), el Yo superior (Alma) y el Yo esencial (Espíritu) del Dios interior.

El Yo personal (Cuerpo)

Nuestro organismo es animado por cuatro energías: la *corporal*, con sus necesidades; la *libidinal*, con sus deseos; la *emocional*, con sus sentimientos; la *intelectual* con sus ideas. Cada una de estas energías crea un Yo fragmentario con su propio lenguaje. Cuando desarrollamos uno de estos lenguajes en detrimento de los otros, sufrimos una desviación (siempre angustiosa) de la personalidad. Por defectos de la educación que recibimos de niños, no hemos aprendido a tener una finalidad unitaria: necesitamos algo, deseamos otra cosa, amamos otra y pensamos en realizar otra. Somos como un carro sin conductor tratando de hacer avanzar cuatro caballos que toman un rumbo distinto cada uno. Nos estancamos, o nos creamos una realidad donde nos sentimos infelices. Es así como nos convertimos en «intelectuales», viviendo sólo en la mente y haciendo entrar la inabarcable realidad en el rígido molde racional; o en «emocionales», dejando que las tormentas del corazón nos inunden; o en «sexuales», haciendo de la gratificación de los genitales un verdadero culto; o en «corporales», creyendo que el deporte, el dinero y los problemas de peso y salud son las únicas preocupaciones aceptables. El Yo personal se compone de estos cuatro egos. Cuando no están bien equilibrados, y uno de ellos prima sobre los otros, los centros reprimidos no dejan de importunar las acciones del que domina. Si regresamos al ejemplo del coche sin conductor, uno de los cuatro caballos, el que es más fuerte que los demás, tira del vehículo por su camino a costa del gran esfuerzo de tener que arrastrar a los otros tres. En Alquimia encontramos el lema *Solve et coagula.* Disuelve y coagula. En esta unión desequilibrada, cada uno de los cuatro egos debe aprender a conocerse, delimitando su acción con respecto a los otros. Es el período de la disolución y el aprendizaje.

El Ego corporal, aspirando a la inmortalidad, desea no envejecer, no enfermar, no morir, no empobrecer, ser invulnerable. Antes que nada debe aprender a aceptar la muerte, haciendo de ella el momento más precioso de su existencia, siempre que este fin llegue cuando su potencial de vida se haya agotado de forma natural. Luego, debe aprender a concebir la vejez como un aporte de sabiduría (la belleza de una flor que se desarrolla equivale a la belleza de una flor que se marchita), convirtiendo cada una de sus enfermedades en Maestro.

El Ego libidinal, aparte de buscar la satisfacción poseyéndolo todo, desea crear. Debe aprender a disminuir sus ambiciones, sabiendo que en esta permanente impermanencia no somos dueños de nada, que todo nos es prestado. Dominando su posesividad, precisa desarrollar su capacidad de recibir. Ningún artista verdadero crea sus obras, las recibe. La palabra «cábala» significa en hebreo «lo recibido». Es por esto que toda obra sagrada es anónima, como el Tarot, el calendario solar azteca, el templo de Borobudur en la isla de Java, las pirámides de Egipto, los Upanishad, etc.

El Ego emocional quiere amar, pero lo confunde con querer ser el único amado. Debe aprender a cesar de pedir, a agradecer, a compartir, a transmitir aquello que recibe convirtiéndose en canal. Un proverbio árabe dice: «Si tomas arena y empuñas la mano, todo lo que obtienes es un puñado de arena. Pero si abres la mano, toda la arena del desierto puede pasar por ella».

El centro intelectual quiere ser el amo, designar, explicar. Debe aprender a callar, a ser capaz de despegarse del río incesante de palabras para encontrar en el silencio su verdadera esencia: la vacuidad.

Un discípulo le dice a un Maestro de conversación:

–Venerado instructor, ¿puede usted enseñarme a hablar bien?

–Sí, te voy a enseñar. Siéntate y escucha...

El discípulo se sienta frente al Maestro. Pasa el tiempo. El anciano no habla. El discípulo, que esperaba oír sabias palabras, se impacienta.

–Maestro, lo estoy esperando. Quiero aprender a conversar y usted no me dice nada.

–Precisamente te estoy enseñando a escuchar en silencio, que es la esencia de conversar.

Cuando las palabras ya no son nuestras, sino que hablan a través de nosotros, cuando nuestra alegría es un eco de la fuerza original, cuando el amor que damos pertenece al océano del amor cósmico, cuando nuestros pensamientos no nos pertenecen sino que son creados por la totalidad, cuando estamos en un estado de recepción constante, nuestros cuatro egos se han coagulado, logrando la unidad. Los cuatro caballos marchan en una misma dirección tirando de un carro en el que ha aparecido el conductor. El cerrado, confuso y egoísta Yo personal es ahora una puerta que se abre hacia una Consciencia mayor.

El Yo superior (Alma)

Este Yo puede comprender cada uno de los cuatro lenguajes y lograr que entre ellos se comuniquen. Obligatoriamente, el acuerdo pasa por este aspecto de la Consciencia. Sin él, la mezcla de ideas con sentimientos, deseos o necesidades es semejante a una reunión de sordomudos que ni siquiera saben hablar con sus manos. El intelecto debilita la sexualidad, enfría las emociones, desprecia el cuerpo. La sexualidad convierte al intelecto en un arma agresiva; a la emoción, en posesividad; a la materia, en seducción. La emocionalidad sumerge la vida material, sexual e intelectual en un mundo infantil. La materialidad transforma la sexualidad en prostitución; al intelecto, en destructor; al corazón, en una máquina de calcular.

Los antiguos griegos, que creían en el Alma como si fuera un ser, la describían formada de dos partes a las que llamaban Pneuma y Psique. Psique se unía a la parte animal del ser humano, mientras Pneuma se unía al Espíritu. Aquellos en quienes dominaba el Pneuma, seres *pneumáticos,* tenían asegurada la salvación. Los *psíquicos,* por el contrario, estaban condenados a sucesivas reencarnaciones. Una tercera categoría de humanos, los *hílicos,* con una Psique más animal que humana, eran destruidos.

> Los que viven como puercos morirán como perros.
>
> G. I. Gurdjieff

Cuando los cuatro egos del Yo personal crean una Consciencia relacional –que cesa de parcelar la imagen de sí en elementos opuestos, coagulándolos en un Yo superior–, actúan hacia un mismo proyecto: alcanzar la universalidad. Esto sólo puede hacerse de la misma manera en que un árbol, para lanzar sus ramas hacia el cielo, hunde sus raíces en la tierra. El Yo superior, producto del Yo personal –que ha encauzado sus desviaciones, cesado de luchar contra sí mismo, salvado a su cuerpo de la autodestrucción, aprendido a no dirigir sino a ser guiado–, se nutre de la felicidad que sus cuatro egos han encontrado en el silencio (cerebro), la compasión (corazón), la satisfacción (sexo) y el agradecimiento (cuerpo). De esta manera logra tornarse hacia la recepción espiritual. Se puede comparar con una gota que retorna al océano: una dimensión de Consciencia colectiva, eterna e infinita que tiene por misión servir a la totalidad: es el Yo esencial, de naturaleza andrógina. Esta dimensión de la Consciencia sólo puede alcanzarla quien ha desarrollado su Yo superior. El Yo personal, sin esa quintaesencia, no puede concebir tal cosa.

Una rana que ha vivido en el océano de repente es lanzada por una ola dentro de un pozo. En esa profundidad se encuentra con un sapo, nacido ahí y que nunca ha salido afuera. El bicho le pregunta:

–¿De dónde vienes?

–Vengo del océano.

–¿Cómo es ese océano?

–Es inmenso.

El sapo da un salto de cinco centímetros.

–Es grande, ¿así?

–¡No! ¡Mucho más grande!

El sapo da un salto de veinte centímetros.

–¿Es así de grande?

–¡Es aún más grande!

El sapo salta hasta llegar a la mitad del pozo.

–¿Así?

–¡No!

El sapo atraviesa todo el fondo del pozo.

–¿Así?

–No. Muchísimo más grande.

Entonces el sapo, exclamando con furia «¡Mentirosa!», muerde a la rana.

El Yo esencial (Espíritu)

En el Yo esencial, se disuelven los conceptos duales masculino/femenino, juventud/vejez, finito/infinito, perecedero/eterno, belleza/fealdad, infierno/paraíso, bien/mal, etc. Emanación pura de la Consciencia cósmica, el Yo esencial es uno con el Yo del universo.

Con su aspecto oscuro, el inconsciente formado por la totalidad del pasado universal se pone a disposición del Yo esencial, como un generoso aliado, ofreciendo sus tesoros. (Cuando el Yo personal se niega a recibir dichos dones, éstos se transforman en angustiosas obsesiones, convirtiéndose el aliado en enemigo.) Con su aspecto luminoso, el supraconsciente, transmitiendo los dones que ofrece el futuro, pensamientos justos, sentimientos sublimes, deseos superiores, necesidades sagradas, guía al Yo esencial hacia la realización suprema: el conocimiento del Dios interior.

Dios interior

Nuestra fuente de vida, partícula o radiación de la energía que sostiene a toda la creación y a la que los ocultistas sitúan en el corazón del hombre.

> ¿No sabéis que sois templo de Dios, y que el Espíritu de Dios mora en vosotros?
>
> 1 Corintios 3, 16

Centro impensable que reside en las entrañas de nuestro ser, origen de cada una de nuestras células, detentador del poder de darnos la vida o la muerte, cualquier cosa que seamos es la expresión de su voluntad. Para el iniciado, llegar al Dios interior equivale al ideal de aquellos que buscaban la Fuente de Juvencia, las aguas milagrosas que proporcionaban a quienes se sumergían en ellas una juventud eterna, es decir, los liberaba del tiempo –mito que se puede comparar con el de la resurrección cristiana–. En la creencia de la reencarnación no hay transmutación, la misma Alma pasa de un cuerpo a otro. La resurrección puede ser comparada con la transmutación alquímica en la que el plomo renace convertido en oro. La naturaleza de los trabajos alquímicos se puede resumir en una frase: «Espiritualización de la materia y materialización del espíritu». La realización suprema de la alquimia, la Gran Obra, daría como resultado reanimar la parcela de luz divina aprisionada en la materia. Este trabajo de ir de lo inferior a lo superior y de lo superior a lo inferior, es descrito en el antiguo texto egipcio *La tabla de esmeralda*, que algunos atribuyen a Hermes Trismegisto:

Sube de la tierra al cielo y otra vez desciende sobre la tierra, y recibe la fuerza de las cosas superiores e inferiores.

En Génesis 28, 12-13, leemos:

Y soñó: y he aquí una escalera que estaba apoyada en tierra, y su extremo tocaba en el cielo; y he aquí ángeles de Dios que subían y descendían por ella. Y he aquí, Jehová estaba en lo alto de ella...

Podemos imaginar que el Dios interior (invisible, inmaterial, inmortal) –como ocurre en nuestra respiración– inspira y espira. Lo que Hermes llamaba «tierra» corresponde al Yo personal. Cuando los cuatro egos no han llegado a comunicarse, y el hombre está dividido, por más que haya adquirido importancia y piense que se ha realizado (como millonario, seductor, artista célebre, filósofo de actualidad, etc.), siempre, en su soledad interior, reinarán el sufrimiento y la angustia. Se sabrá incompleto. La misteriosa aspiración de un cazador invisible lo tentará a ir más allá. Si el que es llamado se equivoca, derramará su insatisfacción en multiplicar más y más lo que ya tiene, hasta su aniquilamiento. El millonario nunca calmará su sed de dinero, ni el seductor sus deseos de conquistar admiradores, ni el artista su ambición de premios y aplausos, ni el filósofo su afán por alcanzar una verdad que sin cesar se le escapa. Tampoco el monje que inmoviliza su cuerpo, descuidando su sexo y su corazón, llega a esa meta que llama *iluminación.* El Dios interior nos reclama sin cesar. Podemos ser hílicos, no sentirlo y, en medio de una guerra interior, crearnos decepciones, rencores, odios, enfermedades, vicios, convertirnos en defensores de ideas negativas.

Si de repente perdemos a un ser querido, o nos vemos involucrados en una gran catástrofe, o un peligroso virus nos contagia o bien nos arruinamos, o aquellos en quienes confiábamos nos han traicionado, podríamos padecer una crisis tan tremenda que, en vez de aniquilarnos, provoque en nosotros, por un desesperado deseo de sobrevivir, la unión de nuestros cuatro egos. Surge entonces el Yo superior. Al comienzo con su aspecto psíquico, preocupado como un conductor que acaba de domar a sus ariscos caballos. Empleará bastante tiempo, a veces años, en desprender de sus egos las ideas inculcadas por familiares, profesores, políticos, sacerdotes y tantos otros directores de conciencia que, a veces sin mala intención, pero profundamente equivocados, se convierten en fabricantes de manadas infelices y consumidoras. Debe también eliminar el terror que los sistemas económicos siembran para mantener a la humanidad en un estado infantil fácil de dominar: miedo a perder el dinero, la salud o la paz, miedo a fracasar o a triunfar, a ser abandonado o a amar, a morir o a vivir, a ser humillado, a ser invadido por los otros y, sobre todo, miedo a la soledad. Debe además aprender a comer, no motivado por nostalgias infantiles o angustias existenciales sino para aligerar al cuerpo de las toxinas con que la industria de toda esta clase de sustancias nocivas o adictivas le está envenenando la sangre. Debe eliminar aquello que le es innecesario, sin olvidar las frívolas amistades que le devoran su energía y su tiempo. Cuando –venciendo la insatisfacción, la vergüenza, el remordimiento, el dolor psíquico o el sentimiento de la propia indignidad– la coagulación de sus cuatro energías se ha realizado, puede el Yo superior responder a la llamada del Yo esencial. La razón, sin naufragar en la locura, atraviesa la barrera que la separa del inconsciente y aprende a recibir esos dones que se deslizan entre las palabras, otorgando imágenes, induciendo a actos constructivos, inyectando energía, adquiriendo así el valor necesario para avanzar por el camino que va entre el pasado y el futuro, entre la oscuridad y la luz, entre el inconsciente y el supraconsciente. Ha terminado lo que en alquimia se llama *vía seca*, un intenso período de búsqueda, y comenzado la *vía húmeda*, ésa en que, transformados en canal, recibimos la Consciencia cósmica. Si antes nuestra secreta ambición era ser mejor que todos, campeones o bien héroes capaces de lograr victorias imposibles entregándonos al sacrificio de nuestra vida o de lo que más amamos, ahora podemos convertirnos en creadores sagrados.

¿Tú amas la vida o la vida te ama? El pantano no es consciente cuando produce un loto. Si se dijera «Me voy a preparar para dar origen a un loto», nunca produciría algo. Seguiría siendo un pantano maloliente. Pero de pronto, en esa masa densa y oscura, la fuerza vital produce una flor blanca... Nunca estamos preparados para crear. La creación se hace a través de nosotros, porque obedece a cosas más vastas que la voluntad personal.

Ejo Takata

El Yo superior dirige al Yo personal y le revela que todas sus transformaciones no han sido sólo para huir del dolor sino también para obedecer la llamada de lo alto, es decir del Yo esencial interior. El Yo esencial, acumulando la energía del Yo personal y del Yo superior, se sumerge en la fuente de vida: el Dios interior.

Un discípulo dice a su Maestro:

–Usted enseña que tenemos dentro de nosotros a Dios. Pero si Dios es tan vasto, tan inimaginablemente inmenso, ¿cómo podemos tenerlo en nuestro interior?

–Ve hasta el Ganges y tráeme un litro de agua.

El discípulo va a buscar ese litro de agua, se lo lleva al guía espiritual y le dice:

–¡Aquí tiene el litro de agua del Ganges, Maestro!

–¡Te equivocas! Esto no es un litro de agua del Ganges.

–¡No le miento, se lo juro! Lo extraje del río sagrado.

–¿Cómo puedes decir que es un litro de agua que viene del Ganges? ¿Ves en él las tortugas que nadan? ¿Ves los peces? ¿Ves la gente que se baña? ¿Ves las barcas que llevan cadáveres? ¿Los monjes que hacen abluciones? ¡Ni tú ni yo los vemos! ¡Entonces, ésta no es agua del Ganges! Ve a derramarla a donde la tomaste.

El discípulo se va y un rato después regresa con las manos vacías.

–¡Ya lo hice, Maestro! ¡Derramé el litro de agua en el Ganges!

–¿Ves? Ahora que ese litro de agua está en el Ganges, tiene tortugas, peces, barcas, cadáveres, gente que se baña, monjes y tantas otras cosas más. Es agua del Ganges.

Cuando el Dios interior se ha apoderado del Espíritu y del Alma, el individuo ya no se pertenece, se encuentra al servicio de designios que lo sobrepasan, es un vehículo transmisor de la Voluntad Suprema. Ha terminado el ascenso, la búsqueda del centro luminoso. Ahora viene el descenso, el regreso, el transporte por el Yo esencial del tesoro divino, la joya inmaterial, el goce infinito; en fin: la alegría de vivir, con la que llena de luz al Yo superior. Éste convierte los cuatro egos del Yo personal en piedra filosofal. El Ego corporal conoce el trance, pierde sus límites y une su organismo al universo; el Ego libidinal conoce el éxtasis, el placer de existir, la euforia creativa; el Ego emocional conoce la gracia y se hace transmisor del amor cósmico; y el Ego intelectual conoce la iluminación: el pensamiento cesa de ser conflictivo, exterior e interior se amalgaman. Unidos los cuatro, emprenden el laborioso trabajo de elevar la Consciencia del mundo.

Un turista norteamericano ve a un niño mexicano pidiendo limosna a la puerta de una iglesia. Se burla de él:

–Te doy un dólar si me dices dónde está Dios.

El niño responde:

–Le doy dos si me dice dónde no está Dios.

3. Los dientes del perro

Un ciudadano acaba de ganar un premio gordo de la lotería. Cuando delante de los periodistas le entregan un cheque multimillonario, un entrevistador le pregunta:

–Se siente contento, ¿verdad?

–Sólo a medias... Tengo muy mala suerte. ¡Había comprado dos números de lotería, pero al segundo no le ha tocado nada!

Detestar o amar la vida es un asunto de elección. Los acontecimientos en el presente son causas de efectos futuros que, según quien los experimente, serán considerados positivos o nefastos. El psicoanálisis habla de traumas como si, estas agresiones pasadas, fueran la causa de los problemas actuales del paciente. Sin embargo, a partir de un hecho traumático –por ejemplo, una mujer que es violada– la víctima puede sentir su vida arruinada para siempre o reestructurarse con más fuerza que nunca. Un sujeto padece una quiebra económica, nunca se repone y termina suicidándose. Otro, en iguales circunstancias, surge con renovados ánimos y, cambiando de camino, inicia un nuevo oficio que le permite vivir mejor que antes... ¿Por qué unos se sumergen en la negatividad y otros no?

Un hombre se lamenta de tener mala suerte y de verse obligado a trabajar incontables horas para obtener algo que comer... Los dioses, cansados de sus quejas, deciden ayudarlo. «Este infeliz, de camino a su trabajo, pasa cada mañana por el puente que hay sobre el río del Este. Le dejaremos ahí un cofre lleno de monedas de oro.» Al alba, el hombre se levanta de mal humor, como de costumbre. Al llegar al lugar previsto por los dioses, gruñe: «¡Me molesta cruzar este puente todos los días, es de una fealdad insoportable! Para no verlo avanzaré con los ojos cerrados». Y así lo hace.

El trauma no causa el problema: sólo actúa como detonador. Una serie de circunstancias genéticas, familiares, sociales, culturales crea en el individuo un terreno en cuyas profundidades pueden yacer bien cargas explosivas o bien semillas. Un espíritu sabio se adiestra para reaccionar ante cualquier golpe diciendo: «Todo es para bien». Un espíritu enfermo dirá: «Todo es para mal». El ciudadano que ganó el premio de la lotería pertenece a esta segunda categoría. En el siguiente cuento –que por su extrema vulgaridad aconsejo no leer a personas muy sensibles–, un personaje encuentra ese metafórico tesoro que los dioses nos colocan en el puente.

Para celebrar sus diez años de matrimonio, una pareja llega por la mañana a un hotel, junto a un lago, para pasar una semana de segunda luna de miel. De inmediato el marido, con su equipamiento de pescador, se va hacia el lago. Vuelve tarde, portando un cesto lleno de peces. Esto mismo se repite los seis siguientes días. Cuando el marido va a pagar la cuenta, el encargado del hotel le dice:

–Estoy muy sorprendido, señor. Generalmente las parejas en luna de miel casi no salen del cuarto, dedicadas a hacer el amor todo el día. No comprendo por qué usted ha estado pescando la mayor parte del tiempo.

–Antes que nada debo decirle que no puedo hacer el amor con mi mujer: tiene un peligroso herpes vaginal.

–Pero, señor, existe la vía oral...

–Imposible, está llena de aftas.

–En fin, la vía anal...

–Tampoco puedo: tiene hemorroides...

–Ahora lo comprendo señor, su esposa es una catástrofe...

–No lo crea: a mí me tiene muy contento. Cuando defeca, su excremento sale lleno de magníficos gusanos que me sirven para la pesca.

Esta disposición a encontrar algo bello o útil en lo que resulta asqueroso, favoreciendo el pequeño detalle positivo en un gran todo negativo, también lo hallamos en un evangelio apócrifo:

Paseando los doce apóstoles con su Maestro, ven en el camino el cadáver podrido de un perro. Los discípulos, tapándose la nariz, se alejan de él. Por el contrario, Jesucristo se arrodilla junto al despojo y dice sonriente:

–Tiene hermosos dientes.

Tal actitud no debe aplicarse exclusivamente a extraer perlas de los rincones sucios del mundo, sino también de nuestro Espíritu. Por una falta de ideales, resultado de la decepción que nos produce nuestra propia especie humana (en todo momento podemos asistir, en algún lugar del planeta, a la matanza de civiles por soldados asesinos o ver a millones de personas muriendo de hambre), educamos a nuestros hijos sin que tomen conciencia de su tesoro interior. En sus espíritus embutimos un juez lleno de desprecio: no son nada, no valen nada, no pueden nada... Nuestra Alma es la princesa que duerme encerrada en un impenetrable bosque. Y así como el príncipe se abre camino pacientemente entre las zarzas para llegar hasta la princesa y darle el beso que la despierte, nuestro Espíritu debe penetrar en los laberintos de la memoria para demoler al juez interior –suma de todos los prejuicios familiares y sociales– y, valientemente, reconociendo las pulsiones de muerte y las desviaciones de la personalidad, rechazarlas diciendo «Esto no soy yo», hasta llegar al luminoso centro del tenebroso inconsciente. Bañados por esa luz, nos damos cuenta de que el perro podrido es un aliado angélico. Vemos por fin el mundo como es: un edén que los hombres de escasa consciencia perturban con su violencia animal. Nos vemos a nosotros mismos convertidos en una unidad donde el Cuerpo, el Alma y el Espíritu se complementan en total felicidad.

4. ¡Ternera otra vez!

Al regresar una noche a su casa, un hombre se encuentra con la sorpresa de que está vacía, abandonada por su mujer. De pronto, descubre en el tocador un sobre dirigido a él. Febrilmente lo abre y lee el siguiente mensaje: «Fernando, me he hartado ya de ti. Me voy con tu amigo Pedro. Para cenar, encontrarás ternera fría en el frigorífico».

–¡Oh, no! –gime el desdichado–. ¡No es posible...! ¡No quiero cenar ternera fría otra vez!

Este chiste recuerda una fábula de Esopo:

Un mosquito se instala en la oreja de un buey y le dice:

–Me vengo a vivir aquí.

El buey sigue trabajando y llevando el mismo tipo de vida sin notar la presencia del nuevo inquilino. Un buen día, el mosquito le anuncia en tono categórico:

–¡Me he hartado ya de ti! ¡Me largo!

Impasible, sin notar este abandono, el buey continúa trabajando, como de costumbre.

Algunas personas, sumergidas en las brumas de sus egos, convierten al otro, sin verlo como realmente es, en una pantalla de sus proyecciones. El marido del chiste no se da cuenta de que la realidad ha cambiado, continúa viendo a su esposa como una esclava doméstica que no cumple bien su trabajo. En el caso del mosquito de la fábula, él cree que tiene una importancia capital, sin darse cuenta de que sí podemos ser necesarios, pero nunca imprescindibles. «Generación va, y generacion viene; mas la tierra siempre permanece», se dice en Eclesiastés 1, 4. En un momento dado –muchas veces gracias a la meditación–, el Yo personal emerge de su autismo y puede escuchar, ver al otro, lo otro, limpio de sus proyecciones neuróticas. Entonces cesan las interpretaciones, ya nada es convertido en símbolo de angustias psicológicas, las cosas son como son. En el budismo zen se dice que, para quien se ilumina, la montaña es otra vez una montaña y el río, otra vez un río.

Si dejamos de identificarnos con el mosquito y adoptamos, al hacer introspección, la conducta del buey –que trabaja tranquilo–, haciendo lo mejor posible lo que estemos haciendo, sin preguntarnos adónde vamos y avanzando, centímetro a centímetro, para tallar nuestro diamante y llegar a ser lo que somos y no lo que los demás quieren que seamos, sufriremos de pronto una invasión de mosquitos. Son pensamientos que vienen para perturbar la paz de la meditación: «...Bzz bzz bzz... esta noche iré al cine con mi amante ...bzz bzz bzz... las elecciones, la política mundial ...bzz bzz bzz... mi familia, el dinero, las enfermedades ...bzz bzz bzz... las catástrofes...». Pese a ello, continuaremos meditando. Al comprobar que no les prestamos ninguna atención, las preocupaciones, como los mosquitos, se cansan y se van. Después de su partida, continuamos como antes.

Esta actitud de indiferencia ante las molestias de la vida exige una paciencia infinita, inseparable del amor a la obra. El perfeccionamiento de nosotros mismos merece todo nuestro cariño. En las familias donde se nos educa a punta de «¿Quién eres tú para poder afirmar eso? ¿Por quién te tomas? ¿Te crees superior?», aprendemos a buscar sedientos el aplauso y el amor de los otros, sin ser capaces de amarnos a nosotros mismos. Nos han hecho confundir el respeto y admiración por nuestro Yo esencial, con un lamentable narcisismo. Te dicen: «Hablas de amor a ti mismo, ¿pero qué das a los demás?». Podemos responderles: «Todo el trabajo que hago para perfeccionarme está destinado al otro y tiene por finalidad llegar a él... Llegar a quien no soy yo, sacrificando mi yo».

Es el trabajo que hace, en un cuento tibetano, una gota de agua que no quiere evaporarse: lucha contra el calor, las corrientes de aire y otros obstáculos para llegar finalmente al océano original, donde se sumerge feliz.

Así es la lucha que efectúa la razón para unirse al inconsciente. Hay fuerzas sombrías, pero también fuerzas brillantes, que asustan tanto como la oscuridad. Debemos obligarnos a encontrar esa luz interior porque en principio no deseamos hacerlo. Luchamos. Nos aterra perder la identidad. Sin embargo, al final, como resultado de una voluntad obstinada y tenaz, cedemos la última parcela de Consciencia, una transparente ofrenda, y nos disolvemos felices en la vacuidad.

Bien entrada la noche, un vecino ve a Mulá Nasrudín a cuatro patas y hurgando en el suelo bajo un farol.

–Mulá, ¿qué buscas?

–¡La llave de mi casa!

–Pero tu casa está allá lejos, ¿por qué buscas la llave aquí?

–¡Es que aquí hay más luz! –responde Nasrudín.

Por no atreverse a buscar la verdad en las tinieblas de su propio espíritu, Mulá Nasrudín va a buscarla donde no está, en los cómodos límites de su intelecto.

Un hombre está preparando una sopa. Para probarla, llena el cucharón, bebe un sorbo y se da cuenta de que está sosa y le falta sal. Manteniendo el cucharón lleno en una mano, añade sal dentro de la sopera y vuelve a gustar la sopa que tiene en el cucharón. Como de nuevo la encuentra escasa de sal, derrama más sal en la sopera y vuelve a probar la sopa del cucharón: ningún cambio. Entonces, abandona la idea de echar más sal a la sopa.

El cucharón es la parte de nosotros mismos que deberíamos mejorar. Decimos: «No soy feliz», pero en lugar de mejorar la relación con nosotros mismos buscamos mejorar las circunstancias exteriores. Cojos, le echamos la culpa al empedrado.

5. Un modelo que no se debe imitar

A la salida de un espectáculo, una dama suplica a una corpulenta cantante:

–¡Me gustaría muchísimo tener una foto suya de cuerpo entero!

–¡Se la daré de inmediato! –responde, halagada, la cantante–. ¿Es para colocarla en algún álbum?

–No –contesta la dama–. Quiero ponerla en la puerta de mi frigorífico, así me obligo a seguir mi dieta.

Vemos aquí el encuentro de dos puntos de vista diferentes. Es cierto que, en la base, todos vivimos en la misma realidad pero no en el mismo mundo mental. Cada cual proyecta sus deformaciones interiores en el exterior. Muchas veces, no sabiendo quiénes somos, para vivir entre los demás nos colocamos una máscara que corresponde a lo que ellos creen que somos. Tenemos limitadas medidas personales, que aplicamos como si fueran normales; lo que se parece a lo que creemos ser nos proporciona seguridad, lo que es distinto despierta nuestra desconfianza y agresividad. No somos conscientes de que hablamos con un mismo idioma lenguajes diferentes. Vivimos dando a las cosas y a los hechos significados muchas veces opuestos a los de los demás.

Una niña le dice a su madre:

–Mamá, por favor, dame dos euros para un pobre señor que está gritando en la calle...

–Por supuesto –responde la madre–. ¿Qué es lo que grita ese pobre señor?

–Grita: «¡Helados! ¡Dos sabores, dos euros!».

Cada ser viviente tiene de la realidad un punto de vista distinto. Ser parecidos no es ser iguales. El camino de la Consciencia exige el darnos cuenta de nuestra esencial diferencia. «Todos iguales obedeciendo a un solo jefe» es tiranía. «Todos diferentes colaborando en una meta común» es democracia.

Se encuentran dos africanos en la plaza de su aldea. Uno le dice al otro:

–Ayer fui a la selva y me encontré con un león que me hizo fsss...

–¡Mentiroso, los leones no hacen fsss! ¡Hacen groaarrrr!

–Es que éste estaba de espaldas.

¿Qué es lo bueno, qué es lo malo? Un cuento sufí narra cómo un sabio, cuando su hermoso alazán rompe la puerta del establo y escapa, y sus vecinos vienen a compadecerlo, con una dulce sonrisa les responde: «Quizá sea para bien». Seis meses más tarde el alazán regresa acompañado de diez caballos salvajes que lo consideran jefe de la manada. Cuando los vecinos acuden a felicitarlo, el sabio responde: «Quizá sea para mal». El hijo del sabio quiere domar uno de los caballos. Y éste, indómito, lo lanza a tierra cuando lo intenta. Al joven se le rompe una pierna y queda cojo para siempre. El sabio dice a los vecinos que vienen a consolarlo: «Quizá sea para bien». Estalla la guerra y todos los muchachos de la aldea son obligados a incorporarse en el ejército, excepto el hijo del sabio, a causa de su cojera... Y así, de bien en mal, de mal en bien, se establece una cadena en la que las causas y los efectos no pueden definirse como positivos ni como negativos. La mirada que sólo ve el presente, es limitada. El sabio observa las cosas desde un tiempo eterno.

Un automovilista, furioso por haber tenido que frenar en seco para evitar el choque con el coche que le precede, exclama:

–¡No vale la pena preguntarse si es una mujer la que conduce!

Para su gran sorpresa, es un hombre. Entonces exclama:

–¡Seguro que es su madre quien le ha enseñado a conducir!

Se puede decir que el conductor es misógino. Para él son siempre las mujeres quienes conducen mal... Pero, profundizando un poco más en el sentido de este chiste, podemos concluir que tratamos de hacer concordar la realidad con nuestras opiniones. A lo largo del día, interpretamos todo cuanto nos sucede de tal forma que no cambiamos en nada: la culpa no es nunca nuestra, siempre es de los demás. El Yo personal lo transforma todo en provecho propio. Deformamos constantemente la realidad para encontrar excusas que nos justifiquen.

Reflexión de un mosquito: «No sé qué gusto encuentran los hombres en darse de bofetadas por la noche».

Encerrados en nosotros mismos, no nos damos cuenta de que somos los causantes de nuestros problemas. Nos comportamos como parásitos del mundo, siempre pidiendo y nunca dando, con la actitud del cínico satisfecho, hasta que de pronto el mundo nos rechaza, nuestros planes se desmoronan y culpamos de tales fracasos a la mala suerte. No se puede vivir devorando frutos ajenos sin sembrar nunca.

Dos monjes meditan en medio del campo. A uno lo rodean muchos conejos. Al otro no se le acerca ninguno. Éste le pregunta al primero:

–Dime, si ambos meditamos con fervor el mismo número de horas, ¿por qué a ti se te acercan los conejos y a mí no?

–Es muy simple –le responde el otro–: lo que pasa es que yo no como conejo y tú sí.

Preguntan a Ramakrishna:

–Si usted lanza una piedra al infinito, ¿hasta dónde llega?

El místico responde:

–Llega a mi mano.

Un camionero se detiene en la frontera. El aduanero le pregunta:

–¿Algo que declarar?

–¡Nada en absoluto!

El aduanero abre el camión y exclama:

–¿Y esto? –al ver un elefante emparedado entre dos pedazos de pan unidos con una cuerda.

–¡Adónde vamos a llegar, si uno no puede ya poner lo que quiera en su sándwich! –replica el camionero fuera de sí.

Ciertas personas se imaginan que tienen derecho a hacer cualquier cosa, incluso a poner un elefante en su bocadillo. Minimizan lo que va mal en ellas, pensando que es inofensivo y de ninguna manera reprensible.

Un hombre le dice a un buen amigo:

–¿Por qué me abandona mi mujer después de doce años de vida en común? ¿Por qué se lleva a los niños? ¿Por qué ha dejado de quererme? Esta situación es insoportable.

El buen amigo le responde:

–¿Crees que para ella la situación no es igual de insoportable que para ti? ¡Qué doloroso tener que decir al ser con quien ha compartido su juventud: «No te quiero! ¡Me llevo a los niños!». También ella está frente a un grave problema.

¿Es tan inocente, en realidad, este hombre en esta situación? En el fondo, para resolver su problema, debe ponerse en el lugar de su mujer y comprender su sufrimiento. ¿Qué le ha hecho? ¿Por qué reacciona ella de ese modo? Antes de pensar en él, debería preguntarse cuál es verdaderamente el problema en el que ella se encuentra. No debe hacerse estas preguntas con el fin de arreglarlo todo, sino para saber y comprender realmente. Por otro lado, sin duda interpreta el papel de un inocente. Está claro que es cómplice de este drama. En todo conflicto la responsabilidad es compartida por todos los actores. Él es responsable al cincuenta por ciento de la falta de amor de su mujer. Como también ella es responsable del cincuenta por ciento del hecho de que él esté a menudo ausente. La prueba es que el buen amigo aconseja al hombre volver a su casa todas las noches. Sigue su consejo y, en seguida, su mujer cae enferma. La mujer ya no lo soporta. Se quejaba de su ausencia, pero en cuanto lo tiene con ella, enferma.

¿Durante cuánto tiempo más vamos a interpretar el papel de inocentes justificando lo que hacemos y achacando la responsabilidad al prójimo? Nos tranquilizamos minimizando las cosas. Decimos que no es grave. ¿Por qué, entonces, pensamos que lo que hace el otro es algo grave? Vemos el sándwich de jamón en el ojo ajeno, pero no el sándwich de elefante en el propio... Lo que hacemos a los otros nos lo hacemos a nosotros mismos.

Un conferenciante trata de demostrar a unos estudiantes que, en nuestros días, los hombres se han vuelto terriblemente egoístas:

–Ayer mismo, cuando me dirigía con una amiga a un restaurante, vimos a un pobre hombre atropellado por un coche que yacía en tierra casi sin conocimiento. De todos los que le miraban, a nadie se le había ocurrido prestarle ayuda. Pues bien, después de comer, cuando salimos del restaurante, ¡ese pobre hombre seguía en el mismo sitio!

Se juzga al mundo proyectando en él lo que uno mismo es. Sería interesante, si nos peleamos con alguien, grabar en un magnetófono todos los insultos que el otro nos dice. Estos insultos definen a la persona que los profiere, porque en la trifulca nos convertimos en su espejo, y a su vez él en espejo nuestro.

Si no somos capaces de apreciar la belleza ajena es porque no somos conscientes de la nuestra, y si no vemos más que los defectos ajenos es porque en ellos no vemos más que los nuestros.

Durante un crucero, una pasajera, entusiasmada por un delicioso salteado de cordero, va a pedir la receta al jefe de cocina.

–Es muy sencilla –responde este último–: hay que rehogar doce mil cebollitas en veinticuatro kilos de mantequilla.

En la vida existen diferentes puntos de vista. Creemos que la realidad corresponde a nuestra mirada, sin sospechar que ésta es personal y no compartida por todos los demás. Cuando se dice que una cosa es cara o barata, ¿lo es para quién? Lo que es caro para un pobre puede ser barato para un rico.

El primo de Buda, Davadhatta, lo envidiaba. En cierta ocasión, viendo aproximarse al santo, tomó un arco y le lanzó una flecha. En el aire, la flecha se transformó y cayó como una flor a los pies de Buda.

Un no creyente lanza un higo podrido a Mahoma. Éste, creyendo que es el homenaje de un creyente pobre, lo recoge y, para no decepcionarlo, se lo come.

6. La clase de conducir

Es un mal día para Jacobo, porque debe impartir la primera clase de conducir a su hijo Moisés, que no está muy bien capacitado para ello.

En una pendiente, fallan los frenos del vehículo.

–¡Papá! ¡Papá! ¡Qué desgracia! ¡Qué hago, Dios mío, no puedo detener el coche! –grita Moisés.

–¡Cálmate, hijo, cálmate! –le dice el padre–. Para detenerlo, intenta estrellarte contra algo que no sea demasiado caro.

Ambas personas están en peligro, pero una de ellas es capaz de conservar la calma, de no pensar en la muerte, sino en el modo de salir de la situación lo menos desplumado posible.

El padre guía al hijo, a fin de que éste sólo cause un mínimo de estragos. Ello significa que, en un período de crisis, debemos mantener la consciencia completamente despierta, con el objeto de disminuir los daños... Al considerar que todo se desploma, algunas personas comienzan a destruir todo cuanto pueden. Sin embargo, hasta el último momento, existe siempre la posibilidad de hacer algo que salve la situación. Un campeón de karate nos dirá: «Al caer, todavía no has perdido. Mientras vas cayendo aún puedes propinar una patada que tal vez te lleve a obtener la victoria».

Comprendemos con esta última frase que nos debemos entregar a la crisis, porque en lo más profundo de ella se encuentra la solución. Es necesario entrar ahí esforzándonos por tener la mayor calma posible, pensando que nuestro inconsciente no está contra nosotros sino a nuestro favor. Poseemos un aliado interno, al que debemos dejar que se manifieste... Un violinista, teniendo un violín a su disposición, puede tocar una música sublime; pero sin instrumento, no hay música. Del mismo modo, aunque posea un Stradivarius, si no sabe tocarlo, tampoco habrá música. El encuentro de un espíritu con un instrumento produce la melodía. Cierto es que esa música puede ser altamente espiritual o bajamente comercial.

En plena plegaria del Sábado, se escuchan las vociferaciones de una discusión que viene del fondo de la sinagoga. El rabino se dirige hacia los perturbadores y se encuentra con David y Abraham.

–¿Qué significa este escándalo?

–Rabino, ¡Abraham insiste en que el negro no es un color! –dice David.

–¡Claro que no es un color! –exclama Abraham.

–Rabino –insiste David–, usted que es un sabio, díganos: ¿el negro es o no es un color?

–Por supuesto que es un color. Y, ahora, calmaos...

El rabino regresa al sitio de sus plegarias, pero unos instantes más tarde la disputa vuelve a comenzar. El rabino se acerca otra vez a los dos hombres.

–¡Os pedí que os calmarais! ¿Lo comprendisteis?

–Pero, rabino, ¡es que ahora Abraham insiste en que el blanco no es un color!

–¡Insisto: no es un color! –grita Abraham.

–Díganos, rabino, ¿el blanco es o no es un color?

–Yo diría que, efectivamente, el blanco es un color...

–¡Ah! ¿Lo has oído, Abraham? ¡El rabino ha dicho que el negro es un color y que el blanco también es un color! ¡Reconoce, por tanto, que te he vendido un televisor en color!

Lo que llamamos Dios interior, poderosa energía que anida

en las profundidades de nuestro ser, es el lazo que nos une al Misterio Supremo. Cuando empleamos esa energía para el bien propio, de los otros y del planeta, la podemos llamar Dios. Si la empleamos para autodestruirnos, dañar a los demás y al planeta, podemos llamarla Demonio. Dios interior, Demonio interior, la energía primordial es la misma, su santidad o maldad dependen del uso que hacemos de ella.

Pero hay algo peor que emplear bien o mal al Dios interior: negarse a emplearlo. En ese caso, vivimos huyendo de una entidad que consideramos extranjera, sumergidos en nuestro limitado Yo personal, creyendo que sólo somos lo que nos han enseñado a ser, es decir, nada. Cuando se nos habla de nuestra joya interna, de una dimensión que existe más allá de nuestra razón, pensamos que es una ilusión, sin sospechar que el Yo personal –al que equivocadamente llamamos Consciencia– es una ilusión y que nuestra parte impensable es la realidad.

Un proverbio zen dice: «Para que nazca un pollo, la gallina debe picotear el huevo desde fuera, mientras que el pollo, al mismo tiempo, debe picotear la cáscara desde dentro». El Dios interior nos habla todo el tiempo. Tenemos que aprender a oírlo. Los magos dicen: «Querer, osar, poder, callar». Por callar debemos comprender: «Cesar la ilusión de creernos separados, crear el silencio», es decir, obedecer.

Somos el violín. El Dios interior es el músico. Sin violinista no hay melodía. El violín no puede tocarse a sí mismo.

Subido a una escalera, un obrero repara el canalón del tejado de una granja. De pronto pierde el equilibrio y cae en la fosa séptica. Se pone a gritar:

–¡Fuego! ¡Fuego!

El granjero y sus hijos acuden corriendo y lo sacan del hediondo sitio. Después, el granjero, enojado, le pregunta:

–Pero, insensato, ¿por qué gritaste «¡Fuego! ¡Fuego!»?

–Si hubiera gritado «¡Mierda! ¡Mierda!», ¿habrían venido ustedes?

El mejor método para alcanzar la sabiduría es imitarla. Ante conflictos, elecciones difíciles o dudas, podemos preguntarnos: «¿Cómo se comportaría un sabio en este caso?». Y actuar conforme a lo que imaginemos que éste haría.

7. Ciclos repetitivos

Un pícaro y un tonto están en el cine.

–Te apuesto diez euros a que el vaquero que monta el caballo blanco se va a caer –dice el pícaro.

–De acuerdo –acepta el tonto.

Cinco minutos más tarde, el vaquero se cae.

–¡Muy bien! –concede el tonto–. ¡Ganaste diez euros!

–Ya había visto la película –le confiesa el pícaro.

–Yo también, pero nunca me habría imaginado que el vaquero fuese a caerse esta vez también.

Con frecuencia nos topamos con situaciones como ésta. Es típico el individuo que declara: «Me casé con una mujer que no me amaba, y me abandonó». Cinco años más tarde, el mismo hombre señala: «Me casé con una segunda mujer. No me amaba, me ha abandonado». Diez años después, ese mismo sujeto dice: «Nadie me ama, mi tercera esposa acaba de dejarme». Se diría que él cree que la película que está grabada en su cerebro va a cambiar; mientras tanto, no hace más que repetir una y otra vez el mismo acto.

Un excelente escritor, poco conocido, estaba enamorado de una mujer que no le correspondía. Continuó sufriendo así siete años, al cabo de los cuales ella se casó con un célebre escritor. Esto lo deprimió hasta tal punto que dejó de escribir y se puso a pintar. En seguida se enamoró de otra mujer. Se trataba de un amor imposible, como el anterior, porque ella nunca se le entregó y esta situación duró también siete años, a cuyo término la mujer se casó con un célebre pintor. Él se sintió acomplejado y dejó de pintar. Poco después comenzó a estudiar flauta. Encontró a una mujer. Estuvo enamorado de ella durante siete años, pero la mujer se fue con un célebre director de orquesta.

¡Veintiún años de amor imposible! ¿Debidos a qué? Cuando un hombre se embarca tanto tiempo en amores imposibles, ha de ser porque odia a las mujeres. Hablar de amor «imposible» es hablar de odio, puesto que el amor es posible o no es. Las razones por las que dos personas deciden formar una pareja, son un misterio. Si el hombre no obedece a efluvios reales sino a sueños irrealizables es porque, en verdad, no ama. Dice «Yo prefiero el amor ideal», y se queda con esta quimera. Es decir: permanece aferrado a su madre.

Después de asistir a una sesión de terapia donde debió expresar su rabia, el hermano de mi amigo, siete años menor que éste, fue directamente a casa de su madre, tomó una escopeta, se metió el cañón en la boca y se voló la cabeza en la cama de ella... Mi amigo por fin comprendió: «Mi madre prefería a mi hermano menor. Lo consideraba mejor que yo en todo... Los hombres célebres que se casaron con las mujeres que amé siempre eran siete años menores que yo. Creo que proyecté en ellos el problema que tenía con ese hermano que me robaba el amor materno».

No todas las madres aman a sus hijos. Hay algunas que, por complejos motivos, desde que los llevan en el vientre desean eliminarlos. Si llegan a parir, más tarde –para vencer una culpabilidad inconsciente– transforman su falta de amor en cuidados posesivos. Pero, si ese amor no es verdadero, el hijo lo percibe subliminalmente y, entonces, inicia un largo proceso de autodestrucción.

–¿Por qué se suicidó mi hijo? ¡Y en mi propia cama! Me ha hecho sufrir tanto...

–Precisamente, señora, por eso se mató: para hacerla sufrir. Se cansó de vivir pidiéndole lo que usted jamás le dio. Se destruyó en la cama donde usted lo parió con el fin de mostrarle cómo usted misma lo destruyó desde que él nació. Descubra el porqué de las pulsiones de muerte que, desde su embarazo, fue alimentando en contra de ese hijo. Comprenda que lo hizo su «preferido» para impedirle crecer, que se convirtiese en hombre. Sencillamente, usted odia el esperma masculino.

El niño al que se le prohíbe madurar siente la frustración, pero el terror al adulto le hace convertirse en cómplice hasta que él mismo, obedeciendo los deseos inconscientes y asesinos de su madre, se elimina.

Un pequeño, débil y flaco cowboy sale de un bar. Un minuto más tarde, rojo de ira, regresa gritando con su voz aguda:

–¿Quién ha pintado de verde a mi caballo?

Un inmenso cowboy, de impresionante musculatura, se levanta, pone las manos en las cachas de su pistola y dice:

–¡Fui yo! ¿Tienes algo que objetar?

–No... solamente quería preguntarle... cuándo piensa dar una segunda mano a la pintura... para poder ayudarle.

8. El precio justo

Dos mujeres de costumbres ligeras se encuentran:

–¿Qué te pasa? Se te nota contrariada.

–¡Vaya si lo estoy! Tenía dos amantes y los dos me han abandonado. Pedro porque yo le costaba mucho. Pepe porque yo no le daba mucho.

Tenemos puntos de vista diferentes en relación con el dinero. Nadie lleva en los bolsillos los mismos billetes y monedas. A su valor económico se les agrega un valor emocional. El dinero recibido sin trabajar, de una herencia, no es el mismo que ganamos con el sudor de nuestra frente. Existe el dinero sucio, el dinero doloroso, el dinero fácil, el dinero merecido, el dinero del emigrante, del nuevo rico, del avaro, del aristócrata, el culpable dinero católico, el orgulloso dinero protestante, el dinero incestuoso. Respecto a este último podemos decir que es infantil, ya que el niño sólo conoce el dinero que sus familiares le dan, lo que crea en él el hábito de pedir. Más tarde, incapaz de alcanzar la madurez, continúa pidiendo a jefes, a instituciones gubernamentales, becas, jubilaciones, premios televisivos, etc. En realidad, hasta que una persona en esta sociedad no gana dinero empleando su talento creativo, no puede llamarse adulto. El mundo depende de la actitud que tengamos ante él: si queremos cambiarlo será necesario que antes cambiemos nosotros.

Moisés está en su negocio, contando satisfecho el dinero que ha ganado ese día, cuando su amigo Abraham entra y le dice:

–Necesito que me prestes ahora mismo cinco mil euros en billetes...

–¡Pero cómo! Cinco mil... eso es mucho.

–No te preocupes, Moisés... Te los devolveré en diez minutos...

–No me hagas reír: apenas los tengas te olvidarás de volver...

–¡No saldré de aquí! Y además te daré una comisión del cinco por ciento... ¡Ganarás sin arriesgar nada doscientos cincuenta euros en diez minutos!

–Bueno... Si es así te los presto.

Moisés le entrega a Abraham, en billetes, cinco mil euros. Su amigo se los mete en un bolsillo, luego le pide permiso para usar el teléfono. En un rincón apartado del negocio habla durante diez minutos y luego, con una gran sonrisa, le entrega los cinco mil euros a Moisés, más doscientos cincuenta.

–No comprendo nada, Abraham. Explícame, por favor, de qué se trata.

–Muy fácil, Moisés: tenía que discutir un importante contrato y, para lograr mis exigencias, con los bolsillos vacíos me sentía débil. Cuando los llené tuve la autoridad que necesitaba para imponer mis condiciones.

El modo de percibirnos es esencial. Muy rara vez se nos juzga por lo que somos, más bien se hace por la manera en que nos vemos y sentimos.

–¡Buenos días, Abraham!

–Buenos días, Moisés. ¿Cómo estás?

–Muy bien –responde Moisés–. ¿Qué hay de nuevo?

–Me he asociado con un *goy* [no judío] –le confía Abraham.

–¿Ah, sí? ¿Y sobre qué bases?

–Sobre un acuerdo de tres años. ¡Él aporta el dinero y yo la experiencia!

–¡Ah! –se asombra Moisés, interesado–. ¿Y qué pasará al cabo de tres años?

–Pues que yo tendré el dinero y él la experiencia –concluye satisfecho Abraham.

El conocimiento tiene un precio. Eso pensaba el médico y psicoanalista francés Jacques Lacan... En cierta ocasión, una persona quería psicoanalizarse a toda costa con él, y Lacan aceptó precisando:

–Le saldrá muy caro. Fije usted el precio.

–No sabría hacerlo –se excusó el interesado.

–Entonces, invíteme a cenar –propuso el maestro.

Fueron a un restaurante de lujo y, evidentemente, la cuenta resultó muy elevada. En el momento en que el futuro paciente estaba pagando, comprendió que acababa de fijar el precio de cada una de las sesiones. Invertiría en provecho de su espíritu lo que gastaba en alimentarse.

En el chiste inicial, el socio debe pagar por adquirir experiencia. Si no se toma a Abraham por un estafador, sino por una persona con un verdadero conocimiento de los negocios, es normal que sea remunerado por la sabiduría que aporta, ya que al cabo de tres años su alumno tendrá la experiencia que le permitirá ganar mucho dinero.

Hay otra historia sobre una persona que quiso psicoanalizarse con Lacan:

Un hombre que ya sigue un tratamiento psicoanalítico acude a Lacan para hacer un control de su análisis (está convencido de que el terapeuta es un genio). Analizarse con Lacan le sale muy caro, diez veces más que con su psicoanalista. Sin embargo, al cabo de dos o tres sesiones decide continuar, pese al precio, y le escribe a su antiguo terapeuta para anunciarle que interrumpe su tratamiento, pues éste le sale demasiado caro.

Cuando pagamos poco a cambio de no avanzar, tal cosa nos resulta muy cara. Pero cuando pagamos mucho a cambio de progresar, tal cosa nos parece barata. Nos corresponde a nosotros decidir el precio de lo que aprendemos.

La historia de Abraham y de su socio es sabia: la experiencia tiene el valor que le damos. Un adulto invierte en su desarrollo espiritual.

9. Obligar a recibir

Dos madres judías charlan:

–Mi hijo es un médico magnífico –afirma la primera–. ¡Es absolutamente necesario que vayas a verlo!

–Pero es que yo no tengo nada –responde la otra–. ¿Por qué he de ir?

–Es un médico tan bueno que... –explica muy orgullosa la primera– aunque no tengas nada te encontrará algo.

A veces tratamos de ayudar, pero al hacerlo quizá hagamos daño obligando al otro a recibir algo que no nos pidió.

El trabajo de curación exige una delicadeza extrema. No es una ocupación que permita exaltar el Yo personal del que cura, ni pulir su celebridad y renombre. Cuando se quiere sanar a alguien, hay que hacerlo con todo el respeto, intervenir discretamente y jamás obligarlo a recibir nuestro servicio. En cuanto intentamos probar que somos una maravilla como curanderos, causamos un enorme perjuicio.

¡Desconfiemos de las personas que hacen profesión de curar con el objeto de autoafirmarse! Gurdjieff decía: «Son tan perezosos para ayudarse a sí mismos que quieren ayudar a los otros». Desean valer, ser poderosos, y practican con los demás. Perdemos años de nuestra vida depositando la confianza en personalidades fuertes que se hacen pasar por infalibles. Piensan que lo que creen es la realidad. A veces, casi siempre demasiado tarde, se dan cuenta de que se equivocan:

Un médico es llamado junto al lecho de un enfermo. Después de haberlo examinado en privado pasa a la habitación de al lado y dice a su esposa:

–No se inquiete, señora, su marido no tiene nada. Simplemente cree que está enfermo.

Una semana más tarde, el doctor telefonea:

–¿Qué me dice, señora? ¿Cómo va su marido?

–Igual, imaginándose cosas. Ahora simplemente cree que está muerto.

La realidad puede ser una cosa distinta de lo que creemos. Muchas veces la persona que insiste en darnos un consejo no nos lo está dando a nosotros, sino a sí misma:

–¿Cómo fue? ¿Hizo efecto el medicamento que le receté? –pregunta un médico a su paciente.

–¡Claro que sí! ¡Me ha hecho muchísimo bien!

–¿De veras?

–¡Sí, de veras!

–Ya que usted lo dice, voy a probarlo yo: tengo el mismo problema que tenía usted.

Este médico prescribe remedios que él mismo no ha probado. Da consejos para ayudar a las personas a solucionar un problema cuando, sin embargo, él experimenta en carne propia ese mismo problema. En una historia iniciática hindú, atribuida a Gandhi, la actitud del sabio es muy distinta:

Una madre visita a un gurú para pedirle que hable con su hijo y lo induzca a que deje de tomar azúcar. El gurú comprende su petición y le propone que regrese una semana más tarde. Así lo hacen. En esta ocasión, el gurú se dirige al niño:

–Muchacho, ¡deja de comer azúcar!

Sorprendida por la brevedad de su intervención, la madre pregunta al gurú:

–¿Para esto tuvimos que esperar una semana? ¡Usted podría haberle dicho lo mismo la primera vez que estuvimos aquí!

–Les hice esperar una semana porque, entonces, yo aún tomaba azúcar.

Cuando buscamos un consejo, la elección del consejero requiere una atención rigurosa. Una cosa es el conocimiento que adquirimos deduciéndolo de palabras; y otra, el conocimiento que resulta de la suma de acciones que hemos hecho para adquirirlo. Un curandero no debe recomendar una acción que él mismo no es capaz de cumplir.

Algunas personas, por miedo o pereza de trabajar en sí mismas para conocer su auténtica naturaleza, sintiéndose mutiladas de su tesoro interior se inventan creencias, sentimientos, deseos y aspiraciones, mintiéndose sin cesar. En todas sus relaciones aparentan ser lo que no son. A causa de esto, en cuanto se encuentran frente a una persona verdadera, se inquietan y tratan consciente o inconscientemente de dañarla. El mejor modo de hacerlo es dando «amistosos» consejos, que son empujones hacia una vida falsa y, por eso mismo, destructiva.

A pesar de todo, con lo que consideramos «nuestros defectos» podemos llegar a realizarnos.

Un campesino se queja de su pobreza ante el rey por no tener medios con los que llevar a vender sus legumbres al mercado. El monarca le ofrece un regalo:

–¿Qué deseas?

–¡Majestad, un caballo me salvaría la vida!

El rey accede y se lo otorga. El campesino se queja:

–Majestad, no puedo aceptar este animal. No me sirve. No sabe avanzar, sólo retrocede.

El rey le dice:

–Te quedarás con él. Solucionar tu problema es simple. Ponle la montura al revés, siéntate mirando hacia su cola y haz que vaya a donde quieras a reculones.

Lo que llamamos «nuestros defectos» puede ser más tarde el motivo por el cual los otros nos admiren. El escritor y artista francés Jean Cocteau dijo una vez a su amigo el actor Jean Marais, que se quejaba de tener una voz desagradable, «Tus defectos serán más tarde para los otros tus cualidades, siempre que insistas».

10. No hay méritos

Jaime y Samuel se encuentran:

–¿Cómo te va? –pregunta Jaime.

–Muy bien –responde Samuel.

–¿De verdad, bien? –insiste Jaime.

–¡Sí, claro! Mi casa es vetusta. En invierno, me muero de frío; en verano, me ahogo. Con los años, mi mujer se ha vuelto un monstruo y yo la tengo que soportar. Estoy sin un céntimo. Y, debido a mi edad, padezco cada vez más enfermedades. Pero, salvo eso, estoy muy bien.

Es preciso admitir que ciertas personas se sienten bien dentro de su sufrimiento. Si su calvario terminara, se sentirían tremendamente mal. Desde la niñez se han acostumbrado a perder y a fracasar. Aprendieron que la vida es una dolorosa trampa de la que sólo se liberarán muriendo. Si sus problemas se solucionaran, perderían su identidad y el nexo emocional que los une a sus familias y a su sociedad. Temerían desaparecer. Sus males les transmiten la sensación de existir, los definen y los hacen «iguales a todo el mundo». Cargar con una herida que nunca se cierra es mucho mejor que averiguar quién se la abrió: les cuesta reconocer que fueron niños mal amados, no comprendidos, no tenidos en cuenta; que el molde en que los introdujeron, y que hoy los encierra, es sólo de naturaleza mental. Un texto zen dice: «Si estás encerrado en un bloque de granito, ¿cómo sales? ¡Das un paso hacia delante y danzas!».

Un judío sufre atrozmente porque usa zapatos que son demasiado pequeños para él.

–¿Por qué no compras zapatos de tu número? ¿Lo haces por ahorrar? –le pregunta, sorprendido, un amigo.

–¿Eres antisemita o qué? ¿Acaso crees que es porque soy un avaro? Si uso zapatos demasiado pequeños es porque mis negocios van mal, porque proliferan los racistas, porque mi mujer piensa abandonarme y porque mis hijos me faltan al respeto. Entonces cada noche, en cuanto entro en mi casa, me quito los zapatos y me sucede la primera cosa agradable de todo el día.

Algunas personas caen en dependencias nefastas como las drogas, el alcohol o el juego para tratar de apaciguar su angustia. En seguida, cuando logran poner punto final a dicha dependencia, se vanaglorian y buscan ser aplaudidas. ¿Pero qué mérito tiene salir de un problema en el cual ellas mismas se metieron? Bodhidharma, que introdujo el budismo zen en China, lo expresó con toda claridad cuando fue recibido por el emperador. Éste le dijo: «He hecho traducir dos mil sutras. He creado numerosos monasterios. ¿Qué méritos tengo?». Bodhidharma, vestido con harapos, miró con fijeza al poderoso emperador y le respondió: «¡No hay méritos!». Dio media vuelta y se fue a un lugar escarpado a meditar.

No podemos exigir reconocimiento por actos que consideramos meritorios. Cuando hacemos algo natural, no es una cuestión de mérito. Tener buena salud no es una hazaña. Tampoco lo es iluminarse. ¿Acaso deben aplaudirnos porque poseamos veinte dedos?

Con gran orgullo, un hombre dice a sus amigos:

–Mi perro es muy obediente, cuando le digo «¿Vienes o no vienes?», él viene o no viene.

A veces sucede que nos engañamos. Creemos que dominamos una situación pero, en verdad, estamos totalmente dominados por ella... No hay mérito cuando se realiza una gran obra, porque el artista genial, el héroe, el campeón o el santo, al llegar a su objetivo, no logra una meta personal sino que obedece a la llamada de su Yo esencial, que a la vez obedece a los designios de la energía que sustenta el universo, transmitida por el Dios interior.

Si tenemos un mérito no es por ser autores de la obra –ella se recibe de una dimensión que nos es superior–, sino por haber sido capaces de plegar nuestro Yo personal a la voluntad del Misterio: obedecer es convertirse en canal. Y para que el canal sea totalmente útil debemos vaciarlo de pensamientos huecos, sentimientos egoístas, deseos incontrolados y necesidades superfluas.

11. Desviaciones de la personalidad

Un empleado acude a ver a su jefe.

–Señor director, estimo que mi salario no se corresponde con mis capacidades.

–Comprendo los esfuerzos que hace por estar a la altura de él –suspira el jefe–. Siga esforzándose: tiene que alimentar a su familia.

Vivimos disconformes. Siempre pedimos más, sin darnos cuenta de que la vida es un maravilloso regalo... Claro está que podemos equivocarnos y contentarnos con una ilusión, considerando el ego de algún otro –de un pariente, un amigo, un cónyuge, un actor, un político, un gurú– como nuestra esencia absoluta. «Si el otro desaparece, yo muero.» Perdemos de vista que somos un ser único, inscrito para siempre en el punto de memoria formado por el cruce del espacio infinito y el tiempo eterno. Aceptar esto es recuperar la alegría, la energía superior, la solidez del adulto, el enorme potencial de vida que nos sostiene.

Hemos hablado de Cuerpo, Alma y Espíritu. Si representamos al Dios interior con la figura del sol, esa tríada la representaremos con la figura de la luna. Ella, receptividad absoluta, dejando de lado todo deseo de poder, se entrega humilde a reflejar la luz del astro rey. El Yo personal y el Yo superior se entregan al Yo esencial y obedecen su voluntad. «Porque no sois vuestros, sois del Espíritu Santo», dicen los evangelios.

Si negamos la existencia de nuestro tesoro interior, si despreciamos por invisible el diamante perfecto, si no aprendemos a agradecer *el pan nuestro de cada día*, podemos acabar viviendo como seres emocionalmente inmaduros y con una personalidad desviada. Los senderos negativos que se alejan del justo camino central son numerosos. Extraviados de aquel que nos conduce a la unidad, recorremos más de una vía equivocada... He aquí algunas, que podríamos ir subrayando al reconocernos en ellas:

Decimos no saber o no poder amar y de pronto nos apegamos a personas tan incapaces de hacerlo como nosotros, convirtiéndonos en adictos de esta dolorosa relación... No podemos concebir que el amor sea humano: lo divinizamos, exigiendo perfecciones imposibles... No aceptamos que las relaciones afectivas sean dinámicas, transformables... Lloramos porque el mundo es como es y no como nosotros queremos, es decir: que todo se detenga y que nada ni nadie cambie... No sabemos ni recibir ni dar, vivimos encerrados en un reclamo insatisfecho, imposible de definir, y si nos encontramos con alguien que nos ama, no sabemos cómo mantener esa relación, deseamos que sea instantáneamente perfecta sin reconocer que una pareja equilibrada se consigue sólo después de un arduo trabajo y que, si los sentimientos no se acompañan del desarrollo de una comprensión caritativa de las necesidades del otro, se marchitan... Somos víctimas de nuestras pulsiones, sin creer que podemos conducirlas de la autodestrucción a una vida mejor... No queremos saber nada profundo de nosotros mismos, quiénes somos, cómo funcionamos; ansiamos que se nos divierta, pero superficialmente; tememos todo aquello que nos revele nuestra profunda insatisfacción... Cada vez somos más inestables, incapaces de asumir cualquier responsabilidad... Muchas veces, a pesar de tener el corazón cerrado, por temor a la soledad inventamos sentimientos amorosos que luego nos encarcelan en una relación que nos agobia... Impotentes e inútiles, no tenemos metas, no tenemos proyectos, no tenemos voluntad, trabajamos en cosas que no nos gustan... Sin fuerzas para enfrentar el combate de la curación, nos aquejan accesos de incontrolable tristeza, sentimos ganas de morir y sobrevivimos con trucos: reprimimos nuestros deseos, ignorándolos... Desplazamos nuestros problemas acusando a otros de causarlos; y los sublimamos queriendo salvar a todo tipo de víctimas, pero sin ayudarnos a nosotros mismos... Nos identificamos con grupos, y en ellos ahogamos nuestra personalidad, sean sectas con sus gurús, religiones con sus premios y castigos, partidos políticos con sus deshonestas promesas o infantiles fanatismos hacia deportistas o artistas famosos... Lo que al interior le reprimimos, lo proyectamos al exterior; lo que somos no queriéndolo ser, se lo reprochamos a los otros... Disfrazamos los pensamientos negativos exagerando desmesuradamente los positivos: aun sabiéndonos fracasados, nos mostramos como satisfechos; aun sin tener deseo de ello, nos obligamos a mantener relaciones sexuales o a hacer apasionadas declaraciones sobre algo... Nos refugiamos en lo que creemos que es nuestro sentido común, lo explicamos todo a través del intelecto negándonos el acceso al inconsciente: «Los sueños sólo son sueños», «En el fondo no es eso lo que yo quería», «Me da lo mismo, no valía la pena», etc. Cada vez nos comportamos más como niños, buscando a alguien que nos ponga límites, que organice nuestra vida... Débiles, despreciamos la debilidad de los otros y vampirizamos la energía de quienes nos ayudan... Necesitamos el reconocimiento social: hemos de sentirnos importantes, cueste lo que cueste; aspiramos a premios, a ropas que nos sienten bien, a que nuestro nombre acabe convirtiéndose en una señal del éxito, pero al mismo tiempo deseamos la soledad, aislarnos, encerrarnos en un limitado territorio mental... Sufrimos por no alcanzar la perfección: nos operamos para cambiar pequeños defectos corporales, creemos que todo cuanto hacemos es un fracaso, que ningún dinero nos basta, que nadie reconoce lo que verdaderamente valemos o que somos inflexibles en el sostenimiento de ciertos valores... Avaricia, rigidez y obstinación son nuestras fieles compañeras, no corremos ningún riesgo por temor a hacer el ridículo o a ser criticados, no realizamos nuestra obra porque sabemos que al final tampoco estaremos satisfechos de ella... Sentimos que nos persiguen, que nos quieren engañar, que todo el mundo es sospechoso y la gente que nos rodea es desleal, que nuestras palabras son utilizadas en nuestra contra: ¡nunca olvidaremos ni perdonaremos el mal que nos hacen, los humillaremos y destruiremos tal como ellos quieren humillarnos y destruirnos!... Nada nos satisface, no soportamos tener amigos íntimos salvo que sean nuestros padres, no nos parece deshonesto mentir, la seguridad de los otros no nos importa, tenemos creencias raras, supersticiones o percepciones poco habituales, escuchamos voces, nuestro propio cuerpo nos agrede... Nadie más que nosotros merece nuestro amor, exageramos nuestras capacidades, esperamos que se reconozca que somos seres superiores, necesitamos triunfar, sólo las personas que han alcanzado nuestro nivel pueden comprendernos, y despreciamos a los demás pero envidiamos lo que logran; ellos, por su parte, tienen celos de nosotros... Totalmente dependientes, no podemos tomar decisiones, no podemos expresar nuestros desacuerdos o críticas, no podemos tener proyectos porque nadie tiene confianza en nuestras virtudes, accedemos a realizar las tareas desagradables, nos han abandonado, somos incapaces de ocuparnos de nosotros mismos, buscamos con desesperación una pareja sospechando que nunca la encontraremos... Hemos perdido la identidad, no sabemos lo que somos, tenemos ganas de rodar cuesta abajo, entregarnos a excesos, automutilarnos, suicidarnos... Nos sentimos seguros cuando cubrimos nuestra piel con tatuajes o nos atravesamos las carnes con adornos metálicos... Nos dejamos inundar por las emociones, nos cuesta controlar nuestros ataques de cólera o nuestra agresividad verbal y corporal, hacemos lo posible por ser el centro de atención, adoptamos tonos de voz, palabras y gestos seductores... Egoístas, tomamos cuando tenemos necesidad y abandonamos cuando nos sentimos saciados...

Debemos añadir a este incompleto menú a aquellos que comercian con el fracaso de los otros. (Un gran porcentaje de la publicidad comercial explota la angustia de los individuos confusos e inconformes.)

Un empresario de boxeo dice:
–Yo siempre triunfo porque hago negocio de la derrota de mis

pupilos. Por ejemplo, tengo un boxeador al que noquean tan a menudo que le he hecho llevar el nombre de nuestro patrocinador en la suela de sus zapatillas.

Otro chiste muestra de manera contundente que es posible escapar de las fuerzas negativas haciendo un esfuerzo supremo por encontrar apoyo en lo más profundo de nosotros mismos:

Joe, un viejo luchador, ha soñado siempre con vencer a El Destructor, el campeón supremo, pero su entrenador se ha opuesto a ello una y otra vez. El Destructor conoce una agarrada secreta con la que ha vencido a todos sus contrincantes. Pero Joe insiste tanto que al final le consiguen el ansiado combate.

La pelea comienza. El Destructor se lanza sobre Joe y le aplica su agarrada secreta. El entrenador cierra los ojos. Escucha un gran rugido seguido por el clamor de la multitud. Abre los ojos para contemplar el desastre... ¡y ve que Joe ha conseguido desprenderse de su atacante y desmayarlo, ganando el combate!

Al regresar al vestuario, el entrenador pregunta a Joe qué ha hecho para lograr tal milagro. Éste le responde:

–Estaba yo cabeza abajo, con la cintura oprimida entre los brazos de El Destructor, replegado sobre mí mismo, hecho un nudo. Iba a declararme vencido cuando de pronto vi un par de testículos. Supe que era mi única oportunidad para hacer que me soltara, y entonces, como el paquete estaba a la altura de mi boca, le di un tremendo mordisco.

–¡Oh, qué espíritu de lucha! –dice el entrenador–. ¡Te felicito: aunque no sea elegante, en cualquier caso ha sido muy eficaz!

–Sí –responde Joe–, es increíble lo que un hombre logra hacer cuando se muerde sus propias pelotas.

Un maestro zen pregunta: «¿Quién puede quitar el collar a un tigre salvaje?». La respuesta es: «¡Quien se lo puso!». Nosotros somos el tigre, nuestros problemas forman un collar mental, podemos vencer al enemigo interno dejando de ponernos límites. Es posible convertir los acontecimientos adversos en oportunidades benéficas.

Roban en una tienda de ropa y los ladrones se llevan todos los vestidos. Al día siguiente, el propietario coloca un cartel en el escaparate que dice: «También los ladrones se visten en nuestra tienda».

12. Si te golpean una mejilla...

Un niño entra en su casa y, llorando, se precipita en brazos de su madre. Tiene un leve rasguño en la cara.

–¡Ese maldito niño se me echó encima y me golpeó! –se queja entre sollozos.

–Mi pobre pequeño, ¿sabes cómo se llama el que te golpeó? –pregunta la madre, conmovida por el dolor de su hijo.

–No, no lo conozco.

–Entonces, ¿cómo vamos a hacer para identificarlo?

–No lo sé, pero tal vez esto nos ayude: tengo en mi bolsillo su oreja.

Son muchas las personas que se consideran víctimas, pese a que han arrancado la oreja a su enemigo. Cuando acuden a nosotros para quejarse nos preguntamos si son tan víctimas como pretenden, y entonces buscamos en sus bolsillos. Y en ellos encontramos, a veces, orejas, manos, penes, senos, úteros... ¡Tantas cosas...! El inconsciente de las personas frustradas está lleno de impulsos terribles.

En el plano psicológico, no siempre es la víctima quien pensamos que lo es. Nos lanzan reproches, nos culpabilizan, pero cuando queremos tocar nuestra oreja, nos damos cuenta de que ya no la tenemos.

Cuando nos veamos en una situación en la que el papel verdugo-víctima deba ser aclarado, preguntémonos si las personas con las que tenemos contacto están alegrándonos la vida o si poseen un pedazo, o toda nuestra oreja, dentro de su bolsillo... Cuando no deseamos ser cortadores de orejas, ni tampoco que nos descuarticen moralmente, buscamos la manera de eludir los conflictos:

Un antisemita convencido camina por la calle y se cruza con un judío.

–¡Puerco Inmundo! –le grita.

–Josef Goldenberg, mucho gusto –responde, afable, el judío.

Supongamos que una persona nos envía una carta plagada de insultos pero que nosotros acabamos no recibiendo y le es devuelta... Esa persona acabaría recibiendo su propia basura.

Cuando alguien nos agrede, podemos responder con golpes, injurias, mordiscos o llanto, pero también podemos eludirlo y dejar que sus palabras o embestidas nos rocen sin tocarnos, como hace un torero con un toro, que jamás huye del animal que ataca. Lo encara, y esquiva. Nada de cobardía. Pero no se expone de frente. Con elegancia, presenta su muleta al toro y éste pasa a su lado. La agresión es desviada, no la absorbe.

Pero imaginemos que, por no lograr esquivarla, recibimos la bofetada. ¿Debemos presentar la otra mejilla, sin defendernos, tal como recomiendan los evangelios? ¿Es ése el verdadero mensaje de Cristo? Tal consejo, como todo texto sagrado, puede dar origen a distintas interpretaciones. Si una no nos conviene, debemos encontrar otra. Además, si nos repugna ser una víctima «profesional» que, por ganarse un futuro paraíso, solicita más golpes a los aporreadores, podremos decir que la bofetada recibida la merecemos, no por una falta moral sino por una falta de atención.

Un joven japonés quiere convertirse en samurai. Va a visitar a un gran profesor de esgrima.

–Maestro, ¿qué se necesita para dominar el arte de la espada?
–Se necesita atención.
–¿Sólo eso?
–No. Se necesita atención y atención.
–¿De veras, nada más?
–Atención, atención y más atención...

Esta atención, eje de la meditación zen, consiste antes que nada en observarnos continuamente a nosotros mismos. Sin juzgarnos, dejando que se manifiesten nuestras debilidades e ilusiones para intentar dominarlas... «Atención, tengo miedo de morir, y sólo quien no teme a la muerte puede triunfar... Atención, debo eliminar ese miedo desidentificándome de mi Yo ilusorio... Atención, nada es permanente... Atención, mi enemigo es mi colaborador: juntos haremos de este duelo una obra de arte. Que sea él o yo quien gane no tiene importancia. Lo más importante es nuestro arte.»

Encontramos el mismo mensaje en la leyenda del té: para no dormirse cuando está meditando, Buda se corta los párpados y los lanza a la tierra: en el lugar en el que caen, nace la planta que ahuyenta el sueño... En la Edad Media, la cualidad esencial que se le atribuía al león era que nunca cerraba los ojos, y se decía de él que estaba al acecho con la mirada fija eternamente. Leyendas que aconsejan la atención constante...

Si, por falta de atención, tenemos una mejilla vulnerable, o sea un Yo personal miope, al recibir el golpe deberíamos agradecer ese ataque por habernos hecho conscientes de una debilidad; quien parece que nos castiga en realidad nos está ayudando... El necio, cada vez que le muestran uno de sus defectos, se ofende. En cambio el sabio lo agradece, porque esa crítica le permite superarse.

Quienes obtienen el más alto nivel de Consciencia, y logran despertar al Dios interior, no necesitan arrancar orejas, ni esquivar ataques, ni presentar su segunda mejilla. Simplemente ignoran la violencia:

Un feroz guerrero, después de ultimar a sus enemigos en el campo de batalla, entra en una pequeña aldea con la espada desenvainada, sediento de sangre. Los aldeanos huyen despavoridos, excepto un viejo monje, que medita sentado junto a la puerta de un templo.

–Todos tus paisanos huyeron muertos de miedo –le dice el guerrero–. ¿Por qué tú, vejestorio, no haces lo mismo? ¡Con esta espada, puedo partirte en dos sin pestañear!

–Y yo –le responde tranquilamente el viejo–, sin pestañear, puedo dejarme partir en dos.

Iracundo, el guerrero primero parte en dos al viejo y luego, con feroces tajos, lo despedaza entero. Poco a poco se calma. Observa los restos sanguinolentos. Y comprende entonces el inmenso valor del anciano. Se corta la trenza, rompe su espada y ahí mismo, ante las puertas del templo, se sienta a meditar.

Muy pocos en la historia de la humanidad han llegado a tener este nivel de Consciencia. Sin embargo existe un método muy efectivo, al alcance de todos, para vivir en paz y no entrar nunca en conflicto. Claro está que para lograrlo se necesita desarrollar una gran paciencia.

Un estudiante pregunta a su maestro en artes marciales:

–Maestro, ¿me puede enseñar la sabiduría?

–Sí, puedo.

–Enséñemela entonces en seguida.

–¿En seguida? De acuerdo. Ve al cementerio, insulta a los muertos y después vuelve para contarme lo que te han dicho.

El estudiante va al cementerio, insulta a los muertos y regresa.

–¿Insultaste a los muertos?

–Sí, Maestro.

–¿Y qué te dijeron?

–Nada, Maestro... No respondieron.

–Entonces ve otra vez al cementerio y adula a esos muertos.

El estudiante va otra vez al cementerio, adula a los muertos y regresa.

–¿Adulaste a los muertos?

–Sí, Maestro.

–¿Y qué te dijeron?

–Nada, Maestro... Nada.

–Ésa es la sabiduría. Tanto si te insultan como si te adulan, no debes reaccionar, como los muertos.

13. Anatomía de la pareja

Una pareja de turistas enamorados se halla en un cerro de Valparaíso. La noche es clara y a sus pies se despliega la magnífica bahía, con su agua oscura y el gran arco formado por las luces de la ciudad.

–¡Mira, querido, todas esas luces! –exclama la joven mujer–: son otras tantas personas que viven, aman, comen, duermen, sueñan...

–Pues... –interviene su acompañante– yo creí que todos esos pequeños puntos luminosos eran simplemente luces.

Dos personas observan la misma realidad, pero hacen de ella dos lecturas diferentes. La percepción del hombre es menos poética que la de la mujer. Pero no es importante que el mundo sea más banal para él. Lo que importa es que su visión no sea la de ella. En lugar de ponerse a discutir sobre ello o de convertir el asunto en una cuestión de «no dar su brazo a torcer», es bueno que ambos compartan sus visiones, enriqueciéndose mutuamente.

La relación amorosa no tiene por finalidad una visión común, sino una «creación» común. Se trata del lugar donde deberían compartirse visiones diferentes. Los sabios del Talmud comentan en grupo sus interpretaciones de la Torá. Nadie discute ni contradice al otro. Simplemente exponen lo que tienen que decir –a menudo dando versiones opuestas– y dejan que Dios decida.

Un filósofo y un poeta caminan juntos. De pronto el filósofo, mirando hacia el suelo, dice:

–¡Mira, un pájaro muerto!

El poeta exclama, mirando hacia el cielo:

–¿Dónde? ¿Dónde?

Todos tenemos derecho a pensar lo que queramos, pero no deberíamos enfrentarnos a los demás para afirmar nuestra visión como medida del mundo. Una pareja armoniosa es un dúo que comparte sus diferencias y en el que ninguno de los dos es tan hipócrita como para desempeñar un papel según el cual es semejante al otro en todos los aspectos.

«¡Vaya! ¡Así es el mundo!», afirma el varón. «¡Oh, querido mío, tienes toda la razón!», asiente la mujer. Aunque piense lo contrario, para vivir con este hombre vanidoso, ella lo imita y cae en la trampa del «parecer». O viceversa. Ambos, más que por auténtico amor, se han unido por necesidad de protección. Han formado una simbiosis.

Una larva indefensa encuentra una concha vacía, y como vive en un medio hostil se guarece en ese caparazón. La concha «protege» a la larva y la larva la hace «vivir». No es una relación de larva a larva ni de concha a concha. No es una pareja, sino una colaboración, para bien o para mal (más bien para mal), entre dos soledades.

Un matrimonio sale de vacaciones. Cinco minutos después de que el avión haya despegado, la mujer lanza un grito:

–¡Dios mío! Dejé la plancha enchufada...

–Cálmate –le dice su marido–, no habrá ningún incendio: yo me olvidé de cerrar el grifo de la bañera...

Una mujer y un hombre, que no han desarrollado su Yo superior o quintaesencia y que viven soportando la continua disputa entre sus cuatro egos, se conocen casualmente. Se sienten atraídos el uno por el otro. Forman lo que ellos creen que es una pareja. Al principio, ambos fingen ser lo que el otro quiere que sea, para hacerse mutuamente agradables. Pero hay un momento en el que perciben sus diferencias e, incapaces de tolerarlas, sobreviene la catástrofe. ¿Qué es lo que en verdad ha pasado? Han buscado en el otro completar lo que les faltaba. Por ejemplo: él muestra una gran astucia intelectual y una sexualidad vigorosa, pero en la expresión de sus emociones está atascado, siente su corazón encerrado en un cofre de hierro; además, lo aqueja un complejo de inferioridad corporal, y no sabe manejar su vida cotidiana. Ella, por el contrario, se siente bella, puede fácilmente organizar la vida diaria y maneja muy bien sus emociones. Pero es frígida y padece un complejo de inferioridad intelectual. Así, uniendo sus egos realizados (él, el intelectual y el libidinal; ella, el material y el emocional) se complementan. Pero al poner en contacto sus complejos (él, de inferioridad física y emocional; ella, de inferioridad sexual e intelectual) entran en graves conflictos. Comienzan llenos de esperanza diciéndose a sí mismos: «Soy tonta y él es inteligente. Me haré eco y sombra de sus pensamientos. Repitiendo cuanto él dice lograré ser respetada» y «Es frígida. Me conviene, porque nadie antes que yo le ha proporcionado placer. Con mi potencia sexual, la curaré». Así se forman las parejas, presas en sus yoes personales: vacíos que se unen a llenos, llenos que se unen a vacíos. De esta manera nunca obtienen una satisfacción completa. Siempre deben completar algo del otro y esperar que el otro complete algo de ellos. El sitio que ocupan no es para dos, sino para uno. «Yo no tuve padre: tú serás mi padre. Yo no tuve madre: tú serás mi madre... Yo sé ver, seré tus ojos. Yo sé oír, seré tus oídos... No tienes sentido de la orientación, yo te guiaré. Eres desorganizado, yo te enseñaré a ordenar...» Ante esta clase de parejas se presentan tres posibilidades:

1. Pueden continuar así durante años sin cambiar nunca. Es una situación de compromiso: «¿Yo soy yo? ¿Tú eres tú?». Viven en un purgatorio, ocultando sus dudas, su insatisfacción, fingiendo ante ellos mismos, la familia y el mundo que están com-

pletamente satisfechos. Se aburrirán, se inventarán enfermedades, criarán hijos mediocres condenados a la frustración. Nunca se comunicarán totalmente.

Un gran actor coincide con una célebre actriz. Él le habla de él. Ella le habla de ella. Cada uno de ellos se enamora de sí mismo, y anuncian en la prensa que se casan por amor.

2. No pretenden cambiar, tampoco se esfuerzan en disimular su disgusto. Sacan a relucir sus rabias, sus depresiones, su insoportable insatisfacción. Con el tiempo sus defectos se agravan. Se faltan continuamente al respeto. Se acusan el uno al otro de ser el causante de tal infierno, sin ceder nunca. Discuten por un milímetro de espacio, por ver quién se apodera de la televisión, porque tal o cual palabra les parece un insulto, porque uno ronca y el otro no para de peerse. Llegarán a golpearse.

Un hombre, con un ojo amoratado y la nariz tumefacta, se encuentra con un amigo.

–¿Qué te ha pasado?

–¡Me he batido por la honra de una mujer!

–¿Por la honra de una mujer?

–¡Sí, ella quería conservarla!

3. Al emprender una terapia, ambos deben comunicarse en primer lugar entre ellos y, más tarde, deshacer sus lazos neuróticos, aceptar la libertad del otro... Buscando el amor consciente, han de trabajar poco a poco para unir los lenguajes diferentes de sus cuatro egos y despertar el Yo superior. Dejar de ser la unión de dos seres sedientos para convertirse en la de dos seres plenos. Un ser sólo puede considerarse pleno cuando ha clarificado la relación que sus acciones, deseos, sentimientos e ideas mantienen con su Dios interior. Hay un proverbio vudú cubano que dice: «Un perro tiene cuatro patas pero no puede tomar más que un solo camino». Toda pareja

que no ha desarrollado un buen nivel de Consciencia termina chocando. Cada uno de sus cuatro egos produce un tipo de conflicto diferente, como si cada pata del perro quisiera tomar una vía distinta. Nunca logran confiar el uno en el otro.

Mulá Nasrudín visita a un amigo. Éste le pregunta:
–¿Qué haces ahora?
–Me ocupo de la felicidad de mi mujer.
–¡Ah, muy bien! ¿Y cómo te ocupas de eso?
–Hago que la siga un detective cuando acude a ver a su amante.

1. Conflictos corporales: la lucha por existir

«Como mis padres no me dieron la atención suficiente ni me valoraron, no he podido formarme un Yo. No tengo valentía ni fuerza. No sé quién ni cómo soy. Me siento vacío. No encuentro sentido a la vida. No puedo darle nada al mundo. No valgo nada.» En este estado, buscaremos en el otro todo lo que creemos no ser. «Valgo menos que una mierda, me entregaré totalmente a ti porque no soy digno de pretender aprobarme a mí mismo. Eres lo único que existe en mi mundo. Mi felicidad está en tus manos.» Alguien así es una trampa viviente, un adulto deshabitado que, con las ansias del bebé que necesita succionar el seno de la madre, espera que su pareja le diga «¡Tú existes!».

Este ser que se siente vacío se encontrará con otro que también se sienta vacío. Si el primero es pasivo, el segundo es activo: «¡Me entrego a ti! ¡Tú serás mi Yo!» y «¡Acepto! ¡Confirmado gracias a ti, colmaré mi vacío sintiendo que soy alguien: me transformaré en tu ídolo!».

Luego, deciden vivir juntos. Al comienzo uno adora y el otro se deja adorar. Gradualmente, con mucho disimulo, el esclavo humilde irá manipulando al orgulloso hasta acabar dirigiéndolo completamente. Y un día, habiendo adquirido la fuerza necesaria, demolerá el pedestal del ídolo para hacerlo caer de bruces ante sus pies. Uno ha interpretado el rol de niño; el otro, el de adulto: «¡Te admiro porque eres mi Yo!» y «¡Soy tu Yo porque me admiras!».

En un gran hotel, todos los días suena el teléfono hacia las doce en punto. Siempre, el mismo recepcionista descuelga y oye:

–¿Qué hora es, por favor?

–Es exactamente mediodía, menos un minuto.

El interlocutor cuelga apenas ha obtenido la información.

Al cabo de seis meses, la persona que responde pregunta:

–¿Pero por qué me llama usted todos los días?

–Soy el obrero que hace funcionar la sirena de la fábrica que está frente a su hotel. Como debo hacerla sonar a mediodía, le pregunto a usted la hora exacta.

Y el recepcionista del hotel le responde:

–¡Pero esto es absurdo! ¡Nosotros regulamos nuestro reloj de acuerdo con la sirena de su fábrica!

Cada uno se basa en el otro, y ninguno de los dos tiene la hora exacta. En este tipo de pareja, el que domina se da cuenta con angustia de que su Yo depende de la admiración del otro. Y el que es dominado, con el mismo tipo de angustia, ansía tener un Yo personal y, decapitando (metafóricamente) a su ídolo, creerá haber encontrado su superioridad. «Ahora yo soy tú y tú eres yo. Y por eso, porque te desprecio, te abandono. Encontraré a otro que merezca mi admiración.»

2. Conflictos libidinales: la lucha por la identidad sexual

La mujer siente un gran deseo de conquistar la masculinidad. El hombre, de manifestar su feminidad. Ella forma una pareja para simular una feminidad que no conoce, porque ha tenido una madre viril. Él forma una pareja para simular una virilidad que no conoce, porque ha tenido un padre débil o ausente o muerto prematuramente, lo cual le impide incorporarlo dentro. Ha sido educado por la madre, o la abuela, o por una hermana o una tía.

Por ejemplo, una mujer fuerte y grande –que detesta la masculinidad de su madre y no quiere ser como ella– se hace pasar por una hembra frágil y débil ayudándose de ropas, peinados y actitudes infantiles. Forma pareja con un hombre inseguro, castrado espiritualmente por su madre, que se hace pasar por un macho fuerte y posesivo. Cuando pasa el tiempo, se quitan las máscaras y la mujer comienza a actuar como hombre y el hombre como mujer.

Al comienzo se decían: «Quiero alentarte en tu rol de hombre y resignarme a la actitud femenina pasiva, puesto que es una característica de las mujeres» o «En nuestra relación quiero afirmarme como hombre para dejar de ser el niño de mi mamá».

Más tarde, cuando ella comienza a llegar tarde, a hacer lo que le viene en gana, a imponerse y él se encierra en su pasividad, pueden decirse: «Si soy infiel es porque tú eres celoso» o «Si soy celoso es porque tú eres infiel».

De cuando en cuando estallan conflictos y las posiciones se invierten. Después de muchas crisis, cuando se establece una tregua, pueden decirse, creyendo que han solucionado el problema: «Soy hombre gracias a ti, mujer. Tú me confirmas en mi virilidad» o «Te confirmo en tu virilidad, porque eres un hombre gracias a mí».

Esto no dura siempre. La mujer, progresivamente se va volviendo frígida y el hombre cada vez tiene más dificultades para conseguir una erección. Ambos han perdido el deseo. Para funcionar bien, ella necesita perderle el respeto; pero él, si le pierden el respeto, se obstina en su impotencia.

Dos flores se declaran su amor:

–¡Oh, te amo! –dice la primera–. ¡Si supieras cómo te amo!

Y la otra responde, temblando:

–¡Y yo me muero de deseo por ti...! ¿Qué te parece si llamamos a una abeja?

Puede, aparentemente, solucionar el atolladero la entrada en escena de un tercer personaje, bien un hijo de ambos, bien un amante. En el primer caso, como el niño nació en medio de profundos conflictos, presenta todo tipo de problemas. Los padres dejan de lado sus disputas y se preocupan por lo que le sucede al niño (en realidad, lo que ellos le hayan hecho). Eso los mantiene unidos durante un tiempo. Sin embargo... de ninguna manera un pequeño puede ser la solución al problema de los adultos. En el caso de los amantes: cuando es el hombre quien parte, no tarda en regresar porque echa de menos la fuerza de su mujer y, en el momento en que ella abre los brazos para perdonarlo, se convence de que es amado y de que lo van a proteger... Si es ella quien parte, acaba en conflicto competitivo con la virilidad del amante y, entonces, regresa deseosa de encontrar la dulzura de su marido. Igualmente, cuando éste, dócil, la perdona llorando, se convence de que es amada y de que la van a obedecer...

Ambos han buscado una confirmación, pero si no desarrollan su nivel de consciencia continuarán dudando hasta la muerte.

3. Conflictos emocionales: la lucha por la satisfacción

En este nivel creemos que, si no hay fusión, no hay amor: «Quiero ser tú y que tú seas yo. Quiero que los dos nos convirtamos en un solo ser».

Un terrón de azúcar, locamente enamorado de una pequeña cuchara, le pregunta ansioso:

–¿Dónde podríamos vernos?

Y la cucharilla le responde con cinismo:

–En un café...

Nuestra madre no nos ha dado el pecho el tiempo suficiente. Nos hemos quedado con el deseo de que nos abrace y nos deje chupar su leche hasta la saciedad. Para conseguirlo, gritamos y pataleamos. Si ella acude, es buena. Si no lo hace, es mala. Nos hemos convertido en adultos que buscan ser mantenidos material y emocionalmente. «Háganse cargo de mí. Evítenme los dolores y sufrimientos. Ocúpense de mi comodidad. Vigilen mi alimentación.» En verdad no nos casamos con una mujer sino con una madre. Y si somos una mujer, queremos hacerlo con un papá o con una mamá encarnada en un hombre que tenga barriga: un padre-madre ideal.

Exigimos que nos traten con la mayor solicitud y con los mayores cuidados, porque hemos crecido como un bebé frustrado. Y si se nos pide que seamos nosotros quienes adoptemos el rol protector, no podemos hacerlo, paralizados por el miedo de fracasar como fracasó nuestra progenitora.

Si somos así, no tarda en aparecer otro bebé frustrado que desea encubrir su debilidad por necesitar una mamá, haciéndose pasar por adulto: «Ya estoy cansado de que me vean como a un niño desamparado. No tengo necesidad de mamar. Para demostrarlo voy a sacrificarme por ti, me convertiré en tu madre ideal», «Toma, criatura, te daré todo cuanto quieras, pero con la condición de que no crezcas. Ve con cuidado: yo te protejo y te cuido pero, en el momento en que te hagas adulto, voy a caer en una enorme depresión porque daré por perdida mi función. Me siento existir sólo cuando me ocupo de ti. Por favor, enciérrate en casa conmigo, no te enredes en amistades que te alejen, no cambies», «Tengo tanta necesidad de ti, porque me pides tanto...» o «Te pido tanto, porque tienes tanta necesidad de mí...».

En verdad, entre ellos no sucede nada adulto. Son dos niños aparentando ser una pareja madura.

Estallará un conflicto cuando el que tenía el rol de hijo comience a ejercer el rol de madre. Este último, destronado, se debilita, enferma, padece un accidente grave o se arruina. A medida que uno crece, el otro disminuye... Como estas personas son un pozo sin fondo, sus peticiones no tendrán fin, nada podrá convencerlos de que tienen todo cuanto les es necesario. Nunca dejarán de exigir. Y, pidiendo cada vez más, mostrarán al otro que no es capaz de darles satisfacción. Éstos otros se angustiarán porque desean más que nada satisfacer a sus consortes. No pudiendo hacerlo, sufrirán. En el fondo, no buscan que los amen sino que les agradezcan. Pero el que pide sin fin, como no logra estar satisfecho, nunca agradecerá.

Para el inconsciente la muerte no existe. Por lo tanto, la dependencia de la madre puede continuar incluso después de que ésta haya desaparecido.

Una madre y su hijo están en la playa. El niño le dice:
–Mamá, ¿puedo jugar con la arena?
–No, querido. No quiero que te ensucies la ropa.
–¿Puedo bañarme?
–No. Vas a pillar un resfriado.
–Entonces, ¿podría jugar con los otros niños?
–No. Si te vas con ellos te puedes perder.
–Mamá, cómprame un helado.
–No. Te puede hacer daño en la garganta.
El muchachito se pone a chillar y su madre exclama:
–¡Dios mío, qué hijo tan neurótico tengo!

4. Conflictos intelectuales: la lucha por el poder

Un filósofo conoce a una mujer de una gran belleza. Ella queda fascinada por la inteligencia del hombre. Él, sintiéndose subyugado por la hermosura de ella, le dice:
–De ahora en adelante, tú y yo seremos un solo ser.
La mujer le responde:
–¿Uno solo?, mi amor. ¿Cuál de nosotros dos?

Quién domina a quién ocupa el noventa por ciento de la relación de pareja. Ambos miembros, cuando eran niños, no tuvieron la oportunidad de ser ellos mismos, sino que fueron obligados a ser lo que sus dominantes padres querían que fueran. Crecieron con un enorme deseo de vencer al otro. En este caso la pareja es un campo de batalla. Quienes vencen pierden interés en la relación y se alejan. Otras veces, a causa de haberse sentido abandonados de niños y de no haber curado todavía esa herida emocional, creen que si se entregan al placer que el otro procura darles caerán vencidos y que, entonces, al caer vencidos se entregarán y que, si se entregan, de nuevo los herirán y abandonarán. «Quisiera someterme, dejarme conducir por ti sin resistencia alguna, que tú mandes, que tú decidas, como hacían mis padres. Pero no puedo, ni quiero. Estoy convencido de que si lo hago, me desatenderás. Así es que, aunque me grites o me golpees, insistiré en mis reivindicaciones de independencia. A veces amenazaré con suicidarme para que comprendas que debes dejarme libre. Sin embargo, a pesar de todas tus brutalidades, no puedo separarme de ti, no puedo vivir mi vida de forma independiente. Estoy dentro de un juego cruel al que yo mismo me he encadenado.»

Quien mantiene sometido y atrapado al otro dice: «Puesto que en una pareja uno de los dos debe dirigir asumiré yo ese papel, porque durante toda mi vida he tenido que bajar la cabeza. Con mis padres nunca pude opinar, satisfacer mis gustos ni desobedecer. Ahora que te he encontrado a ti, débil y cobarde, aprovecharé para tratarte exactamente como hicieron ellos conmigo».

Pero esa persona *débil* está habitada por un deseo enorme de dominar, de vencer algún día. En cambio, la que dirige, en el fondo es insegura y sólo dominando se demuestra a sí misma que tiene fuerza.

«Soy activo y potente porque tú eres pasivo y dócil.»

«Soy pasivo y dócil porque tú eres activo y potente.»

Ninguno de los dos puede avanzar hacia otros niveles; si lo hicieran sentirían que pierden su poder. Cuando el dominado se libera poco a poco, el dominador, por miedo a la separación, comienza a hacer concesiones:

«Me he convertido en un tirano porque tú eres negligente.»

«Me he convertido en negligente porque tú eres un tirano.»

Resultado: la situación neurótica es idéntica, sólo que los roles se han invertido.

Cuando una relación va mal, ha llegado el momento de mejorarla, de verse uno a otro sin máscaras, de reconocer la voluntad de uno y la voluntad del otro, y ponerse de acuerdo. Si en la pareja una de las partes se sacrifica, no es una pareja de verdad.

A bordo de un tren, un hombre y una monja viajan en el mismo compartimiento. En el camino, el hombre empieza a sentir calor. Se quita la corbata. Un poco después, debido a que experimenta más calor, se despoja de la chaqueta. Luego se quita la camisa e, incluso, el pantalón y los calcetines. En cosa de un instante está completamente desnudo y la religiosa, más que disgustada, se halla al borde de un ataque. Es entonces cuando el hombre saca un cigarrillo del bolsillo de su pantalón y, antes de encenderlo, se dirige cortésmente a su compañera de viaje:

–Madre, ¿le molesta el humo?

Generalmente el varón, sin ponerse en ningún momento en el lugar de la otra persona y sin preocuparse en lo más mínimo de lo que ésta pueda sentir, desear o de lo que en verdad ella sea, preocupado sólo de sí mismo y considerándose él un astro y a su mujer como un servil satélite, se permite a sí mismo cualquier tipo de torpeza, error, engaño o violencia pensando que, después, un acto amable, una frase aduladora o un regalo hará que todo quede disculpado. Es incapaz de advertir su egoísmo. Y si esto se aplicase a su interior, a la relación de los cuatro egos con el Yo superior, observaríamos el mismo cuadro lamentable. En vez de aprender de él a reverenciar humildemente a su Yo esencial, el Yo personal, convertido en tirano, acorazado en sus límites, se erige en lamentable guía.

Creyendo que la sangre que corre por sus venas es sólo suya, y no de la humanidad, la ensucia con toxinas y drogas. Miente para lograr egoístas placeres sexuales o notoriedad. Se siente un héroe de película porque sólo habla con frases hirientes y negativas. Envenena su mente con ideas locas... Autodestruirse significa también destruir el mundo, al otro. Lo que él se hace nos lo hace a nosotros. Lo que él se niega, nos lo niega. El mayor defecto de un ser humano es no elevar su nivel de Consciencia... Cuando se habla de «Consciencia», se tiende a creer que uno se está refiriendo a una acumulación de saber, es decir, de sonidos llamados «palabras». Aunque Alfred Korzybsky, creador de la semántica no-aristotélica, dijo: «La palabra "perro" no muerde», a quien no sabe que la palabra «perro» no muerde, ésta lo muerde. Y aunque también dijo «El mapa no es el territorio», la mayor parte de los ciudadanos viven en mapas, en mundos imaginarios que embuten a la fuerza en la realidad. Para algunos, lo que no es palabra no existe.

Un profesor, después de sus clases, regresa a casa. Su mujer le dice:

–Nunca adivinarás lo que me sucedió esta tarde. Tocaron al timbre, abrí y me encontré frente a un tipo que no dijo una palabra. Entró y cerró la puerta, silencioso.

–No es posible...

–¡Sí! Me empujó hacia el dormitorio sin decir nada y me arrojó sobre la cama...

–No es posible...

–Te lo aseguro. Y después, aún mudo, me arrancó el vestido, mis bragas, se desabrochó la bragueta y me violó...

–No es posible...

–Te lo juro. Después se fue sin decir una palabra.

–¡Ah! –suspira el marido–. Entonces nunca sabremos por qué vino...

Una mujer que detesta a los hombres no se puede realizar porque, de manera inconsciente, odia la parte masculina de sí misma y no la puede integrar. Lo mismo le sucede al hombre que por un secreto odio a las mujeres rechaza su propia feminidad, no pudiendo completarse. Sólo alcanzamos la paz cuando nuestra mujer y nuestro hombre interiores se equilibran y manifiestan libremente.

El poeta chino Li Po escribió un hermoso poema de amor:

> Los pájaros levantan el vuelo, desaparecen.
> Una solitaria nube, ociosa, se disipa.
> Por contemplarse sin cesar el uno al otro,
> sólo la montaña reverente permanece.

«Los pájaros levantan el vuelo, desaparecen.» Encontrar al ser que nos corresponde equivale a ponerse a meditar frente a un universo imponente. Nuestras palabras se disuelven. Se acaba el delirio intelectual. Emocionados, no tenemos nada que decir. Nada que comprender. Sólo nos resta contemplar.

«Una solitaria nube, ociosa, se disipa.» Cuando hemos calmado el intelecto –la antigua definición de nosotros mismos, la amalgama desequilibrada de nuestros cuatro egos–, el Yo personal que defendíamos con uñas y dientes pierde significado, definición, se esfuma como un fantasma inútil. El otro aparece con un sublime resplandor.

«Por contemplarse sin cesar el uno al otro...» La persona que ha abierto las puertas selladas de nuestro corazón, al igual que nosotros, ha visto emprender el vuelo de sus palabras y disolverse la vieja imagen de sí misma. Estamos fascinados, frente a frente, como para siempre...

«...sólo la montaña reverente permanece.» Nos decimos mutuamente: «Sólo existes tú. No hay sitio para mí». Somos el otro y el otro es nosotros. No hay ninguna separación entre nosotros y el mundo. Nos identificamos con la montaña, que, por muy sólida que sea, reverencia al cielo: vacuidad donde se han disuelto los pájaros y las nubes...

¿Qué consejo matrimonial se puede dar a una pareja que busca este ideal? Los cónyuges, para lograr una unión sana, primero deben prometerse que...

En el terreno intelectual, vamos a dejarnos el uno al otro ser lo que somos. Me caso contigo prometiendo que de ninguna manera intentaré que me imites o que veas el mundo exactamente como yo lo veo. No cambiaré de parecer angustiándote con exigencias, agresiones orales, mal humor, reclamando sin cesar un «Quiero que pienses esto o lo otro». Respetaremos siempre lo que somos sin sentirnos culpables, sin permitir que nadie intente imponernos conductas o ideales que no sean los nuestros. Tendremos derecho a expresar nuestra propia visión del mundo, aunque difiera de la del otro. No nos impediremos ver ni oír lo que nuestra curiosidad nos pida. Tenemos derecho a desarrollar nuestros sentidos en la dirección que nos convenga.

En el terreno emocional, reconoceremos que no todos amamos de la misma manera. No nos someteremos a la tortura de querernos unir de un modo que no sea el nuestro. Nos amaremos como podamos amarnos, sin tratar de ser espejo, sin aspirar a una quimérica fusión, sin desear serlo todo el uno para el otro. No nos encerraremos en una relación exclusiva, sino que iremos agregando a nuestro cariño el cariño por nuestros hijos, por nuestros parientes, por nuestros amigos, por aquellos a los que admiramos, por la humanidad entera, por todos los seres inanimados o vivientes, por ese impensable que llamamos «Dios». Reconoceremos que el amor no es la búsqueda de la igualdad sino de la diferencia complementaria. No seremos dueños ni propiedad el uno del otro, nos ataremos con nudos que siempre sabremos deshacer, nos ayudaremos a conservar en lo más profundo de nuestro ser un área privada, nos protegeremos mutuamente pero sin privarnos nunca de nuestra libertad. Caminaremos juntos bendiciendo cada uno de nuestros pasos, pero si nuestros caminos se separan, lo aceptaremos deseando lo mejor para el otro en su nueva vida.

En el terreno sexual, comprenderemos que el encuentro de nuestros cuerpos es un placer que debe ser explorado y desarrollado. La verdadera clave de una descendencia feliz es el goce con el que la engendramos. Tendremos hijos del placer, no del deber. Este placer será mutuo y sin límites. Nos permitiremos expresar nuestros deseos, solicitando esta o aquella caricia, aceptando satisfacer las fantasías sexuales del otro pero teniendo también el derecho a negarnos. En este caso, el «no» es un compromiso que nos permite buscar la satisfacción con quien nos la pueda dar. La sublimación y la abstinencia deben ser sinceras y no disfraces de la frustración. Aceptaremos sin celos que otra persona dé a nuestra pareja lo que nosotros no podemos darle.

Compartiremos un espacio pero nos permitiremos también tener un territorio personal, con la promesa de no invadir nunca el del otro, respetando nuestra necesidad de soledad. Igualmente tendremos algún dinero común, pero conservaremos celosamente una independencia económica.

En ninguna parte soy algo de alguien, y en ninguna parte hay algo que sea mío.

Buda

Una relación sana no se construye sobre deseos de posesión. La mujer no pertenece al hombre, ni el hombre pertenece a la mujer. Ambos se unen en el amor y colaboran juntos en una obra, material o espiritual.

14. Tomar el barco

Dos judíos, Samuel y Moisés, son llevados ante un pelotón de ejecución. Se les acusa de espionaje y, por eso, se les va a fusilar. Justo antes de fusilarlos, el oficial que dirige la tropa se acerca a Samuel.

–¿Quieres un cigarro? –le pregunta.

–¡Sí, sí, claro! –responde Samuel, muy contento por haber ganado unos minutos.

En seguida el oficial se aproxima a Moisés.

–¿Y tú qué quieres? –indaga.

Por toda respuesta, Moisés le escupe en la cara.

–¡En verdad no es éste el mejor momento para provocar! –interviene Samuel–. ¡Tus tonterías pueden ocasionar que pase algo malo!

Algunas personas se preguntan constantemente: «¿Debo o no debo cambiar de trabajo? ¿Debo o no debo casarme? ¿Debo o no debo divorciarme? ¿Invierto o no invierto en esto?».

Están a punto de quemarse y no hacen nada. Tienen miedo de actuar. Son como la rana del experimento científico... (Se coloca una rana en un cazo con agua fría. A continuación, se enciende el fuego y, gradualmente, la temperatura del agua va aumentando. El batracio canta y canta sin darse cuenta de que el agua ha comenzado a hervir. Sólo se calla en el momento en el que ya está cocido.)

Hay cosas en nuestra vida que de manera imperceptible se

van deteriorando. Como el cambio es mínimo, no salimos de la situación en que estamos metidos: comenzamos tolerando pequeñas burlas y acabamos transigiendo insultos y vejaciones crueles. Llegamos al punto de quemarnos, de hervir, de perder la piel, la autoestima... Sabemos que estamos embarcados en una relación de trabajo o de pareja que no nos corresponde y ahí seguimos y ahí nos quedamos, vendándonos los ojos para no reconocer que sufrimos.

O bien nos encontramos un día a punto de vivir una relación sublime, pero no tomamos el barco. Permanecemos con un pie en el navío y el otro en el muelle sin jamás atrevernos a embarcar... hasta que se cansan de nosotros. Tenemos miedo de vivir el momento, y ese momento pasa. Nos creamos entonces un mundo imaginario, la felicidad la ubicamos en el futuro y nos damos un tiempo eterno para alcanzarla.

Un marido se indigna cuando su mujer le cuenta que no ha podido poner en marcha el coche por la mañana debido al frío:

–¡Vaya! ¡El mecánico se ha excedido! ¡Mira que cobrarte doscientos euros por remolcarte mil quinientos metros! ¡No puede ser!

–Sí, tienes razón... Pero, ¿sabes?, amor mío, no le he regalado nada. ¡He estado pisando el freno durante todo el trayecto!

¡Cuántas veces, en acaloradas discusiones, las parejas se proponen mejorar la relación, pero ambos pisan el freno! Ninguno hace concesiones. Permanecen días y días sin ceder terreno. Hasta que por fin el deseo sexual los domina. Entonces, en la cama, creen que se han reencontrado y superado sus diferencias, pero una vez que se levantan vuelven a pisar el freno, sin haber dejado resuelto el conflicto en absoluto.

Dos amigas se encuentran después de haberse perdido de vista durante algunos años.

–¿Te llegaste a casar –pregunta la primera– con ese productor de cine que te hacía la corte la última vez que te vi?

–Sí, sí.

–¿Y el Mercedes que te había prometido como regalo de bodas...?

–Lo tuve. ¡Ahora está jugando en la arena! ¡Mercedes, ven a dar los buenos días a esta señora!

Entre hacer o no hacer, siempre hay que elegir hacer, aun a riesgo de fracasar. Si esto ocurre, al menos obtenemos la experiencia. Si elegimos no hacer, vivimos frustrados... Esa mujer tuvo su Mercedes. No el previsto, pero para ella no estaba tan mal: se había casado y tenido una hija... La vida nos pone en nuestro lugar. Se empieza alimentando grandes ideales, y luego la realidad poco a poco recorta nuestras ambiciones. No se posee el automóvil Mercedes que esperábamos, pero sí una Mercedes viva: más pequeña, menos vistosa, pero más real.

15. Una buena noticia

Un viejo cantante ha fracasado en su carrera. Siempre en espera de un contrato eventual, vive con su mujer en un apartamento vetusto y apenas amueblado; con todo, no falta una mesa y un teléfono por si acaso alguien lo llama para contratarlo... Un día suena el aparato:

–¿He llamado a la casa del cantante X?

–Sí.

–Soy el empresario Z. El cantante A acaba de sufrir una crisis cardiaca y es probable que no pueda acudir mañana por la noche a cantar. Es absolutamente necesario que usted ocupe su lugar. ¿Tiene listo un repertorio?

–¡Sí, claro que sí! Tengo todo un programa –responde, estupefacto por esta buena fortuna, el viejo cantante.

–Escuche –añade el empresario–, todavía estamos a la espera de que nuestro divo se recupere. De modo que, si antes del mediodía de mañana no recibe usted un telegrama de contraorden, puede considerar firmado su contrato.

–¿A mediodía?

–¡Sí, justo al mediodía! A partir de ese momento, todos sabremos a qué atenernos –concluye, antes de colgar, el empresario.

Excitado como nunca, el cantante repite incansablemente todo su repertorio. No cesa de mirarse al espejo del armario, confirmando una y otra vez que su traje está bien planchado. Pasa la noche en vela haciendo votos por la muerte de su rival. Al amanecer, el hombre se encuentra agotado. Bebe litros de agua, no come. Pasan diez horas, once horas... Un cuarto para el mediodía... Cinco minutos para el mediodía... Cuatro... Tres... Un minuto... Justo al mediodía alguien llama a su puerta. El viejo cantante va a abrir, con lágrimas en los ojos. Es un telegrama. Con las manos temblorosas, lo lee bajo la mirada ansiosa de su mujer... Al terminar de leerlo, exclama con aire triunfal:

–No te preocupes, ¡gracias a Dios no es nada! ¡Simplemente es... que acaba de morir mi madre!

Para este viejo cantante, que no piensa más que en sí mismo y que padece un desfase entre el mundo de lo emocional y la realidad, la muerte de su madre supone una liberación. Es posible que ella le haya provocado una neurosis de fracaso... Quizá, en su niñez, la oyó decir: «Cuando naciste me tuve que sacrificar: para poder cuidarte abandoné mi carrera artística». O bien: «Quiero que un día realices lo que yo no pude hacer. Pero si triunfas, sufriré pensando en mi propio fracaso». O más bien: «No eres el hijo que yo esperaba, te pareces a tu padre y no a tu abuelo materno».

Dice una madre:

–Tuve una vez un bebé que nació tan tremendamente horroroso que en vez de darle el pecho le di la espalda.

No habiendo sido amado como él habría deseado –quizá tuvo una madre que no lo amamantó, ausente, insatisfecha, sufriendo porque envejecía, odiando en lo más profundo a su marido y a los hombres–, nuestro personaje se encierra en un feroz egoísmo, al mismo tiempo que se prohíbe el goce de triunfar: si no ha sido amado, piensa, es porque no lo merece... Tampoco, entonces, se permite el éxito artístico.

Un niño pequeño tiene un perro llamado Babá, al cual adora. Un día, mientras está en el colegio, Babá se escapa, cruza la calle corriendo y un automóvil lo atropella.

Sabiendo el amor que su hijito tiene por el perro, la madre teme que sufra un shock terrible cuando se entere del accidente. Decide, entonces, ir a buscarlo al colegio para darle la mala noticia con delicadeza.

–Yo sé –le dice ella mientras regresan caminando– que eres un niño muy valiente. Y querría que hagas la prueba y que no llores ni grites porque... voy a decirte algo muy triste: Babá ha muerto.

–¿Ah, sí? –dice el pequeñuelo con toda frialdad–. ¿Cómo ha sido?

–Hace un rato, lo atropellaron en la calle...

–Esas cosas suceden, mamá. No te preocupes...

Y el niño no llora ni grita mientras continúa jugando con su yoyó. La madre, que temía lo peor, está asombrada.

Apenas llegan a casa, el pequeño recorre todos las habitaciones gritando «¡Babá! ¡Babá!». Luego, regresa junto a su madre y pregunta:

–¿Dónde está Babá?

–Pero, mi niño, te dije que estaba muerto.

Entonces el niño estalla en sollozos y lanza alaridos...

–¡Pero qué es esto! Cuando te lo dije hace un momento no te conmoviste, ni siquiera lloraste...

–Es que entendí mal –dice el niño entre lágrimas–, creí que me decías que papá había muerto.

Cuando un pequeñuelo no ama a su padre, y demuestra que éste le es indiferente, no es por culpa suya sino del adulto... El niño, con sus padres, es como un espejo. Si una madre mira siempre a su bebé con rostro inexpresivo, éste crecerá con profundos problemas mentales. La mujer que sostiene a un niño en brazos, cuando ella le sonríe, por instinto él la imita y sonríe. Asimismo, cuando ella le muestra un rostro amoroso, él también expresa ese mismo sentimiento. Es un intercambio... Si un padre, ausente o ensimismado, trata con indiferencia a su hijo, no juega con él, no ríe, no ensalza sus valores o no lo acaricia, éste acabará respondiendo con igual indiferencia. Los adultos que asisten al sepelio de sus padres sin derramar una sola lágrima y sin sentir nada, son productos de tal situación: como no fueron amados, son incapaces de sentir amor. Tienen el corazón blindado.

Sin embargo, no podemos decir que su corazón esté vacío. En la naturaleza de los mamíferos se da este tipo de amor. Probablemente por ser de sangre caliente, en los períodos de intenso frío las parejas y sus crías necesitaron protegerse juntando sus cuerpos para obtener calor. Si no se juntaban, sentían el peligro de muerte. Quizá por eso al amor se le relacione con el calor y a la indiferencia con el frío... Aunque podría ser ser también que el amor viniese determinado ya en los genes. No es que los padres y los hijos no se amen, tan sólo sucede que no saben expresar y vivir correctamente ese amor. Debido a problemas inherentes al árbol genealógico, por ejemplo haber sufrido abandono o no haber recibido el cariño necesario, algunas personas temen amar, y creyendo no merecer lo que ansían, entonces se enquistan o huyen o se camuflan o atacan. Y esta reacción dolorosa se va repitiendo de generación en generación. El hombre que no ha recibido amor paterno no sabe ser padre; así como la mujer rechazada por su madre no sabe ser madre...

Un padre amonesta a su hijo:

–Fuiste un bebé feo, luego un mal hijo; serás un mal marido, un padre de familia espantoso y terminarás en la silla eléctrica.

Entonces, con aires de protectora, interviene la madre:

–Quizá le concedan la gracia.

¿Qué hacer en una situación como ésta? Cuando creemos no tener sentimientos paternales o maternales, debemos confiar en que nuestro centro intelectual sabe lo que es ser un buen padre o una buena madre. Entonces, guiados por él, debemos imitar el amor diciéndonos: «Mis hijos tienen tal problema o necesitan esto. Si los amara bien, ¿qué haría?». Y así, de imitación en imitación, finalmente el corazón se libera de sus blindajes y deja expandirse el amor que siempre estuvo en él, pero retenido. Pero si no hacemos estos esfuerzos y en lugar de ternura damos órdenes...

–Papá –dice un niño al autor de sus días–, quiero que por mi cumpleaños me regales una escopeta de verdad.

–Eso no es posible.

–¿Por qué?

–Porque a los niños no se les debe regalar esas cosas.

–¡Yo quiero una escopeta!

–¡No!

–¡Sí!

–¡Basta! –replica el padre–. ¿Quién manda aquí?

–Tú, por supuesto –responde el niño–. Pero si yo tuviera una escopeta...

16. Niveles de Consciencia

–Doctor, tengo un problema –explica un joven al médico–. Cuando como zanahoria, defeco zanahoria. Cuando como col, defeco col. Cuando como espárragos, defeco espárragos.

–Mire –exclama el médico–, yo no veo más que un solo remedio para su caso: ¡coma mierda!

Tanto en el dominio espiritual como en el material, somos lo que comemos. La actitud que tendremos hacia los demás va a depender de la manera en que nos alimentemos. Si ingerimos sexualidad vulgar –que considera al otro como un mero objeto masturbatorio–, llenaremos el mundo de sexualidad vulgar. Si nos alimentamos de sentimientos confusos, penosos o decadentes, excretaremos actos que llenarán al mundo de sentimientos confusos, penosos o decadentes. De la misma manera, si nos nutrimos de pensamientos negativos, ensuciaremos el mundo con pensamientos negativos. Somos lo que comemos, comemos lo que somos. Si nos alimentamos de Consciencia, ofreceremos Consciencia al mundo.

Al hablar de «Consciencia» nos referimos a una dimensión del ser humano que se presenta en varios niveles, y podría compararse con el karate. En este arte marcial existen distintos grados de pericia que quedan simbolizados por el color, del blanco al negro, de los cinturones que atan la ropa. Este método es también aplicable a la consciencia: su desarrollo quedaría graduado en niveles, de más a menos límites, hasta procurarnos la suprema liberación, que es la que nos une totalmente con el Universo.

A un restaurante para moscas llegan tres de estos insectos. La primera mosca dice:

–Sírvanme un plato de caca con cebolla.

La segunda mosca dice:

–Sírvanme un plato de caca con ajo.

Y la tercera dice:

–A mí sírvanme un plato sólo de caca. Tengo una cita amorosa.

Cuando hablamos de «niveles de Consciencia» damos por entendido que es posible, paso a paso, liberarla de sus límites. Pero ¿quién actúa sobre la Consciencia limitada? No puede ser sino la propia Consciencia, que, desprendiéndose de sus intereses exteriores, se propone a sí misma como meta. Esta consciencia de la Consciencia sólo puede obtenerse mediante la meditación. Quien no se busca cree que sus límites son su verdadero ser. El mínimo intento de sacarlo de su habitual territorio lo sumerge en crisis, que se manifiestan con rabietas, anquilosamientos, huidas o fingimientos. Este rechazo proviene de su miedo a perder la identidad y los lazos que lo unen con personas de su mismo nivel de consciencia. El hombre no desarrollado quiere *pertenecer*, ser aceptado por grupos e instituciones que reflejen sus propios límites. En lo más profundo del inconsciente, el espíritu infantil se dice: «Si traiciono las creencias de mis padres, dejarán de amarme y entonces moriré abandonado». La mosca de nuestro chiste no se da cuenta de que su aliento hiede, es decir, tiene un limitado nivel de Consciencia. Cree hacer los esfuerzos correctos para oler bien eliminando detalles que no son esenciales, pero permanece igual a sí misma.

Una mosca madre y una mosca hija están comiendo, posadas en una bosta de vaca. De pronto la pequeña dice:

–Mamá, tengo ganas de tirarme un pedo.

–¡Contente, hija mía! ¡Es de muy mala educación hacer eso cuando se está sentada a la mesa!

Los delirios interpretativos no tienen fin. Debemos desprendernos de la mirada negativa que la familia y la sociedad nos han legado para, poco a poco, descubrir significados útiles. Si estamos convencidos de que el mundo es agresivo, acabaremos por no darnos cuenta de que esta generalización es subjetiva. El mundo no es violento, sino que hay violencia en él. Entre las expresiones «el mundo es» y «hay en él» existe un abismo.

Quienes transforman la realidad en una jungla de agresividad son humanos con un nivel de *consciencia animal*. Sus egos intelectuales y emocionales están al servicio de la vida material y del sexo. Satisfacción instintiva, envidia de lo ajeno, responsabilidad nula, endiosamiento del dinero. Éstas son las personas que roban, especulan, violan, destruyen el medio ambiente, carecen de caridad, transforman el idioma en vulgar jerigonza, son racistas...

Un blanco entra en un bar de Alabama y dice al camarero, que es negro:

–¡Sírveme un whisky, negro asqueroso!

–Señor, yo soy un ser humano. No es correcto que usted me hable así...

–¿Y cómo te tengo que hablar?

–Hágame el favor de intercambiar el sitio conmigo, se lo voy a mostrar.

El blanco se coloca detrás de la barra mientras el negro se dirige a la puerta para regresar al mostrador diciendo:

–Buenas tardes, caballero. ¿Tendría la amabilidad de servirme un whisky?

Y el otro responde:

–¡Aquí no se sirve a los negros asquerosos!

Un poco más evolucionados son los que alcanzan un nivel de *consciencia infantil*. Consumidores compulsivos, coleccionistas de objetos inútiles, madres invasoras en competencia con sus hijas, padres ausentes sumidos en las apariencias y el juego continuo, voluntariamente superficiales, irresponsables, siempre pidiendo, envidiosos de lo que los demás poseen (un niño que pasea por el parque con su madre ve a otro comiendo un helado. Lo señala con el dedo y, angustiado, dice a su madre «¡Yo también quiero!». La señora, con mucho cariño, le responde: «No tienes por qué preocuparte, cariño. Te voy a comprar un helado igual». El niño entonces gime: «No, mamá, no quiero un helado igual. ¡Quiero ese helado!») sin preocuparse de dar, orgullosos de su cinismo y al mismo tiempo débiles, incapaces de vencer un obstáculo o un vicio, pero sí capaces de traicionar sin que les remuerda la conciencia a quienes quieren.

En el colegio, el hijo de un trabajador argelino es constantemente agredido por sus pequeños compañeros. Entonces, para que esto cese, su padre lo cambia de colegio y de nombre.

–Desde ahora ya no te llamarás Ahmed, te llamarás Mauricio. Y no digas a nadie que eres argelino, ¿comprendes?

Un mes más tarde, el niño vuelve a casa con unas notas catastróficas. A la mañana siguiente llega a clase con un ojo morado.

–¿Qué te pasó, Mauricio? –le preguntan sus camaradas.

–Algo horrible: ayer, al llegar a mi casa, me golpeó un asqueroso árabe...

También se puede llegar a un nivel de *consciencia romántica*. La persona cree que la solución de su vida es encontrar una pareja con la cual, poseídos ambos por un mítico amor, poder vivir para siempre en una paradisiaca fusión. Esta visión cursi de la vida (alimentada por el cine, las telenovelas, las canciones, las revistas del corazón o los anuncios publicitarios) conduce al perfeccionismo, a la formación de matrimonios que terminan en violentos divorcios, a la idealización de la realidad hasta que acaba en fracaso, a la aniquilación de la sinceridad para utilizar mentiras seductoras, a poner la confianza en rufianes disfrazados de príncipe azul, en prostitutas que se hacen pasar por hadas o en delicados amantes que se convierten en asesinos...

Un desconocido seduce a una mujer diciéndole que es prestidigitador y prometiéndole que, si se acuesta con él, después le mostrará un estupendo truco de magia. Ella, muerta de curiosidad, accede. Después del acto exige al galán que cumpla su promesa.

–Muy bien –le dice él–, vístete y péinate.

Ella así lo hace. Entonces el hombre abre la puerta y la empuja fuera del apartamento diciéndole:

–¡Primero te follo y luego te hago desaparecer!

Cuando alcanza la *consciencia adulta,* el individuo aprende a invertir, a hacerse responsable, a crear empresas prósperas, a no dejarse embaucar por falsas promesas. Sin embargo, en esa intensa lucha, obsesionado por el poder –económico, emocional, sexual o intelectual–, puede hacerse egoísta, explotador, abusador de los niveles inferiores; vivirá en un aislamiento mental, sin considerar el sufrimiento ajeno...

Dos judíos rezan delante del muro de las lamentaciones. El primero dice:

–Señor, yo te imploro: este año hazme ganar diez millones con mi fábrica de ropa...

El segundo dice:

–Señor, te lo suplico: haz que me den diez euros para que pueda comer...

El primero saca su billetera y le dice al otro:

–Toma, tus diez euros. ¡Y ahora cállate y deja que Dios se concentre en las peticiones importantes!

Se comienza a ser un humano digno cuando se llega a un nivel de *consciencia social-planetaria.* El Yo personal, unido al Yo superior, establece amorosas relaciones con los reinos vegetal, mineral, animal y humano. No deseando para él nada que no sea también para los demás, se hace dueño del planeta y de todos los seres vivientes. Lo que suceda en el otro extremo de la tierra le concierne, el hambre mundial le afecta el estómago, la polución del aire la siente en sus pulmones, la enfermedad social lo convierte en terapeuta. Llega a realizar que ser un humano es ser la humanidad... Sin embargo, en este alto nivel, pueden cometerse errores.

El gran brujo y sacerdote supremo de una tribu despierta a medianoche a sus fieles y les comunica una terrible noticia:

–¡Arrepentíos de vuestros pecados! Mañana no saldrá el sol: ¡el astro rey ha muerto!

Todos regresan a sus chozas y esperan la hora del amanecer sumidos en la más tremenda angustia. Sin embargo, sorprendidos, ven que poco a poco el cielo se va aclarando y que el sol, como todos los días, asoma por el horizonte... Furiosos, corren hacia la cabaña del brujo, llaman a su puerta. Nadie responde... Entran a la fuerza y encuentran al vidente tirado en su lecho, muerto.

Un discípulo absorbe las enseñanzas de su viejo maestro y desarrolla, de manera excepcional, su sensibilidad. Como deja de acudir al templo donde él y sus camaradas suelen meditar cada día guiados por un sabio anciano, éste va a su casa y lo encuentra, sufriente, en cama.

–Muchacho, se te ve profundamente deprimido... ¿Qué te sucede?

–Ay, gran maestro... Mi sensibilidad está tan aguzada que se ha unido al planeta. Siento en mi carne todos los dramas: gente que muere de hambre, guerras, asesinatos, polución, drogas, niños explotados; no puedo más. Cada suceso negativo, aunque sea en el último rincón del mundo, se me clava como una aguja en la carne...

–¡Necio, has desarrollado la sensibilidad sólo para captar lo negativo! Crees que ser santo es sólo sufrir por el dolor de los otros, pero en este momento en el mundo están sucediendo también multitud de cosas maravillosas... Tu cuerpo debería sentirlas como energéticas caricias... Nuestro planeta sigue girando alrededor del sol, una mitad en la noche y la otra en el día.

El peligro del nivel de consciencia social-planetaria es quedarse anclado en la noción de un aquí y ahora paradisiaco, olvidando el destino universal de todo ser.

Un campesino reza con fervor, pero enojado:

–Oh, Dios, te entusiasmaste creando nuestro mundo, mas después de verlo nacer lo olvidaste, dejando en nuestras manos el trabajo de hacerlo prosperar. Debo confesarte que estoy cansado, las dificultades que encuentro a cada paso son agobiantes. Ayúdame, por favor... Si me concedes lo que te voy a pedir produciré el mejor trigo que nunca haya crecido en estos parajes. Dame una tierra fértil, rica en minerales. Disminuye este año los rigores del invierno, haz que el clima sea templado los doce meses del año, elimina la sequía y las lluvias torrenciales, que los vientos no pasen de ser agradables brisas, que no acudan ni insectos ni pájaros, que mis bueyes y yo conservemos una salud de hierro y que ningún terremoto destruya mis plantas...

La divinidad escuchó la plegaria y en una majestuosa aparición le prometió al campesino hacer todo lo que él le pedía... Pasaron los meses... Las semillas nunca se abrieron... El campesino comprendió que sin obstáculos nada puede adquirir la fuerza necesaria para crecer.

La *consciencia cósmica* comprende lo efímero de la materia que la alberga, comparada con el tiempo eterno y el espacio infinito. Sabe que es un mínimo fragmento de la grandiosa creación divina. Reconoce que si la muerte es sólo individual, la especie humana tiene la oportunidad de alcanzar a vivir tanto como vive el universo. Ante su comprensión de la totalidad, los problemas cotidianos pierden importancia, con sincera humildad se inclina ante las leyes del cosmos, acepta que la desintegración del cuerpo y de la mente es una necesidad sagrada y, desprendiéndose de toda posesión, se entrega a la vacuidad con la misma paz con que el Cristo se entrega a la crucifixión, sabiendo que la Consciencia, bajo una forma u otra, es imperecedera.

Un humilde pescador, en alta mar, recoge sus redes con mucho esfuerzo. Cree que ha pescado un gran pez. Con asombro ve que su presa es un dios: una escultura de piedra negra, con dos ojos de jade y una sonrisa tan intensa que parece estar viva. Emocionado, la lleva a su cabaña, la coloca sobre un altar improvisado y comienza a rezarle. Este rezo consta de una sola palabra: «¡Háblame...!». Pasan los días y el pescador, ansioso por establecer comunicación con un dios que lo sacará de la miseria y proporcionará a todos la felicidad que anhelan, no cesa de rogarle: «Háblame, háblame, háblame...». Al cabo de mucho tiempo, algunos años quizá, el hombre ha olvidado los bienes que deseaba que le concedieran y lo único que quiere es que el dios le hable. Por fin, un día en que ha rezado toda la noche hasta el alba, cambia su plegaria y en lugar de implorar «¡Háblame!», esperando que le comuniquen una sabiduría suprema, dice: «¡Di, como yo, una sola palabra!». La escultura se anima, observa con infinito amor al pescador y, siempre sonriente, exclama: «¡Arde!». Y el cuerpo del pescador se consume, transformado en una hoguera.

A una sociedad de mariposas llega una avispa que afirma:

–¡Yo también soy una mariposa!

Le responden:

–¡No, tú eres una avispa!

–¡No, no y no! ¡Soy una verdadera mariposa!

–Para que te creamos debes probar que eres en verdad como nosotras. Mira, en esa ventana hay una gran vela siempre encendida. Acércate a la llama y luego cuéntanos lo que sentiste.

La avispa vuela alrededor de la llama, extasiada. Luego regresa junto a las mariposas exclamando:

–¡Es una cosa increíble! ¡La luz esencial! ¡La más grande de las maravillas!

Entonces le responden:

–¡Eres una avispa! ¡Cuando una de nosotras va a la ventana y al acercarse a la vela ve su llama, se precipita hacia ella dejándose quemar! ¡Las mariposas no regresan, como tú! ¡Vete de aquí!

Sólo entregando su voluntad a su llama interior, el hombre

alcanza la *consciencia divina*... El mismo misterio que sustenta el universo se encuentra en el centro de nuestro Yo esencial. Esa todopoderosa energía, simbolizada por la antorcha que enarbola el diablo del arcano XV del Tarot, es la que llamamos Dios interior, manifestación del Arquitecto Universal en nuestra encarnación. No se le puede conocer, pero sí sentir. Para que actúe como aliado debemos atrevernos –en un estado de trance, éxtasis, gracia o iluminación– a sacrificar la insistente percepción de nosotros mismos, ideas, sentimientos o deseos, y de negación en negación acercarnos a su definitiva afirmación para aceptar que es el astro luminoso del cual sólo somos la sombra... En este nivel de consciencia, se obedece continuamente. Nuestros yoes –el personal, el superior y el esencial– se pliegan ante el diamante central.

Algunas personas ingenuas piensan que llegar a este estado espiritual (que ellas denominan *iluminación*) es como obtener un anillo de oro para lucirlo, como un aura, flotando por encima de la cabeza. En verdad, el nivel de consciencia divina no es un objeto. Cuando nuestras ideas estancadas se hacen fluidas, obtenemos la primera explosión de Consciencia, y al comienzo creemos que será para siempre. Nos equivocamos. Lo único permanente en este mundo es la impermanencia. Lo que no cambia se estanca. La adquisición de la fluidez se asemeja a una piedra que cae en el centro de un lago. De su choque contra el agua surge una onda circular que da origen a otra mayor. Ondas que continuarán expandiéndose hasta cubrir la superficie entera de ese lago. Así sucede con la expansión de la Consciencia, aunque con la diferencia de que el lago espiritual es infinito. Una vez comenzado el proceso, vamos de iluminación en iluminación, de sorpresa menor en sorpresa mayor, sin que el asombro feliz ante los nuevos aspectos de la realidad cese nunca. Donde habíamos buscado un objeto inmóvil, hemos encontrado un acontecer incesante.

Algunos aprendices de brujo cometen el error de creer que, con su ilusorio anillo de oro flotando sobre sus cráneos, son los amos, y que el Dios interior no es más que su sirviente.

Un samurai sin amo, harapiento, muerto de hambre, recorre un campo de batalla en busca de alguna armadura o espada que los campesinos no hayan recogido para vender. Sólo encuentra un esqueleto al que gusanos e insectos han limpiado de su carne. Sin saber por qué, quizá por piedad hacia sí mismo, entierra los huesos, dándoles una honorable tumba.

Agradecido, el espíritu que vivía en esa osamenta, un feroz guerrero, decide, durante el tiempo que le queda antes de partir hacia el más allá, proteger a su enterrador. Se coloca detrás de su espalda y avanza con él, como una sombra gigante.

Cuando el samurai sin amo entra en una aldea cercana, un lugar donde lo habían corrido a palos negándole un plato de comida, todos se aterran, le hacen reverencias y le dan de beber y de comer lo que pide, sin cobrarle. Envalentonado, el hombre poco a poco aumenta sus exigencias y reclama dinero, viola a mujeres, golpea a los aldeanos sin que éstos osen defenderse. El que fuera antes un mendigo, en pocos días logra vivir en una deliciosa opulencia convirtiéndose en amo cruel de la aldea.

Pasan dos semanas. El fantasma es llamado al juicio que le espera en el otro mundo. Desaparece... El samurai, sin darse cuenta de que va solo, se pasea arrogante por la aldea cometiendo sus iniquidades. Cuando los habitantes advierten que la terrorífica sombra ya no lo sigue, lo matan a palos.

En el trayecto que va desde la consciencia social-planetaria, pasando por la consciencia cósmica, hasta la consciencia divina, el individuo comienza a desarrollar sus sentidos, su mente y la percepción de sí mismo de forma diferente. Se le revela el milagro cotidiano de la vida, comprende que los acontecimientos dependen de lo que se piensa que éstos son, que la realidad exterior se entreteje con su alma, que el espíritu racional navega en un océano mágico donde actúan azares incomprensibles, que es su propio curandero, que está rodeado de un aura sensible que puede extenderse hasta increíbles distancias, que el universo le ha ofrecido un precioso rol: ser creador de Consciencia... Y entonces, aunque la tarea le parezca imposible, trabaja sin descanso para lograr que todos los seres vivientes alcancen también este desarrollo.

A todos los seres conscientes, aunque innumerables, prometo salvar. Todas las pasiones, aunque inextinguibles, prometo apagar. Todas las leyes que rigen el cosmos, aunque infinitas, prometo cumplir. Toda la verdad, aunque inconmensurable, prometo alcanzar.

Buda

Cuando una persona se encuentra con un problema emocional para el que no ve una solución, cae en una profunda crisis, se siente como un animal perseguido y acorralado. Si aquello que desea obtener es imposible, para escapar de la trampa en vez de luchar contra la situación debe elevar su nivel de Consciencia. Aparecerán entonces finalidades más altas y vastas que quitarán al problema su aspecto opresivo.

17. El milagro

Tres cristianos están discutiendo a propósito del milagro. El primero pregunta:

–En verdad, ¿qué es un milagro?

–Pues bien –replica el segundo–, un milagro se produce cuando Dios hace exactamente lo que nuestro sacerdote le pide.

–¿De veras? –dice el tercero–. Yo creo que un milagro se produce cuando nuestro sacerdote hace exactamente lo que Dios le pide.

¿Podemos hablar de milagro cuando, como dice el segundo cristiano, ese impensable que llamamos «Dios» hace exactamente lo que le pedimos? Según esto, podríamos sentirnos tentados, por egoísmo, a utilizarlo como un simple criado en nuestro beneficio personal.

Una señora, al regresar de su peregrinación a Lourdes, pasa el registro de la aduana. El guardia encuentra en su maleta una botella transparente con forma de Virgen, dentro de la cual hay un líquido igualmente transparente. Le pregunta a la dama:

–¿Que contiene esta botella?

–Agua bendita de la santa gruta, señor.

El guardia, después de quitar el tapón y beber un trago, le dice, severo:

–¡Esto es vodka!

La mujer cae de rodillas, exclamando:

–¡Milagro!

¿Habría milagro cuando, como dice el tercer cristiano, hacemos exactamente lo que Dios nos pide? Es posible, pero ¿somos capaces de acatar lo que Él nos ordena?, o en otras palabras, ¿puede nuestra mente aceptar lo que la intuición desea? El milagro es, precisamente, la negación de toda ley racional. Para lograrlo hay que abatir el muro de las ideas adquiridas. Sin embargo, por un deseo de creer, podemos engañarnos diciéndonos que los acontecimientos son lo que en verdad no son.

Un hombre corre por una calle de Lourdes, cerca de la santa gruta, gritando:

–¡Ahora ando! ¡No es posible, ando!

Al verlo pasar, una monja cae de rodillas, exclamando:

–¡Milagro! ¡Milagro!

–Se equivoca, hermana –le dice el hombre–. ¡Me han robado el automóvil!

¿Y si Dios fuera un concepto más, una mera construcción mental, una mentira que, sin lograr creerla, nos hacemos a nosotros mismos? ¿Y si, deseando que un milagro ocurra, hiciéramos promesas sabiendo que nunca podríamos cumplirlas?

El velero en el que viaja Mulá Nasrudín está atrapado en una terrible tormenta. El océano furioso está a punto de tragarse el navío.

Mulá Nasrudín se arrodilla en el puente, en medio de sus compañeros de infortunio, y exclama:

–¡Oh, Alá el compasivo, si ordenas a los vientos que se calmen, encenderé en Tu alabanza un cirio tan alto como el mástil de esta barca!

–Cuidado con lo que dices, Nasrudín –le grita su vecino para hacerse oír por encima del estruendo de las olas–, puedes caer en perjurio. Nunca podrás procurarte un cirio tan grande...

–¡Calla, hombre de poca fe! –responde Nasrudín–. ¡Si Alá es capaz de calmar esta tremenda tempestad, seguro que también puede enviarme el cirio!

En verdad, se logra obtener un milagro cuando, abandonando las anteojeras mentales, desarrollamos la capacidad de captarlo. Para un ser iluminado, todo es milagro. Sabe que en una simple piedra reside la Consciencia infinita. Sabe que tiene una mirada que depende de su Yo personal y otra que pertenece a su Yo esencial. Sabe que ve más de lo que ve, que oye más de lo que oye, que huele más de lo que huele, que toca más de lo que toca, que gusta más de lo que gusta...

Llega el sargento junto a su comandante y le dice:
–Mi comandante, con la novedad de que el preso ya se escapó.
–¡Cómo que se escapó! ¿No te dije que vigilaras la puerta?
–Sí, pero él se escapó por la ventana.

¿Cuántas veces, por centrar la atención en una parcela de la imagen visual, no nos damos cuenta de muchas cosas que más tarde pueden aparecer en nuestros sueños? Hay sonidos, melodías, voces que se deslizan con disimulo en lo que estamos oyendo. Ciertos olores que creemos no distinguir hacen que algunas personas nos atraigan o nos repelan, algunas ideas y sentimientos esparcen perfume o hedor. Nuestras manos, sin que seamos conscientes de ello, perciben la historia de lo que tocan. Los animales saben muy bien detectar el veneno en un alimento con un sabor delicioso... Nuestra razón cree vivir en un mundo que está limitado a la respuesta de sus sentidos «reales»; sin embargo, gracias a sus sentidos «surreales», sus concepciones geométricas pueden hacerse orgánicas... Es posible conocer las relaciones internas de una forma geométrica, a la que no se le puede quitar una sola línea sin adulterarla. Un círculo sin un fragmento de su circunferencia deja de ser un círculo. Una forma orgánica, por el contrario, guarda el misterio de sus relaciones internas, y se le pueden agregar o quitar partes sin cambiarla. Una hoja de árbol a la que le falte un pedazo sigue siendo una hoja de árbol. Este misterio indescifrable es el milagro que sustenta a la materia. Las formas que nos parecen separadas están unidas. La totalidad de la materia universal es infinita. La razón trata de establecer órdenes, pero es imposible ordenar algo que no tiene límites. Sólo es posible organizarlo. Y para organizar el mundo, no se pueden tener sólo en cuenta las aparentes leyes cósmicas: en toda organización debe aceptarse, como parte de ella, el milagro.

Un esposo llega junto a su mujer muy feliz y le dice:

–¡Querida, acabo de firmar un contrato para actuar en una película de caballos!

–¡Te felicito! ¿Qué papel tienes?

–Seré uno de los caballos.

Cuando aceptamos nuestra verdadera naturaleza –que siempre está en resonancia con el cosmos– y confiamos en ella, el milagro se produce. Éste podría ser definido entonces como el resultado de la aceptación de las fuerzas universales que se manifiestan en nosotros. Muchas veces al milagro se le llama «casualidad». Cuando nos sucede, como ocurre a la anciana de la siguiente historia, de origen sufí, buscamos toda clase de explicaciones para asegurarnos de que es un mero azar, sin ninguna causa mágica. Lo que escapa a nuestras concepciones habituales nos parece extraño, nos inquieta, nos aterra. Si aceptamos la posibilidad del milagro, nuestro mundo «real» se derrumba.

Una vieja bienintencionada encuentra un día un águila que, vencida por el cansancio, reposa en el alféizar de su ventana. «¡Qué pájaro tan raro y tan feo! –piensa–. No se parece a ningún ave que yo haya visto antes.» Tiene piedad del extraño animal. Lo atrapa, le corta las plumas de la cabeza, después le lima el pico curvo hasta hacerlo recto, y por fin le recorta las alas porque le parecen demasiado largas. Le devuelve la libertad diciéndole: «Ahora sí que eres normal: pareces una paloma».

Si echamos una mirada a las circunstancias que nos llevaron al milagro, comprenderemos que fuimos dirigidos por una fuerza inimaginable. Esto se hace evidente en el encuentro pasional entre un hombre y una mujer –o entre dos hombres o dos mujeres–, que casi siempre es milagroso.

La mítica cantante de tangos Libertad Lamarque, hija de obreros, conquistó la gloria acompañada de un amante brutal. Un día, cansada de recibir sus golpes, se arrojó por la ventana de su apartamento. Descendió cuatro pisos para caer sobre un hombre que pasaba casualmente por allí. Acompañó al aplastado en la ambulancia y permaneció en el hospital hasta que éste recobró el conocimiento. Lo siguió visitando durante su convalecencia. Se casaron y fueron, hasta donde es posible en este convulso mundo, felices.

La llave que abre las puertas blindadas del amor puede ser cualquier cosa, incluso un hueso.

El psicoterapeuta Claudio W. llega a París desde San Francisco para dar un curso de kinesioterapia a cincuenta alumnos. Expone sus teorías durante seis brillantes horas. Al final de su sabia introducción, declara:

–Hay una gran diferencia entre teoría y práctica. En verdad, el trabajo sobre el esqueleto puede comenzar por cualquier hueso, aunque parezca insignificante, por ejemplo... por ejemplo... –Claudio vacila, no sabe qué detalle óseo elegir, hasta que de pronto le viene a la boca–: ...por una clavícula –y pregunta de inmediato–: ¿Hay alguno de ustedes que tenga problemas de clavícula?

En medio de un silencio general, se escucha una voz tímida:

–Yo, señor –a nadie le había llamado la atención esa alumna. En la penumbra de la silla más alejada, ha asistido al curso casi inmóvil...

–Venga aquí, señorita. Quítese la camisa y túmbese en la mesa: voy a darle un pequeño masaje. Pero antes dígame cómo se llama.

Con un hilo de voz, confusa, como si usurpara la identidad del profesor, la muchacha responde:

–Claudia.

El pequeño masaje dura tres horas y obliga a los cuarenta y nueve alumnos restantes a esperar a que Claudio W. salga de su trance y clausure oficialmente el curso. El masaje prosigue durante un gran número de años en Estados Unidos, a donde el profesor lleva a su tímida estudiante convertida en esposa...

La vida, para cualquier organismo, depende de su unión con el medio en el que se desarrolla. Si se lo separa de él, muere. Lo mismo podría decirse del ser humano, considerándolo un espíritu que tiene un cuerpo, no a la inversa. Definiéndose por su razón, para llegar a la totalidad de sí mismo, debe establecer puentes con su Yo superior; luego, profundizar hasta unirse con su Yo esencial y, desde ahí, prolongarse hasta la Consciencia cósmica. El universo es una red de interacciones regidas por una misteriosa unidad. Podemos pensar que lo que sucede a una lejana estrella repercute en nuestro espíritu, de la misma manera que lo que sucede en nuestro espíritu podría afectar a los astros... Si hemos nacido, es por una necesidad universal. Aunque totalmente misteriosa, todo ser tiene una finalidad. De la misma manera que la creación entera tiene una finalidad. El universo es un proyecto en acción. Se rige por leyes que parecen fijas, eternas, pero existe la posibilidad (lo que llamamos «la excepción que confirma la regla») de cambio, de desarrollo. Así como –según G. I. Gurdjieff– venimos al mundo con una semilla espiritual que debemos desarrollar luego hasta llegar a tener un Alma, aquello que los religiosos llaman «Dios» y los científicos «energía oscura» también se está desarrollando. Materia y divinidad se dirigen hacia el mismo proyecto... Todo acto es el producto de una cadena de causas y efectos, efectos que se hacen causas, hasta llegar un día al milagro final: un universo inmaterial de pura Consciencia.

Si aceptamos estos conceptos como postulados de una nueva forma de pensar, podremos lograr cambios positivos en nuestra vida cotidiana. Antítesis del milagro, la «catástrofe» resulta de la negación de la unión, del deseo egoísta de posesión y poder personal, del querer ser creador y dueño del acontecer, de convertir la mente en fortaleza agresiva en lugar de templo abierto.

En el momento de un éxito (o de un fracaso) o de un encuentro fundamental (o de un abandono), a veces nos decimos «¿Cómo pude llegar a esto? Nunca pensé que algo así me sucedería. ¡Qué buena (o mala) suerte tengo!». Si escarbamos en la memoria, siguiendo la estela de pequeños sucesos que se encadenaron para llevarnos a donde estamos, veremos que fueron guiados por una voluntad superior, misteriosa, que actuó sobre nuestra vida tal como un jugador de ajedrez organiza sus series de jugadas. Hay un momento inicial en el que se nos presenta una alternativa: debemos o no hacer o decir algo. Si decidimos hacerlo, iniciamos un movimiento que, sin saberlo, nos lleva a la eclosión del milagro. Si nos negamos a emprender la aventura, si no oímos la llamada de nuestra intuición, si nuestra razón niega la realización de un deseo porque lo considera absurdo, abrimos un sendero que nos lleva a la frustración, a la enfermedad, a la catástrofe.

Si usted está leyendo este libro es porque hace algunos años, habiendo terminado una película hecha por encargo llamada *El ladrón del arcoiris*, me apresuré a esconderme en la isla de Formentera. La habían elegido para que abriera el festival de cine de Venecia. Esa película me avergonzaba: la había dirigido sólo por necesidades económicas... El productor no pensaba lo mismo y deseaba que yo la presentara. Seguro de que nadie podría encontrarme, me asoleaba en una tranquila playa cuando una dama muy elegante, cuyo atuendo negro, sus brillantes aretes y sus tacones altos no cuadraban con el ambiente veraniego de la isla, se arrodilló junto a mí y casi con lágrimas en los ojos me imploró que asistiera al festival: «Vengo desde Italia para buscarte, soy la encargada de prensa. El señor Alexander Salkind [el productor] ha fletado un jet que te espera en Ibiza, no puedes decir que no». A regañadientes acepté el ofrecimiento. En dos o tres horas me encontré en medio de la histeria festivalera. Para mi sorpresa, la película –en la que actuaban Omar Shariff, Peter

O'Toole y Christopher Lee– fue bien recibida... En el café del cine me encontré con Omar Shariff, que era miembro del jurado. Un poco más lejos, ignorado por las *estrellas* y por los periodistas cinematográficos, divisé a José Donoso, autor entre otras de la novela *El obsceno pájaro de la noche.* Supe que unos jóvenes cineastas presentaban una película basada en uno de sus cuentos. Le dije a Omar: «Donoso es un escritor chileno conocido mundialmente. Es lamentable que en este festival no se le rinda la atención que merece. Intenta conseguirle un premio». Por suerte, la película contaba con un actor de gran calidad al que se le otorgó un trofeo. No sé por qué vía Donoso se enteró de mi intervención, y quiso agradecérmelo. Nos encontramos con placer, porque recordamos los tiempos en que cuando éramos jóvenes, unos treinta años atrás, él, el poeta Enrique Lihn y yo decidimos resucitar en Santiago la fiesta de la primavera. Todos los días, entre la una y las tres de la tarde, salíamos disfrazados (Lihn de diablo, yo de Pierrot y Donoso de negra ninfómana) para saltar entre los automóviles incitando a los ciudadanos a celebrar el carnaval. Tuvimos éxito, pues se organizó una fiesta en la que bailó un millón de personas. Donoso me dijo: «Gracias al premio, el gobierno chileno ha enviado un equipo de televisión para que me entrevisten. ¿Por qué no conversas conmigo ante las cámaras?». Y así lo hicimos. De pronto mi amigo me preguntó: «En tu juventud querías ser escritor, no cineasta. ¿Abandonaste la literatura?». «No –contesté–. Desde hace veinte años guardo en un cajón de mi escritorio tres novelas que no me atrevo a ofrecer a un editor.» Eso fue todo. Una semana más tarde, me llamó a París, desde Santiago de Chile, Juan Carlos Sáez, un buen editor: habiéndose enterado por la entrevista de que tenía tres libros, me proponía publicarlos. Así lo hizo, y entonces, a los sesenta años, comenzó mi carrera literaria. Si me hubiera negado a la invitación de la dama vestida de negro, insistiendo en quedarme en Formentera, quizá aún hoy yacerían en un cajón mis tres primeras obras y, por supuesto, usted no estaría leyendo estas líneas.

La palabra «milagro» es una derivación del latín *mirari*, «asombrarse, extrañar, admirar», más tarde «contemplar» y por último «mirar». Estas mismas etapas se suceden cuando se avanza en el reconocimiento del milagro. Cuando ocurre lo imposible, un hecho que parece abolir las leyes del universo, un asombro inquietante nos invade si no estamos preparados para ello: por temor a lo mágico atribuimos este hecho al azar, o nos convencemos de padecer una alucinación, o bien nos mentimos a nosotros mismos dándole una explicación científica cogida por los pelos... Si somos honestos reconoceremos que lo ocurrido es extraño y que, por el solo hecho de producirse, nos demuestra nuestra inmensa ignorancia. En la segura realidad que hemos concebido, se abren brechas misteriosas, inexplicables para nuestra lógica... Cuando adquirimos la humildad que nos permite reconocer que desconocemos la naturaleza real del cosmos, y por lo tanto la de nosotros mismos, admiramos el milagro de la existencia. Todo nos conmueve por igual, desde una brizna de hierba hasta la danza de una galaxia... Es entonces cuando, mediante la meditación, comenzamos a liberarnos de la identificación con nuestro intelecto para contemplar el mundo, interior y exterior, desde nuestra afectividad. Aprendemos a mirar con amor. Bendecimos todo lo que nuestros sentidos pueden captar. Con la mente en silencio, el corazón sereno, el sexo satisfecho y el cuerpo agradecido, reconocemos que el principal milagro es la vida misma. Vida que no es nuestra sino de todos. Si nos decimos que un milagro es útil no sólo para un individuo sino también para los demás, si aceptamos por fin que esa amorosa vida es la que une a la totalidad de los seres, llegaremos a ser conscientes de que nosotros mismos somos el milagro. Cada ciudadano es un mago que se ignora.

Una bonita muchacha que hace auto-stop es invitada por un hombre de negocios a su Jaguar. Al cabo de un momento, él le dice:

–Aunque le parezca raro, señorita, debo decirle que por mi trabajo debo hacer a menudo esta ruta Barcelona-Madrid y es la cuarta vez que llevo a una mujer encinta.

–¡Pero yo no estoy encinta! –dice la pasajera.

–Es cierto, pero dese cuenta de que aún no estamos en Madrid...

Para quienes creen que son incapaces de mejorar su destino, que es imposible que un cambio fundamental ocurra en sus vidas, este chiste puede ser iniciático si se ponen en el lugar de la bonita muchacha y atribuyen al hombre de negocios la calidad de Dios.

Una persona que va a ver al profeta mormón Joseph Smith pide que le realice un milagro. Smith le dice:

–Muy bien, así lo haré. En el nombre de Cristo, voy a satisfacer tu deseo: ¿quieres quedarte sordo o ciego? ¿Prefieres la parálisis o que te seque una mano? Elige.

El hombre exclama:

–¡De ninguna manera quiero eso que usted me propone!

Smith le responde:

–Entonces te quedarás sin milagro. Para que quedes convencido, no quiero dañar a otras personas. El mundo tiene un santo equilibrio. Cuando se sana a alguien, se le quita la salud a otro. No hay que pedir milagros. Hay que aceptarlos cuando vienen, sabiendo que todo es un milagro.

18. Bolas chinas, esferas de *ch'i*

Dos psiquiatras están charlando. Uno es mayor que el otro, pero se encuentra en plena forma, al contrario que su colega, que está muy fatigado. Este último se asombra:

–No comprendo cómo se puede escuchar a enfermos medio locos todo el día sin verse afectado por ello.

–¿Y quién los escucha? –replica el psiquiatra viejo mientras hace girar en su mano un par de bolas chinas relajantes.

El viejo nos da una lección. Con su tranquila actitud parece decir al joven: «Por regla general la gente no pide otra cosa que una presencia. En el fondo, la persona que te habla se habla a sí misma. No exige que la escuches, siempre y cuando estés ahí presente, acompañándola. Mientras el otro te describe sus problemas y se queja de la vida, ¡tú elévate hacia lo intemporal! En ese estado, ¿qué te pueden importar las cosas que te están contando? Ante la eternidad, el éxito o el fracaso no importan. La vida ofrece muchos cambios sorprendentes. Imagínate por ejemplo que de pronto, con fecha 1 de octubre, tu mujer te anuncia que te abandonará en enero. Haz girar tus esferas de *ch'i* [energía o aliento vital, en chino], deja de lado el estrés, la preocupación y acéptalo. Te queda el resto de octubre más noviembre y diciembre. ¡Dispones de tres meses, qué maravilla, durante los cuales todo puede pasar: el ser que amas está a tu lado!».

Un señor que vive en el último piso de un rascacielos, cansado de las tonterías que repite su loro, lo arroja por la ventana. Muy tranquilo, el loro se entrega a la caída. Cuando va pasando como un bólido cerca del séptimo piso, dice:

–Hasta ahora voy bien.

Este chiste nos recuerda un koan zen:

Te viene persiguiendo un león. Por escapar de él, caes por un barranco. Pero logras agarrarte a un manzano que crece en su abrupta pared. No puedes trepar porque al borde del abismo te espera el feroz animal. Tampoco puedes descender porque en el fondo te espera otro hambriento león. ¿Qué haces?

La respuesta que dan los maestros es: «Tomas una manzana y la comes con placer». Yo padecía una angustia insoportable en relación con la muerte. Hasta la edad de cuarenta años no había podido aceptar la idea de que mi vida pudiera detenerse. Un buen día, cansado, harto, me dije: «Esta historia ya no es para mí. ¿Qué es lo que más quiero en el mundo? La vida..., y sufro porque voy a perder lo que tengo. Si estoy dispuesto a darlo todo para vivir, eso significa que tengo lo que más amo. Voy, pues, a vivir, voy a estar contento cada segundo. A partir de ahora, cada instante será un regalo, una joya, y lo viviré como tal. Haré caso omiso de estas angustias. ¿De qué me sirven? Aunque haya en mí un lado oscuro, no le concederé la palabra. Viviré lo que tenga que vivir y se acabó. Triunfe o no: esferas de ch'i; si ocurre esto o aquello: esferas de ch'i... Vivo los segundos que están a mi disposición con delicia».

¿Cuántas veces hemos estropeado períodos enteros de nuestra vida creándonos un problema inútil? Conocí a una mujer que tenía diez años más que su compañero y que, por ello, sufría enormemente. No paraba de decirse: «Como le llevo diez años, me acabará abandonando». Sin embargo, el muchacho estaba muy enamorado de ella. Un hombre puede estar enamorado de una mujer que es diez años mayor que él, al igual que una mujer puede enamorarse de un hombre diez, veinte o treinta años mayor que ella. Yo decía a esta amiga: «Estás arruinando tu vida y la de tu joven pareja por creer que, tal vez, un día te va a abandonar. ¡Vive tu momento! ¿Quién sabe si el día de mañana moriréis los dos al mismo tiempo? ¿Y si él fallece antes que tú por un accidente? No hay más que un sólo tiempo: el actual. No sabemos qué nos va a deparar el futuro».

Se supone que biológicamente, y por lógica, el ser con más edad ha de morir primero... pero el destino no es lógico. Nadie sabe lo que va a durar su vida. En ese aspecto, todos tenemos la misma edad.

Un rey caprichoso tiene como animal favorito un burro. Ofrece una fortuna a quien sea capaz de enseñarle a hablar. Nadie, entre los sabios del reino, se compromete a hacerlo, considerando imposible tal cosa. Cuando el monarca, lleno de tristeza, comienza a perder la esperanza, un viejo profesor se compromete, si el rey le adelanta una enorme suma de dinero, a hacer hablar al burro en un plazo de cinco años. El rey le dice:

–De acuerdo, te daré lo que me pides. Pero, si fracasas, haré que te corten la cabeza.

El viejo se va con su fortuna y el burro. Sus amigos, preocupados, opinan:

–Te has metido en un problema terrible. Jamás podrá un burro aprender a hablar.

–No os preocupéis –les contesta el profesor–. En cinco años el burro puede morir, yo puedo morir, el rey puede morir o quizá el animal, por milagro, aprenda a hablar.

19. La tradición

Un señor que está sentado en la terraza de un café observa una aglomeración de gente reunida a cierta distancia de él. Se levanta y va a ver qué ocurre.

–¡Perdón, caballero! ¿Podría explicarme qué está mirando?

–¡Oh, pobre de mí! –responde un curioso–. ¿Acaso usted cree que lo sé? ¡El último que sabía por qué estaba aquí se marchó hace por lo menos media hora!

Los espectadores están ahí sin saber por qué. Este chiste nos describe la misteriosa *tradición iniciática*... Ciertas personas hablan de la Verdad, pero quienes la poseían desaparecieron hace siglos. Los que hoy dicen transmitirla crean escuelas y enseñan llamando «secreto» a un conocimiento que ignoran.

Debemos tener cuidado de con quién nos comprometemos. ¿Estamos hablando con alguien que en realidad ha visto algo o con alguien que asegura que algún otro ha visto algo pero no sabe qué?

Hay abundancia de maestros de zen, de chan o budismo chino, de yoga tibetano, de tantra, de meditación trascendental, etc. Cada una de estas escuelas pone como meta la iluminación. Todas se refieren al Buda Shakyamuni, que en el siglo VI antes de nuestra era, meditando al pie de un árbol en la postura del loto, se iluminó. «Buda» significa «el que sabe». ¿El que sabe qué? ¡Eso nadie lo sabe! Para saberlo hay que convertirse en Buda... Durante siglos, innumerables estudiantes se han sentado a meditar, inmóviles como cadáveres, tratando de obtener algo que desconocen porque no lo han experimentado. La palabra «iluminación» es tan hueca como la palabra «transfunfación». Piensan los postulantes: «Si el Buda Shakyamuni se transfunfó, yo también, si medito lo suficiente, algún día me transfunfaré. Entonces ¡abriré una escuela y enseñaré a los demás a transfunfarse!».

En 1970, en París, asistí al encuentro de dos grandes artistas: el surrealista Jean Benoit y el pánico Roland Topor. Examinando los pies de un personaje dibujado por Topor, Benoit, que pasaba semanas, meses, trabajando incansablemente para lograr un cuadro perfecto, le dijo:

–Mire amigo, usted debería ir a estudiar con un zapatero: así, conociendo la técnica de la fabricación del calzado, sería capaz de dibujar zapatos a los que no se les puede quitar una sola línea.

–Inútil –respondió Topor–. Yo quiero dibujar zapatos a los que siempre se les puedan agregar más líneas.

Esto mismo sucede con la tradición. Unos agregan, otros quitan. El resultado es el mismo: nadie se transfunfa.

Cierto día por la mañana, un campesino fue a visitar a Mulá Nasrudín. Le llevó como regalo un pato. Nasrudín invitó al hombre a almorzar el ave, cocinada en sopa. El campesino regresó feliz a su campo... Horas más tarde, se presentaron unos muchachos:

–Somos los hijos del hombre que te regaló el pato.

Fueron bien recibidos y bien tratados. Se les sirvió sopa. Se marcharon muy contentos... Más tarde aún vinieron dos nuevos visitantes.

–Somos los vecinos del hombre que te trajo un pato.

Mulá invitó a sus huéspedes a merendar... Por la noche, una familia entera pidió hospitalidad a Mulá.

–Somos los vecinos de los vecinos del hombre que te regaló un pato.

Mulá los instaló en el comedor y al cabo de un rato trajo una enorme sopera llena de agua hirviendo. Sirvió un tazón de este líquido a cada uno de los convidados.

–Pero ¿qué es esto, señor Mulá? ¡Por Alá, nunca habíamos visto una sopa parecida!

–¡Éste es el caldo del caldo del caldo de pato, para ustedes, los vecinos de los vecinos de los vecinos del hombre que me trajo este maldito pájaro!

En un momento dado, existe una verdad. Después, algunas personas procuran conocerla, pero reciben la versión de la versión de la versión de esa verdad. Y en el fondo, no obtienen nada...

Cuando el gran rabino Israel Baal Shem Tob veía que un ataque se tramaba contra su pueblo, se aislaba en cierto sitio del bosque, encendía una hoguera, recitaba una plegaria y entonces se producía el milagro: la amenaza quedaba anulada.

Más tarde, cuando su discípulo directo, el rabino de Mezeritch, debía rogar al cielo por las mismas razones, iba a ese lugar del bosque y decía:

–Escúchame, Dios: no sé cómo encender la hoguera, pero sí soy capaz de recitar la plegaria.

Más tarde aún, el rabino Moshé Leib de Sassov, tratando de salvar a su pueblo, decía:

–No sé cómo encender la hoguera, no conozco la plegaria, pero puedo ubicar el lugar en el bosque. ¿Eso te basta, Señor?

Después, cuando le tocó al rabino Israel de Rizhin eliminar la amenaza, sentado en su sillón, se tomó la cabeza entre las manos y le habló al Supremo:

–Soy incapaz de encender la hoguera, no conozco la plegaria, no puedo encontrar el sitio en el bosque. Todo lo que sé hacer es contar esta historia... ¡Ayúdame!

Con el paso del tiempo, los discípulos de este rabino olvidaron la historia.

Poco a poco, agregando agua a la sopa de pato, desaparece el pato, y los que beben el líquido caliente no tienen nada que digerir.

Una mujer vuelve del mercado. Deposita en la mesa de su cocina un pescado que pesa medio kilo. Va unos minutos al baño. Cuando regresa, el pescado ha desaparecido... Pero, en un rincón, su gato se relame ronroneando. Va a darle unas palmadas, pero una duda la asalta. Toma al felino, lo coloca en una balanza y constata, con estupor, que pesa medio kilo.

–Pero ¿a dónde se ha ido el gato? –dice la cocinera.

Si aceptamos que el gato representa al Yo personal y el pescado al Yo esencial, comprenderemos que, en alguien que elude la búsqueda espiritual, sus cuatro egos cometen el fatal error de creer que el Yo personal es lo que importa, confundiéndolo, como hace la cocinera, con el Yo esencial. Ella, al pesarlo, considera que el gato es un pescado. Muchos de aquellos que se autoproclaman maestros de la Tradición son gatos que han devorado a su pescado.

Un señor, después de haber recorrido varios hoteles de la ciudad sin encontrar alojamiento, acaba en un local de dudosa categoría, situado en las afueras. El dueño le acompaña a la habitación.

–¡Cómo es posible! ¡Estas sábanas están asquerosamente sucias!

–¡Qué raro! –contesta el propietario–. Todos los que durmieron en ellas estos meses no dijeron nada...

En el Tarot de Marsella, el arcano XVI se llama «La Maison-Dieu». En español *Maison* significa «Casa» y *Dieu*, «Dios». No se trata de la casa *de* Dios, sino de *la Casa-Dios*, la casa que *es* Dios. El primer cliente que llegó a ese hotel (Casa-Dios) tuvo unas sábanas limpias (la Verdad). Dejó impresos en ellas el olor y los humores de su cuerpo. Le dio a la Verdad su toque personal. Los dulces tienen distintos sabores, pero el azúcar es el mismo. La Verdad se hace Buda, Mahoma, Cristo... Luego, las sábanas son holladas por imitadores que agregan a las huellas del Maestro sus delirios personales. Creen que resolviendo absurdos acertijos o permaneciendo inmóviles, de rodillas, con la columna vertebral estirada y los dedos cruzados, o bien repitiendo sin cesar racimos de palabras consideradas sagradas, acabarán por transfunfarse.

¿Cuál sería una visión aproximada del estado espiritual del primer Buda? Ninguna palabra puede transmitirnos algo que se realiza a través de la experiencia, que no es un concepto sino una sensación, un sentimiento, un acto natural como la maravillosa eclosión de una flor. Lo que el Buda realizó espiritualmente, en la mudez y el silencio, nos interesa. Lo que cuentan que él dijo luego, son sábanas sucias.

Un discípulo le pregunta a Ramakrishna:

–Maestro, en cada país, en cada templo, las esculturas que representan al Buda son diferentes. ¿Esto le molesta?

–No –le responde Ramakrishna–. Si bien es cierto que son diferentes, todas ellas muestran la misma sonrisa. Y eso es lo esencial.

Un día en Benarés, durante un sermón ante una gran asamblea, el Buda Shakyamuni tomó una flor y la hizo girar con delicadeza entre sus dedos. Nadie comprendió aquel gesto, sólo su discípulo Mahakasyapa sonrió. Entonces el Buda le dijo: «Tú eres el único que ha comprendido la esencia de mi enseñanza». El maestro Mumon Ekai (o Wumen Huikai, en chino), gran bebedor de sopa de sopa de sopa de pato, interpreta así este acontecimiento declarando que Mahakasyapa se transfunfó: «Mientras los demás cavilaban sobre el significado de la enseñanza que el Buda acababa de dar, sólo Mahakasyapa –cuyo espíritu brillaba, disponible, sin obstáculos, perfectamente puro– estaba presente, en total unión con el espíritu del Maestro. Cuando el Buda levantó la flor, apareció la raíz. Mahakasyapa sonrió y, tanto en la tierra como en el cielo, los seres quedaron sorprendidos».

Para obtener algo provechoso de esta leyenda tendríamos

que eliminar las interpretaciones que explican la sonrisa como una total unión con el espíritu del Maestro, como si la meta principal fuera hacerse uno con el Buda. Si eso fuese la iluminación, ¿cómo podría haberla obtenido Shakyamuni?, pues como fue el primero no tenía un maestro con quien unir su espíritu. Por otra parte, si el discípulo está en perfecta unión con el Buda, no se le puede adjudicar un espíritu superior. Si él y el Maestro son uno, nadie da, nadie recibe, no hay intercambio. Decir que en la tierra y en el cielo los seres se sorprenden es un cuento de hadas que revela que Mumon Ekai estaba transfunfado, pero no iluminado.

El conocimiento real no puede ser transmitido de un hombre a otro, un individuo sólo puede ser guiado hasta el lugar donde es posible adquirirlo. Y es necesario que capte la verdad no sólo intelectualmente, con su cerebro; sino también intuitivamente, con su corazón; instintivamente, con su sexo; y vitalmente, con su cuerpo.

Al atravesar el muro de las ideas locas, los sentimientos posesivos, los deseos encadenadores y las necesidades inducidas, nos liberamos de pasados y futuros que no son nuestros y comenzamos a ser nosotros mismos. Para llegar a este punto hemos tenido que recorrer un largo camino: el Yo artificial –que desde el nacimiento nos implanta la familia y la sociedad– ha puesto en acción mecanismos de defensa para no afrontar los recuerdos de experiencias traumáticas, consiguiendo así mantener velados pensamientos que causan ansiedad. Satisfacemos las necesidades reprimidas entregándonos a otra necesidad tan ajena como la primera, pero más segura. O las sublimamos, realizando algo que resulta falso pero que la moral permite; o bien agredimos a personas más débiles que nosotros; o destruimos objetos, desplazando así los impulsos sexuales que nos avergüenzan. Como los bebedores de sopa de sopa de sopa de pato, adoramos ídolos y aumentamos nuestra autoestima identificándonos con divas, campeones, gurús o sectas que consideramos poderosas o sagradas... Reprimimos nuestras pulsiones –producto de abusos sufridos durante nuestra infancia y que nos angustian si las reconocemos como propias– para proyectarlas en otros, como por ejemplo una homosexualidad no asumida: «No soy yo el que desea a todos los hombres, es la ninfómana de mi esposa». Disfrazamos los deseos perversos expresándolos descaradamente con su forma contraria: «¡Qué horror: debería castrarse a todos los pedófilos!», exclama una madre que ha abusado sexualmente de su hijo. Un conflicto o una frustración nos hace regresar a estados anteriores de nuestro desarrollo. Si nuestra madre odia a los hombres, para no perder su amor rechazamos hacernos adultos y permanecemos siendo niños. Reaccionamos con ataques de rabia cuando nos indican nuestros defectos y errores personales. Nos convertimos, por miedo al rechazo, en aduladores; explotamos las amistades buscando beneficios sociales; acumulamos cosas y hechos inútiles; establecemos relaciones superficiales guiados por objetivos financieros; producimos sin cesar objetos absurdos; ponemos barreras emocionales para mantener la distancia. Vivimos constantemente semiapartados de los otros y del mundo.

Los ensuciadores de sábanas piensan que la sonrisa de Mahakasyapa es el resultado de haber vencido todo esto, un reflejo de la satisfacción por los triunfos conseguidos sobre problemas pasados y angustias futuras. Sintiéndose vacíos, sin palabras, sin emociones, sin deseos, y como los gurús de los gurús de los gurús les han dicho que para lograr la realización espiritual es preciso desidentificarse del cuerpo, creen que la sonrisa de este discípulo predilecto es simplemente un gesto que indica que ha entrado en el desencarnado estado de la transfunfación. ¡No han comprendido nada!

Como una flor girando en el océano de la Consciencia divina, emitiendo de forma natural su perfume, fluyendo entremezclado con el tiempo, convertido en ofrenda total, sin meta, sin desear convencer a nadie, gozando de pertenecer a la inmensa joya que es el instante universal, Mahakasyapa muestra una sonrisa que no abarca sólo sus labios, sino su Cuerpo entero, su Alma entera, su Espíritu entero. Sonríe cada célula de su carne, sonríen su piel, sus cabellos, sus huesos, sus vísceras, sonríe su sangre... Ha aprendido a morir, a ceder su Consciencia al misterio eterno. Como se sabe efímero, considera el instante como una oportunidad única, siente que su cuerpo, aunque creado con la materia del Todo, es lo único que puede definirlo como individuo, por eso sonríe. Esa sonrisa es la sonrisa de la eternidad brillando como un faro en la sagrada carne. Cuando Mahakasyapa escucha a Shakyamuni decir «Poseo el ojo del Dharma, el espíritu del despertar. Ahora te lo transmito», sonríe porque sabe que no hay ninguna transmisión, ningún deber, ninguna iluminación que alcanzar. Es un cuerpo-templo transido de la alegría de vivir, habitado por un espíritu que le ha sido prestado, un cáliz de cristal puro que contiene una gota del océano divino. Sabe que la conservará hasta el momento de la muerte, donde en pleno éxtasis la entregará sin dificultad. «Jesús dijo: *Consumado es.* Y habiendo inclinado la cabeza, (sonriendo) *entregó* el espíritu» (Juan 19, 30).

Un monarca que se encuentra muy enfermo llama a todos los sabios de su reino y les pide que resuman su saber en un solo libro. Pasan seis meses. Los sabios presentan al rey un grueso volumen y éste les dice:

–Mis días están contados. Nunca llegaré a leer tantas páginas. Resumid este libro en un solo capítulo. Hacedlo rápidamente.

Al cabo de una semana regresan los sabios con diez páginas. El monarca ha empeorado. Balbucea:

–Demasiado tarde: sólo me queda energía para leer una página.

Los sabios se apresuran a resumir el capítulo. Cuando le entregan la página, el rey tiene ya dificultad para ver, y les dice:

–Decidme todo su saber en una frase.

Los sabios, tras unos instantes de profunda reflexión, le dicen:

–Se nace, se sufre, se muere.

El rey suspira con aflicción y murmura:

–Daría la mitad de mi tesoro a quien me dijera una frase más sabia que ésa.

Uno de los viejos monjes que desde niño han servido al rey le dice:

–No se nace, no se muere.

El rey sonríe tristemente. Comprende la vacuidad del ego. Sin embargo, aún no está satisfecho. Gime:

–Daría todo mi tesoro a quien me dijera una frase aún más sabia que ésa.

El segundo monje, más anciano aún que su compañero, sonríe y le dice al oído:

–Se nace, se vive, se muere, ¡qué maravilla!

El rey comprende. Feliz, da su último suspiro.

¿Se puede buscar lo que uno no conoce? El pensador francés Pascal escribió: «No me buscarías si no me hubieras ya encontrado».

A la hora de la comida, un niño se acerca a su padre y le dice:

–Quiero que esta noche no me esperes.

–¡Cómo que no te espere! ¿Por qué?

–Porque ya llegué, papá.

Lo que queremos ser, ya lo somos.

20. El baile de los mentirosos

Al volver a su casa de improviso, un comercial encuentra a su mujer en la cama con un enano. Cogiendo un fusil de caza, se precipita hacia la infiel gritando:

–¡Juraste no engañarme nunca más!

–Pero, querido, ¿qué te pasa? ¿No ves que estoy tratando de acabar progresivamente con ese hábito?

Generalmente, tendemos a tergiversar la realidad para justificarnos. Cada vez que alguien nos muestra nuestros errores, encontramos excusas y nos transformamos de inmediato en *abogados defensores.* Dando una buena imagen de nosotros mismos queremos evitar un castigo o un reproche y obtener en su lugar aplausos o ventajas. Cuando el marido engañado dice «¡Juraste no engañarme nunca más!», nos está indicando que su mujer se ha acostado con otro u otros hombres y que, después de amargos reproches o quizá incluso violencia, por su juramento –por supuesto falso– ha sido perdonada. Reincide esta vez con un enano, es decir, con un hombre con menos altura que su marido, pero no con menos calidad de sexo... La esposa tiene deseos insatisfechos, y busca que otro le dé lo que su marido no puede darle. Así, en vez de sentirse culpable o presentar excusas, aceptando las concepciones morales del marido, debería respetarse y proclamar con dignidad su pasión por el enano. El centro sexual sólo si está satisfecho puede dejarnos libres para realizarnos espiritualmente. Hablamos del genuino deseo, no del deseo exacerbado por desviaciones patológicas. Podríamos aplicar también este chiste a la religión, la política, la ciencia o cualquier otro sistema de pensamiento. Todos los sistemas, debido a la incapacidad humana de conocer la total realidad, están basados en creencias. La verdad es aquella que, por fe, decidimos que es la verdad... Verdad que nos es útil sólo en un momento determinado de nuestra vida. Sin embargo tenemos la libertad de cambiar de sistema. Toda relación es la resultante entre lo que el otro cree ser y lo que nosotros creemos que es. El factor que sostiene los intercambios es la confianza. Sin confianza, nuestras realidades virtuales se esfuman.

–¡Qué bonito traje llevas! –dice una persona a su amigo.

–Es un regalo de mi esposa.

–¿Ah, sí? ¿Y por qué motivo?

–Por ningún motivo concreto, fue así sin más. ¡Y con qué delicadeza me lo ofreció! El otro día, cuando regresé a mi casa más temprano de lo previsto, mi mujer dormía una siesta en el dormitorio y el traje estaba sobre una silla, al lado de la cama.

No debemos avergonzarnos de ser lo que somos y no lo que los otros quieren. De todas maneras, en esencia lo que no somos –aunque queramos serlo– no lo seremos. Y lo que somos –aunque no queramos serlo– lo seremos siempre.

Para cambiar al mundo debemos cambiar nuestros pensamientos. Ese comercial, dándose cuenta de que ama una imagen que no existe, en vez de intentar cambiar a su esposa debería cambiar la concepción que él tiene de ella.

–¡Mi marido me enerva! ¡Imagínate: mi criada está embarazada!

–¿Fue el autor del golpe?

–Es totalmente incapaz de hacerlo, pero lo que me exaspera es que se va a jactar de ello en todas partes.

Hay personas que aprovechan cualquier oportunidad para mentirse. Se imaginan que son lo que los demás piensan que ellos son, para lo cual construyen falsas imágenes de sí mismos. Si los otros se las creen, sienten que de verdad son eso que se han inventado.

A este tipo de mentirosos, en la infancia nadie les enseñó a amarse a sí mismos. Para formarse bien, el niño depende de una justa mirada de sus padres. Ellos deben verlo como es y no como quieren que sea. Muchas veces los progenitores tienen planes para sus hijos que no se ajustan a su verdadera naturaleza.

Una madre judía pasea a sus dos niños. Alguien le pregunta qué edad tienen, y ella responde:

–El doctor tiene cuatro añitos y el abogado dos y medio.

El individuo crece pensando que lo que sus familiares quieren que él sea, eso es lo que vale en él; y que lo que en realidad él es, eso no vale nada. Vive sintiéndose vacío, sin significado, culpable de existir. Convierte su ser en una apariencia, tratando de hacer válido lo que finge. Delante de los otros miente y en soledad se miente a sí mismo, convencido de que esos adornos adoptados son su auténtica médula. Su vida cotidiana es como la de un actor en una permanente obra de teatro. Emborracha a sus interlocutores contándoles sus aventuras, siempre creíbles. Para hacerles tragar una gran mentira la rodea de cien pequeñas verdades... Con astucia anticipa en parte las sospechas de sus oyentes, dando por anticipado respuestas a las preguntas que sin duda se le harán. Esta mitomanía le permite soportar su desvalorización y enfrentar una realidad difícil y dolorosa para él.

Pregunta Pedrito:

–¿Mamá, los peces crecen?

–Claro que sí, hijo mío. Por ejemplo, fíjate en la trucha que pescó tu padre el domingo: cada vez que habla de ella, aumenta medio kilo.

La mentira es progresiva, nos encadena a su falsa realidad. Estamos ante un dilema: o confesar la verdad o seguir mintiendo para justificar las primeras mentiras. Un mundo que, como un globo muy inflado, terminará explotando. Es posible también que, conscientes de no amarnos a nosotros mismos, o nuestro trabajo o a la familia, recurramos a una droga para acallar nuestra conciencia y sentirnos mejor.

Un sargento arresta a un soldado que llega al cuartel completamente borracho.

–Imbécil, si no bebieras, podrías llegar a ser sargento.

–No me preocupa –dice el ebrio–. Cuando bebo soy coronel.

Preferimos una mentira agradable a una dolorosa verdad. El cerebro suele funcionar eligiendo entre dos males siempre el menor. A veces, desarrollar una enfermedad mortal nos es menos doloroso que aceptar que no somos amados.

Un borracho entra en su casa completamente manchado de lápiz de labios y hecho un desastre. Su mujer le pregunta:

–¿Qué te ha pasado?

Y el borracho le responde:

–¡No me vas a creer, me peleé con un payaso!

Temiendo un drama conyugal, el mentiroso utiliza dos técnicas: omitir (que estuvo en un bar) y falsear (que no estuvo con una mujer sino con un payaso). ¿Cuántas veces nuestra memoria, para ocultar un abuso infantil, omite revivir el trauma? ¿Cuántas veces nos hemos dicho que aquel pariente que nos dañó nos amaba? En el caso del abuso, se nos hace vivir algo que no corresponde a nuestra edad o bien no nos dejan vivir algo que sí nos corresponde, y el trauma se amalgama a nuestra identidad haciéndonos creer que el sufrimiento que nos causa forma parte de lo que somos, obligándonos por tanto a aferrarnos a él, a buscar siempre eliminar sus dolorosos síntomas sin que nunca lo afrontemos. Terminamos siendo cómplices del abuso: lo que nos hicieron en la infancia seguimos haciéndonoslo nosotros mismos. Nos convertimos en nuestro propio verdugo. Si antes nos privaron de algo, ahora nosotros nos privaremos de lo mismo. Si ayer se abusó de nosotros, hoy nos relacionaremos con personas que abusan. Así, un niño, que para vivir necesita ser amado por sus padres, si éstos por cualquier razón no lo aman, no lo atienden, lo abandonan o se divorcian, acabará diciéndose que «Fue por mi culpa, no merezco ser amado, resulto tan desagradable que me pusieron en otras manos, fui incapaz de mantenerlos unidos...», pero nunca aceptará que fue porque no lo quisieron: llegar a esta conclusión le provocaría enfermedades, locura o incluso la muerte... Este sentimiento de culpabilidad, de forma abierta o solapada, le produce una profunda desvalorización de sí mismo. Despreciándose, crea personalidades imaginarias, miente. Aunque experimente un insano placer cada vez que es creído, en lo más profundo de su ser sufre por no ser lo que inventa.

En una pequeña aldea, un abuelo sabio pone a prueba a sus cuatro nietos, tres varones y una hembra.

–Cada uno de vosotros debe tomar una gallina y matarla en un lugar donde nadie lo vea. Al que lo haga mejor le regalaré esta flauta de madera hecha con mis manos.

Los muchachos y la niña parten decididos a obtener el trofeo. Al cabo de cierto tiempo, el primero en regresar, depositando ante los pies del anciano su gallina muerta, le informa con mucho orgullo:

–A pesar de que en todos los lugares hay gente, fui al bosque, trepé a la copa del árbol más alto y ahí, oculto entre las ramas, la degollé.

Llega el segundo nieto y también, ufano, deposita ante los pies del abuelo su gallina muerta.

–Me sumergí con ella en el río para, debajo del agua, abrirle el vientre...

El tercer muchacho, a su vez con aires de triunfador, entrega su animal muerto.

–Me fui al cementerio y, camuflado por la sombra de una tumba, le estiré el cuello.

Por el contrario, la nieta, apesadumbrada, llega con su gallina en los brazos, viva. El sabio le pregunta:

–¿Qué sucedió, señorita? ¿Acaso en la aldea y sus alrededores no hay ningún sitio sin gente?

–No es eso, abuelo. Usted pidió que matáramos a la gallina donde nadie nos viera. Pero por muy desiertos que estuvieran los sitios donde fui, la gallina siempre me estaba mirando.

Y el anciano, con una gran sonrisa, entrega a la niña su flauta de madera.

Es imposible mentir a nuestro Yo esencial. Por muy desviada que esté nuestra personalidad, por muy convencidos que estemos de ser eso que otros quieren que seamos, por muy productivas que resulten nuestras mentiras, un ojo interior nos estará indicando la verdad. Aunque nos neguemos a aceptar su mensaje, sentiremos con molesto sufrimiento nuestra traición. Si no nos hemos consumido en la llama interior, convirtiendo en fértiles cenizas nuestros egos, todos inevitablemente mentimos.

Después de un mes de ausencia, Mulá Nasrudín regresa de la capital a su aldea. Feliz, cuenta con gran orgullo:

–¡A mí, Mulá Nasrudín, el sultán me habló!

Los aldeanos lo ovacionan.

–¡Gloria a nuestro Mulá, el sultán le habló!

Organizan una gran fiesta en honor de tan ilustre paisano.

En medio de la celebración, un niño se acerca a Nasrudín y le pregunta:

–¿Qué te dijo el sultán?

–Lo vi salir de su palacio. Entonces corrí, sin dar tiempo a los soldados para que me detuvieran, y me encontré frente al sultán, tan cerca de él como ahora lo estoy de ti, muchachito.

–¡Ah!, ¿fue entonces cuando te habló?

–Sí, y me dijo: «¡Quítate de ahí, miserable!».

El encuentro con el Yo esencial es positivamente transformador: los problemas que nos parecían enormes, ante la visión del infinito, de la eternidad o de la todopoderosa Consciencia divina, se hacen minúsculos. Agradecidos, descubrimos la humildad.

Le cuentan a un hombre que la Verdad existe en algún lugar. Comienza a buscarla por el mundo entero hasta que, al cabo de muchos años, llega a una lejana aldea situada al pie de una montaña. Los aldeanos le dicen que en la elevada cima habita la Verdad. Decide comenzar a escalar la montaña de inmediato. Es una masa rocosa, llena de cactus. Con las manos heridas, la ropa desgarrada, casi muerto de fatiga, después de una ascención en extremo desagradable, alcanza la cima, en la cual hay una caverna. Al entrar en esa oscura profundidad ve, alumbrándose con una vela, a una vieja sin dientes, cubierta de arrugas, de una fealdad enorme. La bruja le dice, mirándolo con sus ojillos llenos de legañas:

–¡Soy yo, la Verdad!

El hombre, asqueado, le responde:

–¡He perdido el tiempo buscándote! ¡Es estúpido haber escalado hasta esta inhóspita cumbre sólo para ver tu monstruosidad! ¡Adiós, Verdad horrible!

Sale furioso de la caverna. Pero cuando avanza unos metros descubre que el paisaje es maravilloso, que la montaña tiene colores sublimes, que hay flores que no había percibido, pájaros, insectos, mariposas. Los cactus emiten agradables aromas, las piedras brillan como joyas. En el valle, increíblemente fértil, la aldea se alza en medio de una paz admirable. Se da cuenta entonces de que su espíritu ha cambiado porque ve la belleza en todas partes.

Mientras desciende, en pleno éxtasis, escucha la temblorosa y desentonada voz de la vieja:

–¡Espera! ¡Te quiero pedir una cosa!

–¿Qué?

–Cuando llegues abajo, di a todos los aldeanos que soy joven y hermosa.

El encuentro con la Verdad puede parecernos desagradable, porque para realizar lo que tenemos que realizar debemos perder por completo las ilusiones. Sin embargo, para perderlas debemos antes habérnoslas creado. Primero buscamos una Verdad ilusoria. Después, a fuerza de no encontrarla, la odiamos. Luego, sobrepasando nuestro disgusto, aceptamos lo que es tal como es. En vez de atormentarnos por nuestra ignorancia, sentimos el calor de la felicidad en la médula de los huesos.

21. Saber escuchar

Un hombre entra en unos urinarios públicos. Comienza a orinar cuando, de repente, a la altura de sus ojos ve una frase corta que dice: «¡Mira un poco más arriba!».

El hombre alza un poco la vista y ve escrito: «¡Mira más arriba aún!».

Echa la cabeza hacia atrás para poder leer: «¡Mira un poco más arriba aún! A la altura del techo».

El hombre, con la cabeza completamente volcada hacia atrás, lee en el techo: «Idiota, te estás meando los zapatos».

Cuanto más huimos de la realidad hacia lo mental, «la espiritualidad», más nos meamos encima. Cuando las olvidamos, nuestras necesidades primarias se desbordan. Como los cuatro ríos del Edén, que surgen de una fuente común, el ser humano cuenta con cuatro energías que manan desde su centro vital: pensamientos, emociones, deseos y necesidades. Quien desprecia y reprime las tres últimas, y por la ilusión de mostrarse «puro» habita sólo en lo mental, se convierte en una planta sin raíces, en semilla hueca, en sembrador de espejismos. Podemos, volviendo al chiste anterior, interpretar la solicitud de mirar cada vez más arriba, descuidando nuestras actividades materiales, como una equivocada búsqueda de santidad en pos del Dios exterior. Por desconocimiento o desprecio a nosotros mismos, todo lo que concebimos como sublime lo buscamos fuera de nosotros, en lo alto, imitando los ojos de esos santos de la pintura clásica que miran arrobados hacia el cielo como si allí, en el lejano firmamento, residiera, en un trono de oro y joyas, un barbudo Padre eterno... Para vivir la auténtica espiritualidad, desarrollando la fe en nosotros mismos, debemos aprender a escuchar al Dios interior.

En sueños, un hombre ve a san Pedro. Este último le dice:

–¡Ten siempre confianza en mí! Cuando estés en peligro, dime: «¡San Pedro, ayúdame!», y yo vendré a ayudarte.

Un poco más tarde, nuestro hombre viaja en barco y éste se va a pique. Se encuentra en un bote de salvamento, remando en medio del océano. Pero el bote está agujereado, el agua sube inexorablemente y le llega a los tobillos. Exclama:

–¡San Pedro, ven, ayúdame!

No bien lo ha dicho, pasa un buque muy cerca del bote. El hombre, esperando que el santo baje del cielo a rescatarlo, desprecia el gran navío, el cual desplaza tal masa de agua que la pequeña embarcación se llena más deprisa y el hombre se ve sumergido hasta la cintura. Repite su súplica:

–¡San Pedro, ayúdame! ¡Dijiste que si te llamaba bajarías a salvarme!

Un segundo buque aparece. El hombre, mirando hacia el cielo, no le presta atención. El barco le roza y se encuentra con el agua al cuello. Muerto de miedo, exclama:

–¡San Pedro, ayúdame! ¡No me falles! ¡Ven!

Se acerca una tercera embarcación y, mientras nuestro hombre sigue implorando hacia el cielo, su bote se sumerge totalmente. Muere ahogado y se encuentra delante de san Pedro. Asqueado, le dice:

–¿Te parece bonito? ¡Confiaba en ti! ¡Habías prometido prestarme ayuda, y mira ahora dónde estoy!

–¿A qué vienen estos reproches? ¡Envié tres barcos para salvarte y tú ni siquiera quisiste mirarlos!

Podríamos imaginar que esos tres barcos, simbólicamente, corresponden uno al cuerpo, el otro al centro libidinal y el tercero al centro emocional. El hombre, encerrado en su intelecto, identificado con sus ideas, prejuicios y razones, se siente al borde de la asfixia, se angustia, lo amenazan innumerables fantasmas (¡El sistema económico va a reventar! ¡Nuevos virus acabarán con la salud! ¡Los alimentos están contaminados! ¡El agua potable puede acabarse en el planeta! ¡Una bomba estallará en el metro! ¡Nunca podrá salvarte el Dios que tu religión te ofrece...!). Desde su Interior, una voz a la que no escucha le dice:

Calma tu mente, límpiala de sus ideas caducas, vence el miedo y avanza día a día, como hace frente con valentía un torero a un toro tras otro. Tú mismo puedes abatir esos límites que desde niño han embutido en tu espíritu. Este mundo en el que te quieren obligar a vivir es sólo una posible realidad, pero existen otras. La energía que mueve al mundo no tiene por qué ser el petróleo, la fuerza nuclear o la violencia masculina; las fortunas no tienen por qué estar acumuladas obligatoriamente en una minoría de la población a costa del hambre de la mayor parte de la humanidad; la casa en la que vives no tiene por qué ser trazada con un simple tiralíneas; ni los edificios construidos sin amor por arquitectos vendidos a una industria que es inhumana tienen necesidad de erigirse, con falsas ventanas e insano aire acondicionado dentro, como arrogantes falos. Deja de temer las enfermedades, tú puedes ser tu propio curandero. El mundo es un edén en potencia que debes hacer que dé frutos. Para cambiarlo, comienza por cambiar tú... ¡Pero no te subes al barco! Temiendo lo incierto y aferrándote a lo seguro, desdeñando los deseos que te impulsan a crear, buscas jefes, amos o empresas desalmadas para que te den un empleo, una ratonera donde vegetar trabajando en algo que no te gusta. No piensas en realizar una buena obra, sino que mendigas un buen sueldo. Sumido en esa esclavitud, a los conflictos emocionales los llamas estrés, y en vez de subirte al barco crees que ingerir pastillas te aliviará... Prefieres, egoísta, dejar que la espada caiga sobre la cabeza de tus descendientes eligiendo nebulosos políticos para que te gobiernen o consumiendo productos industriales que son nocivos, sin hacer tu trabajo, sin mutar mentalmente, sin convertirte en el hacedor de tu destino... ¡Egos necios, estoy yo aquí llamándoos sin cesar y vosotros nunca me escucháis!

Un hombre regresa de la guerra sin brazos, sin piernas y sin tronco. Convertido en cabeza, vive con su familia algunos años. Llega una vez más el día de su cumpleaños. Sus parientes se reúnen alrededor y le ofrecen un regalo dentro de una caja de cartón. La cabeza, con alegre curiosidad, usando sus dientes, la abre, mira en el interior y con decepción exclama:

–¡¡¡Oh, no, otra vez un sombrero!!!

Imaginemos que la cabeza, intelecto puro, se cortó ella misma las piernas por miedo a avanzar, los brazos por miedo a elegir y el tronco por miedo a vivir. Si es así, recibe entonces el regalo que corresponde a los límites que se impuso. Si inhibimos nuestras posibilidades, si eludimos nuestro ser profundo, si nos protegemos dentro de prejuicios, lo que recibiremos será producto de esos límites. Si continuamente hay personas que nos agreden, es porque nos hemos cortado del amor a nosotros mismos, y recibimos del mundo cosas que concuerdan con las mutilaciones que cargamos. Si bien es cierto que esas mutilaciones nos las han causado la familia, la sociedad, la cultura, etc., hay un momento en nuestras vidas en el que debemos repararlas y otorgarnos a nosotros mismos eso de lo que nos han privado. Los problemas, las crisis, las enfermedades, los fracasos, las heridas pueden ser motores de acción, de cambio, de madurez. El dolor es la principal raíz de nuestra realización.

Lo que pensamos que es *la vida* es sólo un punto de vista, un sombrero más. No hay que tratar de comprender la vida, hay que vivirla. No podemos explicar qué son la amistad, el amor, la felicidad. Debemos aceptar –sin juzgarlos– nuestros gustos, deseos o emociones y ver cómo los canalizamos sanamente hasta llegar a ese agradable estado en el que permitimos que nuestros juicios lleguen sin tener que casarnos con ellos, empleándolos cuando nos sirvan y dejándolos ir cuando hayan caducado. No somos nosotros quienes pensamos, sino que es el centro mental quien recibe el pensamiento del espíritu colectivo. No somos nosotros los que nos imponemos amar, es el corazón quien decide abrirse; nuestros deseos nacen como una manifestación del cosmos, podemos inhibirlos pero no podemos cambiarlos. En un universo del que sólo conocemos un 1%, captado por un cerebro del que apenas sabemos emplear diez de sus incontables células, nada podemos explicar por completo. Si narramos nuestra vida a alguien, no es nuestra vida sino lo poco que hemos captado de nuestra vida lo que le narramos.

Un anciano, que pasa por ser el más sabio de la tribu, inicia a un grupo de niños en la caza.

–¡Venid, jovencitos, entre todas las demás huellas, éstas son las de un grabor! Es importante que las conozcáis para saber luego distinguirlas.

–Pero, abuelo, dinos: ¿cómo es un grabor?

–¡Ah, eso no lo sé! Por precaución siempre evité acercarme a esos monstruos. Pero conozco muy bien sus huellas.

El encuentro con el Dios interior provoca en el Yo personal una sensación de agonía. Al demolerse los límites del pensar, del sentir y del crear tememos perder nuestra identidad. Identidad que nos ha sido impuesta y que cargamos como una sólida armadura. Nos guarecemos en toda clase de estancamientos por temor a lo fluido, fluidez que es la esencia de la vida. Cuando en un estado alterado de la percepción nos vemos frente al Dios interior, en lugar de entregarnos a él, le huimos... En su libro *Mi vida,* el psicoanalista Carl Gustav Jung cuenta un sueño en el que se plantea el problema de la relación entre el Dios interior y el Yo personal, sin poder resolverlo.

Me encontraba de excursión por una pequeña ruta. Atravesaba un valle, el sol brillaba y ante mis ojos se presentaba un vasto panorama. Después llegaba cerca de una pequeña capilla, ubicada al borde del camino. La puerta estaba entreabierta. Entraba. Para mi gran asombro no había una estatua de la Virgen, ni un crucifijo sobre el altar, sino un magnífico arreglo floral. Delante del altar, sentado en el suelo en la posición del loto, mirando hacia mí había un yogui profundamente concentrado. Mirándolo más de cerca vi que tenía mi rostro. Estupefacto y aterrorizado, me desperté pensando: «¡Ése es el que me medita! ¡Tiene un sueño y ese sueño soy yo! ¡Cuando él se despierte, yo no existiré más!».

Nos hubiera gustado que Jung, en lugar de huir despertándose, se entregara al Dios interior con un «Te escucho, ¿qué quieres decirme?». En realidad, al buscador lo persigue aquello que busca. Pero ¿cómo lograr el fundamental encuentro? ¡Aprendiendo a escuchar!

Un sacerdote que oficia en una iglesia próxima a un arroyo comienza a rezar: «Padre nuestro que estás en los cielos...», pero lo interrumpe el estridente croar de una rana. Furioso, el cura abre la ventana y grita: «¡Cállate!». La rana obedece. Regresa, se arrodilla y recomienza su plegaria. «Padre nuestro que estás en los cielos...» Esta vez lo interrumpe una voz interior. «¿Quién te dice que tu rezo es más agradable a Dios que el de la rana? ¿Por qué te crees el preferido?» Turbado, vuelve a la ventana, la abre y grita: «¡Croad, cantad, cacaread, maullad, silbad, ofreced el escándalo que queráis!». Todos los animales se ponen a hacer ruido, y también las plantas, el arroyo, las rocas, el viento y las nubes que se deslizan por el cielo. El sacerdote se da cuenta de que todo está rezando junto a él y por primera vez comprende por qué recita «Padre nuestro...» y no «Padre mío...».

Nunca oramos solos. Por ser infinito el universo, somos todos centro de él. Vivimos en compañía. No hay destinos superiores. Ni siquiera en un claustro estamos aislados del mundo. Los otros son importantes. La sociedad es importante. El planeta es importante. Los seres vivientes son importantes. La energía oscura que sostiene el universo es importante. Todo está rezando junto con nosotros el *Padre-Madre nuestro.*

Si aceptamos que actuamos con los demás, nuestra fuerza vital se multiplica y sobrepasamos arcaicos límites. Ya no decimos «ésta es mi obra» sino «ésta es nuestra obra». Vamos todos en el mismo barco, y este barco se llama «Instante». Compartimos el mismo Espacio, el mismo Tiempo y la misma Consciencia.

Perdido en un camino rural, un automovilista pregunta a un campesino:

–¿Adónde lleva esta carretera?

–Bueno –responde el campesino–, por un lado lleva a mi granja y, por el otro, sigue toda recta.

Ejemplo perfecto de lo que es una visión del mundo limitada. ¡A este granjero lo único que le preocupa es *su* mundo! La carretera podría representar nuestro desarrollo hacia la Consciencia. Tratamos de alcanzarla, pero nos hemos extraviado. Le preguntamos a un gurú: «¿Adónde lleva este camino?». Y él nos responde: «Por un lado, lleva hacia mí y, por el otro, no lleva a ninguna parte». Este maestro nunca se ha preguntado «¿Cuál es la meta donde yo no soy?». Ni siquiera ha puesto un pie en el verdadero camino. Sino que, por el contrario, se ha construido uno muy corto que no lleva más que a él.

Y ¿cuántas veces nosotros hacemos otro tanto? Pensamos que, como hemos vivido una cómoda rutina, conocemos el camino. Existen personas que no comparten sus conocimientos con nadie, creyendo que lo que mantienen en secreto les da poder. No se dan cuenta de que su trabajo debe aprovechar a todos, pues el camino es común. Si no avanzamos juntos, ¿adónde vamos?

En el evangelio, cuando el ángel se aparece a la Virgen, lo primero que le dice es: «No temas». Y en ese mismo instante, ella comprende que ha vivido sumergida en el miedo... Los animales viven en el miedo, pues han de estar siempre en estado de alerta si no quieren correr el riesgo de ser devorados... No somos verdaderamente humanos hasta que no aprendemos a vivir sin miedo. Cuando dejamos surgir el ángel en nosotros, el Dios interior (es decir, el practicante de yoga del sueño de Jung), nos dice: «No temas morir, no temas vivir, no temas enfermar, no temas envejecer, no temas ser pobre, no temas enloquecer. Cuando no tienes miedo eres lo que eres y permites que el misterio te insemine. Si me escuchas, como hizo la Virgen, tus oídos se convertirán en vaginas. La vagina es un conducto membranoso que, a través del placer, *recibe.* Si no hay placer, no hay recepción; es decir, no hay una escucha verdadera».

Si durante nuestra infancia tuvimos padres tóxicos, con sus gritos y palabras agresivas nos hirieron los oídos. Cada vez que escuchamos, sufrimos. Por eso tememos las palabras ajenas. Vivimos en una sordera psicológica defensiva.

Si fue nuestro padre quien nos hirió, no podemos escuchar ninguna verdad de labios de un hombre. Si fue nuestra madre, las palabras femeninas quedarán disueltas en el aire del olvido.

Si cada vez que nos hablan las palabras no vienen del Dios interior, no escucharemos bien. Si vienen de Él, aunque sean insultos, las oiremos como palabras de aliento. Debemos cicatrizar nuestras heridas y escuchar con amor. Digan lo que nos digan, aunque sea con rabia, con ferocidad o con maldad, viene con esas palabras una caricia divina.

Mientras pasea, un monje ve un hombre golpeando a otro. Se detiene y le grita:

–¡Basta, no lo golpees más!

El agresor se precipita entonces hacia él y lo vapulea de tal manera que lo envía al hospital. Un amigo que va a visitarlo para llevarle algo de comer, le pregunta:

–Pero ¿quién te ha hecho esto?

El monje responde:

–El que me ha hecho esto es el mismo que ahora me está dando una maravillosa sopa.

La mente es como un recipiente del que manan ideas con

tendencia a crear sistemas sólidos que terminan convirtiéndose en estructuras estancadas. Al mantenerse dentro de sus límites, se tornan tóxicas. Todo lo que hemos aprendido y que permanece en nosotros y que repetimos sin desarrollarlo, se hace venenoso.

Mulá Nasrudín avanza montado en su asno. De pronto, el animal decide detenerse. Nasrudín lo empuja, tira de él, le da con una fusta; nada que hacer: el asno, terco, no se mueve. Un viejo que pasa por allí le dice:

–¡Métele un pimiento en el culo!

Nasrudín así lo hace, y el asno se lanza a correr como un loco. Su amo, a su vez, corre detrás de él. Viendo que no puede alcanzarlo, también se mete un pimiento en el culo. De inmediato se pone a correr con tal velocidad que sobrepasa al burro y llega a su casa gritando a su mujer:

–¡Detenme! ¡Detenme!

–No puedo –le responde ella–, vas muy rápido.

Él le responde:

–¡Métete un pimiento en el culo!

Hay ideas enfermas, prejuicios, que de mente a mente invaden el mundo. De un día para otro todos los ciudadanos tienen un pimiento en el culo que los hace correr hacia ninguna parte... Las ideas necesitan ser dúctiles y maleables, como nubes, adaptándose a cada nueva situación. Cuando hablamos con una persona y su espíritu no transcurre libre como el nuestro, debemos adaptarnos a sus límites, no luchando contra ella sino más bien danzando con sus rígidas estructuras. Para poder escuchar hay que acallar los sistemas que se aferran a nuestro intelecto y, con una mente abierta, sin contradecir, detener la crítica, la discusión.

Cuando calmamos las emociones, no juzgamos al otro como simpático o antipático, no entramos en conflicto con él (si así hiciéramos, en lugar de oírlo a él escucharíamos a nuestro niño herido, nuestro sufrimiento, nuestra orfandad de caricias) y tampoco obedecemos a los deseos introducidos por ciertas empresas que hacen uso del erotismo para aumentar sus ventas. Dejamos que la energía sexual abandone las ansias de obtener goce y que se repliegue hacia nosotros mismos convertida en energía sanadora, de modo que cada palabra enferma que penetre en nuestros canales auditivos, sea sanada por ella. Dejamos de pensar qué provecho podemos obtener o cuánto vamos a ganar: si así fuera no escucharíamos a la persona sino a nuestros intereses.

«No tengo nada que perder cuando te escucho, sólo debo recibirte, digerir tus palabras y luego ver cuál es la enseñanza que tu sistema me aporta, aun cuando sea diferente de lo que yo creo. Te acojo con tus imperfecciones, te dejo entrar en mí, mis oídos se convierten en órganos de creación, como un horno alquímico. Todo cuanto me dices es una semilla que se hunde en mi mente, magma puro donde crece el loto que oculta un diamante en su corola.»

22. Chistes para niños

En México, los adultos tienen la buena costumbre de contar chistes a los niños. Estas modestas historias, superficiales, inocentes, pueden ocultar un contenido profundo.

–¿Es verdad que tu papá está en la cárcel?

–Sí, pero no sé por qué, pues es muy bueno: todo cuanto roba se lo lleva a mi mamá.

Lo que es bueno para uno tiene que ser también bueno para todos.

Dos campesinos van por la llanura cuando, de pronto, se les echa casi encima un toro bravo. Uno de ellos se sube rápidamente a un árbol.

–¡Baja de ese árbol, cobarde! Ven y ayúdame con este toro.

–No, porque si bajo, ¿quién te aplaude?

Ser admirador de alguien y aplaudirlo no significa tener valores creativos. Para realizar algo hay que arriesgarse, enfrentando las derrotas y las críticas.

A la hora de servir, el camarero tropieza y la sopa cae sobre el cliente...

–¡Torpe, mire lo que me hizo, me ha echado toda la sopa sobre el traje!

–Toda no, señor, tengo más en la cocina.

Mientras un individuo no sepa ponerse en el lugar del otro, su agresión no tendrá límites. La manera más útil de vencerlo no es increpándolo (como el cliente hace) sino proporcionándole los medios para que desarrolle su Consciencia.

Llega un niño corriendo ante su padre y le dice:

–¡Papá, ven! La abuelita y yo estábamos jugando a ver quién sacaba más el cuerpo por la ventana y...

–¿Y qué pasó?

–¡Ganó la abuelita!

Hay quienes creen que su autodestrucción es un triunfo.

–Oye, amigo, ¿cómo pudo casarse tu hermana con este señor tan feo, jorobado, tuerto y cojo?

–Puedes hablar en voz alta porque, además, es sordo.

Uno no está obligado a justificarse, puede tener tantos «defectos» como quiera. Más importante que lo que los otros piensen de uno es lo que uno piense de sí mismo.

Un joven llega muy triste a la oficina diciendo:

–Acabo de ver a mi novia con otro, ¡qué duro fue!

–Debes de haber sufrido mucho, ¿verdad?

–¡Muchísimo! Estuve siguiéndolos a lo largo de diez calles y me aprietan los zapatos.

Cuando se siente dolor, por grande que éste sea, tarde o temprano hay que soltarlo, no podemos aferrarnos a él toda la vida. Quienes durante años siguen llorando a un muerto continúan matándolo.

Después de examinar a un anciano, el médico le informa:
–Pues debo decirle, señor, que usted vivirá hasta los ochenta años.
–¿Hasta los ochenta? Pero si los cumplo hoy, doctor...
–Ya lo sé, por eso se lo digo.

Alegrémonos por el tiempo que el difunto vivió con nosotros. No suframos por el tiempo en que no estará con nosotros.

Un hombre acostumbraba comer plátanos pero jamás les quitaba la piel. Un día le preguntaron:
–¿Por qué no quitas la piel al plátano?
–Porque ya sé cómo es por dentro.

A veces, durante una terapia, cuando a alguno se le revela el origen traumático de sus pesares, responde para restar importancia a tal descubrimiento: «Eso ya lo sabía yo. No me dices nada nuevo». El temor a enfrentar el dolor emocional le hace refugiarse en su intelecto.

Entra el esposo en el vestidor y grita a su mujer:
–¡Mira qué bonito, mujer malvada! ¡Yo buscando mi cinturón y tú tan contenta ahorcándote con él!

El mayor egoísmo: no ponernos en el lugar del otro. Como su dolor nos molesta –porque nos revela el nuestro–, consideramos que nos ofende. En una pareja, la carencia de un sano nivel de consciencia de uno es nefasta para el otro.

Cuando los padres cometen faltas, imitamos sus defectos, para así tenerlos dentro de nosotros. En el momento en que la madre alcohólica muere, la hija, que es abstemia, puede que comience a beber.

Una hermosa joven se dirige hacia el conductor de un autobús y le dice acercándole una alcancía:
–Señor, ¿quiere colaborar con la Cruz Roja?

–¿Otra vez? Pero si ya he atropellado a dos...

Muchos seres humanos creen que colaboran cuando unen sus fuerzas en la fabricación de objetos destructivos. Trabajar juntos en la construcción de una bomba no es colaborar. Sólo se puede hablar de «colaboración» cuando la obra resultante ayude a elevar el nivel de Consciencia.

Un tipo que tiene fama de ser muy vanidoso se encuentra con su vecino y le dice:

–¡Ayer capturé una víbora de 50 metros!

–No seas mentiroso, no hay víboras de 50 metros de largo...

–No, si yo digo de ancho.

Las personas con mala fe logran fácilmente tener la razón: mintiendo. Luego se convencen, aplicando sobre sí mismas la mala fe, de que dicen la verdad. Si se las critica, se sienten víctimas de una injusticia y convencen al otro de que es culpable.

El juez ordena molesto:

–¡Silencio en la sala! Les advierto que al próximo que vuelva a gritar «¡Abajo el juez!» ordeno que lo expulsen.

–¡Abajo el juez!

–La advertencia no es para el acusado, necio.

Lo que es castigo para unos es premio para otros. Muchas veces, lo que llamamos «fracaso» hace que abandonemos una actividad que no nos corresponde por otra más acorde con nuestra verdad.

Un hombre está siendo juzgado por robo y llaman a uno de los testigos para que declare:

–Póngase de pie el testigo y diga a los señores del jurado lo que sepa.

–Pues, señor juez, sé conducir, algo de matemáticas y un poco de mecánica.

En lugar de ver a los otros, algunos sólo se ven a sí mismos. Ingenuamente creen que son el corazón de la realidad. A veces se atribuyen las virtudes colectivas como si fueran de mérito propio; otras, se refieren a los vicios del mundo como si esas imperfecciones fueran el resultado de un error personal. Allí donde van quieren ser los protagonistas y convertir a los otros en su público. Al final terminan en la más estéril soledad.

El dueño de un circo se dirige molesto al domador:

–¡Eres un sinvergüenza! Cuando trajiste este perro me dijiste que sabía leer...

–Y así es, señor: sabe leer.

–¡Mentiroso! Quiero escucharlo leyendo algo...

–No, señor, yo le dije que sabía leer, jamás le dije que supiera hablar.

El secreto es indecible. Las palabras son el vehículo, pero no la meta. La Verdad no es algo que se dice sino algo que se vive, más allá de cualquier concepto. Las palabras permiten que el hombre se convierta en un sabio. Pero en el momento en que es sabio, sus palabras se esfuman.

–¡Arriba las manos! Dame todo lo que lleves.

–¡Uf, no llevo encima ni un céntimo!, estoy en la miseria.

–Yo también, te estoy apuntando con mi dedo.

El que domina y el que es dominado están en la misma precaria situación: un bajo nivel de Consciencia. Los que no abandonan su continuo monólogo interior, actuando al mismo tiempo que se ven actuar, hablando sólo para escucharse, encerrados en una estrecha parcela de su mente, sordos y ciegos ante la infinita extensión de su Yo esencial y creyendo que sólo son lo que piensan, viven en la miseria espiritual.

Dos niños comentan sobre sus padres.

–Mi papá sólo cuenta hasta 10 y ya no puede seguir...

–¡Uf, qué vergüenza que sólo cuente hasta 10!
–Y gana mucho dinero contando sólo hasta 10.
–¿A qué se dedica?
–Es árbitro de boxeo.

Es recomendable no opinar ni actuar contra alguien sin antes conocer todos los datos.

Un señor que necesitaba dinero para comer acepta pelear contra un boxeador profesional. Al subir al cuadrilátero, el árbitro le entrega cien mil euros y le dice:
–Toma, aquí tienes los cien mil euros que te ofrecieron por pelear contra el campeón...
–Me va a pegar mucho, ¿verdad?
–¡Hasta que devuelvas los cien mil euros!

Como un burro al que le ponen delante una zanahoria para que avance, a veces un Maestro nos ofrece una ilusión que tiempo después, gracias a una expansión de nuestra Consciencia, se esfuma... Aceptando que después de la muerte, si nos hemos creado una Consciencia esencial, nos espera otra forma de vida, aprendemos a morir en paz.

–Tengo un perrito extraordinario: cuando quiere canta como Frank Sinatra.
–¿En serio?
–Sí, lo malo es que nunca quiere.

Un valor que no se prueba en la acción, es falso. Algunas personas creen que tienen un gran talento y se proponen producir una obra perfecta. Pero, por miedo a no estar a la altura del proyecto, se paralizan, todo queda en la intención y acaban rehuyendo su realización. Pero si cambiaran el concepto «perfección» por el de «excelente», podrían salir del estancamiento. Una obra perfecta no admite un error por mínimo que éste sea, lo cual para el ser humano es imposible. Proponerse lo excelente es hacer lo que se debe hacer lo mejor posible.

Un niño llega de la calle con una bolsa llena de caramelos, se encierra en su habitación y los engulle. Su hermanita entra y le dice:

–Egoísta, te has comido todos los caramelos y ni siquiera pensaste en mí.

–Claro que pensé en ti, por eso me los comí tan rápido.

Por miedo a ofrecer, como si se tratase de un sacrificio sagrado, nuestro Yo personal a la Consciencia universal, consumimos nuestra vida rápidamente. Para no salir de la cárcel individual, nos intoxicamos con drogas, alcohol, tabaco, trabajo, sexo, basura televisiva, modas, notoriedad o sórdida vida social. En el arcano XII (El Colgado) del Tarot de Marsella, se representa a un andrógino colgado de un pie entre dos árboles y que simboliza el don de sí mismo, un estado de meditación en el que cesa toda petición. En algunas versiones, de sus bolsillos caen monedas de oro, porque al dejar de apropiarse de sus múltiples egos (como el niño de sus caramelos), se hace canal de riquezas cósmicas. No piensa, es pensado. No ama, transmite el amor. No desea, obedece los designios universales. Recibe sin cesar el don, lo agradece y lo transmite. Nada hay para él que no sea también para los otros. Pero lo que da, se lo da también a sí mismo. Si no nos amamos, no podemos amar a nadie y en vez de dar, reclamamos.

En cierta ocasión una cebolla se topó con un sauce llorón. Horrorizada, le dijo:

–¡Oh! ¡Espero no haber tenido yo la culpa!

Muchas veces creemos haber provocado un acontecimiento, a pesar de que éste no tenga nada que ver con nosotros. Nos decimos: «Es por mi culpa lo que está sucediendo» o «Yo tuve la culpa de que esta persona fracasara, o muriera».

Todo acontecimiento tiene infinitas causas. Nadie, ni el peor de los criminales, es la única causa de un efecto. Cometemos un error al transformar lo colectivo, lo de los otros, en algo personal. Nos echamos sobre los hombros tanto las debilidades y los vicios sociales –creyendo ser culpables de ellos– como las virtudes colectivas, pensando que son un mérito propio. Todo sentimiento de grandeza o de inferioridad, es ilusorio. Quien lo padece busca un público que lo alabe o lo juzgue. El ser plenamente consciente no se compara. Rehuyendo imponerse en la sociedad para lograr prestigio, queriendo desarrollar su Consciencia esencial, guarda en su jardín secreto los valores adquiridos. Rechazando que lo definan –«Eres esto o aquello»–, acepta ser conocido solamente por sus obras y actos.

Al exterior esconde su importancia suprema; pero en el interior se llena de la substancia de lo verdadero. Sin finalidad, todos los caminos son su camino. Volviendo a lo simple penetra en lo abstracto y su fuerza viva puede cortar en seco el espacio inmenso. Hace caer los muros, se evade de las formas, fluye hacia todas las direcciones, traspasa la periferia del mundo, quedándose siempre en el centro de la esfera. Parece de piedra pero cuando quieren tocarlo sólo encuentran una corriente de aire. De más en menos se ha hecho invisible, y ya que ha venido, aquí está lo ilimitado.

A. J., *No basta decir*

Si una hija me dijera «Gracias papá, contándome chistes me has enseñado a reír, enséñame ahora a pensar», lo haría así:

–Ven, mi niña, entremos en una floristería. Esta flor ¿cómo se llama?

–Rosa.

–Bien. ¿Qué sabes sobre esta rosa?

–Es una flor que puede tener varios colores, un agradable perfume, muchos pétalos, etc.

–¿Sabes cómo se cultiva, cuál es la duración de su vida o su clima preferido?

–No, papá...

–La primera cosa para aprender a pensar, mi pequeña, es reconocer que no puedes saberlo todo sobre esta flor. Lo que dices de ella sólo está en función de lo que conoces, de la experiencia que tienes. Por ejemplo, hay personas que con un microscopio pueden conocer su estructura atómica. Otros saben cómo se reproducen las rosas, otros distinguen diferentes matices en su perfume... Nadie puede saberlo todo. Entonces, *según lo que tú sabes,* esta flor es una rosa con muchos pétalos y agradable perfume, pero hay muchas cosas de ella que no conoces. ¿Aceptas esta idea?

–Si, papá, la acepto. Según lo que yo sé, ésta es una flor muy bella.

–Si la comparas con flores más feas que ella puede resultar bella, pero comparada con otras mejores que ella, puede resultar fea. Digamos entonces que es bella *hasta cierto punto.* No se puede encerrar las cosas en conceptos absolutos, hija mía. Las cosas son bellas o feas en comparación con otras o según el gusto de quien las juzga... Toma tres cubos, en uno pon agua muy fría, en otro agua templada y en el tercero agua muy caliente. Si metes una mano en el agua muy fría y la otra en el agua templada, esta última te parecerá caliente. Si metes una mano en el agua muy caliente y la otra en la templada, ésta te parecerá muy fría. Todos los conceptos que usamos son por comparación: si decimos pequeño, lo relacionamos con algo que nos parece grande. Los tamaños dependen de quien los mira: un enano, para una hormiga es un gigante. Igual sucede con las otras comparaciones: para un anciano de noventa años, un hombre de setenta es aún joven... ¿Qué te parece más interesante en esta rosa: su forma, su color, su perfume u otra cosa?

–Su perfume.

–Entonces, *para ti,* la parte invisible de esta flor es lo que la define. En cambio *para mí,* lo más importante es su forma... Podemos decir que tú das más importancia al espíritu de las cosas y yo a la parte material. ¿Te das cuenta? Todas las cosas se definen por un «para mí...». Tú puedes decir: Mi padre es bueno... para mí. Uno de mis alumnos puede decir que yo soy un tirano... para él. Si compramos esta rosa, para mí, que llevo dinero en el bolsillo, será barata. Para una persona pobre, resultará muy cara... Ahora observa bien este ramo: ¿cuántas rosas lo conforman?

–Doce.

–¿Son todas iguales?

–Sí.

–Obsérvalas bien: ésta tiene las espinas más largas, esta otra es de un rojo casi imperceptiblemente más claro que las otras... Huele ésta...

–¡Puf! ¡Qué desagradable!

–Un insecto quedó atrapado entre sus pétalos y se ha podrido... ¿Te das cuenta? Son flores parecidas, pero no idénticas. Te ayudará mucho en la vida saber que *ninguna cosa ni ningún ser es por completo igual a otro.* Pensar que lo que se parece es igual y actúa de la misma forma que los otros, es cometer un error de generalización. Una persona inteligente se esmera en captar la diferencia esencial de cada individuo. Aprenderás que no puedes ser sabia si hablas de «los hombres», «las mujeres», «los negros», «los malos», «la pintura», «la política», «la medicina»... Ninguna generalización es válida: un político puede ser honesto, heroico, sagaz; otro político puede ser un ladrón, cruel, mentiroso... ¡Ten cuidado, pequeña, porque los que hablan siempre en nombre de conceptos generales son seres que buscan afirmar su poder! ¡Sigamos! ¿Crees que esta rosa es igual a sí misma?

–No te entiendo... Esta rosa es esta rosa, no es otra cosa.

–Te equivocas, muchachita. Esta rosa *ahora es así...* Mañana o pasado comenzará a marchitarse, cambiará. Antes de ahora fue un capullo. Tú ahora eres una niña, pronto serás una adulta, luego una anciana. Después tu materia pasará por una transformación, te convertirás en otra cosa. ¿En qué? No lo sabemos. Si tenemos fe pensaremos que seremos inmateriales, llenos de felicidad. Fuimos algo antes de «nacer», seremos algo después de «morir». De cada cosa o ser que veas, piensa: «Hoy es así, mañana cambiará, negativa o positivamente... Y si no cambia se estancará, como ese insecto prisionero entre los pétalos». Para que comprendas bien esto, te voy a contar un último chiste:

Es medianoche. El teléfono despierta a un médico.

–¡Doctor! ¡Doctor! ¡Venga corriendo!

–¿Qué le sucede? ¡Estoy durmiendo!

–Mi mujer se siente muy mal. Creo que tiene un ataque de apendicitis.

–¿Cómo se llama usted?

–Soy Carlos Manzano, doctor.

–Ah, bueno, lo conozco muy bien... Pasaré a verla mañana a mediodía. Dé a su mujer una aspirina. No es nada grave.

–Disculpe que le insista: ¡es un ataque de apendicitis!

–Basta de delirios, señor Manzano. Hace dos años operé a su mujer y le extirpé el apéndice...

–Sí, es cierto. Pero yo me he divorciado y me he casado de nuevo.

»¿Comprendes mejor ahora? Hay que tener la mente en el presente. Hoy alguien es una cosa, mañana puede ser otra. Igual sucede con las relaciones de las parejas. Van cambiando. Un psicoanalista inglés dijo que «La pareja es una crisis continua». Yo sustituiría la deprimente palabra «crisis» por «cambio», un cambio continuo. Un día llueve, otro sale el sol. Nada es para siempre. Nadie es idéntico a sí mismo. No somos, estamos siendo... Y para terminar te pregunto otra vez:

»–¿Esta flor es bella?

–Sí, esta flor es bella, para mí.

–Bien. Dime ahora: ¿dónde es bella?

–Pues... aquí.

–Exacto, aquí es bella: el florista la exhibe cortada y condenada a una muerte rápida. ¿No piensas que en un jardín, sin ser separada de la planta, conservando sus raíces, es más bella?

–Sí, papá, con sus raíces es más bella.

–Bien, he hecho que la imagines creciendo en un jardín. Ahora imagínala creciendo entre rocas, en un terreno reseco.

–Sería menos bella, para mí...

–Así es. Volvamos a la rosa cortada: si la colocas en un lugar luminoso es una rosa, si la colocas en un lugar oscuro, es otra. Es importante saber *dónde estás cuando piensas*, porque si lo haces en un territorio negativo, lo que dices, por muy bello que sea, no valdrá gran cosa, nadie le dará importancia. Las semillas que siembras en una tierra fértil se hacen estériles cuando las siembras en la arena.

–Ahora comprendo, papá, no debo sembrar en la arena...

–No te apresures en sacar conclusiones: no se trata de no sembrar sino de sembrar de otra manera... En vez de enterrarlas, puedes desparramarlas sobre una superficie rocosa. Quizá algún pajaro se las trague y, sin poderlas digerir, las excrete en un terreno fértil.

23. Chistes para adultos

–¡Querida –declara un hombre de negocios en plena ruina–, tengo una idea genial para ahorrar! ¡Aprende a cocinar y podremos despedir a la sirvienta!

–¡Yo tengo una idea aún mejor! –responde la esposa–. ¡Aprende a hacer el amor y así podremos despedir al chófer!

Cuando vivimos en pareja y criticamos a nuestro compañero, indefectiblemente éste nos critica también. En el amor, tan pronto como el otro no nos satisface, tampoco nosotros le satisfacemos. El verdadero amor es certeza pura. No tiene cabida la menor crítica. Si ésta surge, es mutua. Es imposible que seamos un príncipe o una princesa y el otro una rana o un sapo. Creer eso es una añagaza. La pareja es una asociación de dos cómplices.

La mejor manera de saber si el otro nos ama es preguntarnos a nosotros mismos si le amamos. Hay personas que no paran de decir «No consigo formar una pareja. Nadie me quiere». Pero de hecho lo que están diciendo es «No amo a nadie. Son egoístas: van a venir a utilizarme, a pervertirme, a hacerme sufrir. Me conviene la soledad». Y por eso se quedan solas. En cuanto estén disponibles para el otro, dispuestas a amarlo, con toda seguridad el otro aparece.

–Por favor –pregunta un señor a un farmacéutico–, ¿tiene preservativos con rayas amarillas y negras?

–Pues no... Además, ¿qué pregunta rara es ésa? ¿Para qué van a servirle unos preservativos así?

–Verá, soy el criado de una señora burguesa. Incluso cuando me invita a hacerle el amor, espera que no me olvide de mi condición.

¿No impedimos muchas veces nosotros mismos a quienes amamos ponerse a nuestro nivel? ¿Acaso nos han permitido nuestros padres ponernos a su altura para favorecer así la comunicación en un plano de igualdad? ¿Hemos tenido oportunidad de luchar contra nuestro progenitor y arrojarle al suelo? ¿Nuestra madre, tras haber cometido el error de darnos un cachete, nos lo ha reconocido y nos ha pedido que le devolviéramos la bofetada? ¿Se nos ha dado nuestra parte de la herencia en el momento oportuno, es decir, cuando aún podíamos tener el placer de disfrutar de ella, o hemos estado esperando esta herencia toda nuestra vida, sin poder aprovecharla cuando finalmente nos ha sido legada?

Hay parejas en las que uno de los miembros impide al otro cambiar para no tener que hacerlo él mismo.

Si el criado hace el amor con el falo desnudo, accede a un nivel superior. El acto se convierte en una relación de reconocimiento mutuo. Por el contrario, mientras utilice los preservativos con rayas amarillas y negras, vive en una relación en la que no es reconocido. En este mundo dirigido exclusivamente por los hombres, ¿cuántas son las parejas que llegan a vivir su relación en pie de igualdad?

De repente, una muchacha advierte al joven con el que sale por primera vez:

–Mi madre me ha hecho jurar que respondería enérgicamente con un «No» a todo lo que me propongas.

–Muy bien. ¿Pondrías alguna objeción a que te follara?

–No.

El joven ha aprovechado la orden de la madre para obtener lo que quería. Se podría llamar a esto «trampa sagrada». El engaño, como la verdad, puede ser benéfico.

Unos padres querían ayudar a su hija pagando sus estudios, sin que por ello se sintiera demasiado dependiente. Le dijeron:

–Podemos correr con los gastos pues, gracias a ti, pagamos menos impuestos. ¡Así que no es ningún problema, y la idea de que esto nos convenga fiscalmente debería liberarte de todo escrúpulo con respecto a nosotros!

La muchacha sintió un gran alivio. Astutamente, sus padres la ayudaron a estudiar sin dar muestras de que la ayudaban... Hay dañinas mentiras egoístas y hay mentiras sagradas que permiten ayudar a los otros.

Un sultán pasa la velada en su harén de trescientas mujeres. Mientras observa a una danzarina y escucha su música favorita, susurra al oído a la concubina más próxima:

–Tus cabellos son como la luna del desierto. Tus ojos son como dos luceros. Tus caderas son como un oasis. Tus labios son como la fuente fresca que mana en las dunas de arena. ¡Pásaselo a la que tienes al lado!

Este sultán cree que haciendo la corte a una sola hembra quedarán todas seducidas. Se ahorra así mucho trabajo, pero el error consiste en que no ve la diferencia que existe entre una mujer y otra. Si utiliza el mismo sistema para todas, el placer no puede existir en ese harén.

Se cometen errores enormes al pensar que lo que se dice a una persona íntimamente puede hacerse extensivo a dos, cuatro, veinte o más. El mensaje que se transmite a una no es el mismo que recibiría otra. Cada individuo escucha de manera particular.

Gurdjieff, entre otros, tenía como discípulos a dos grandes poetas: Luc Dietrich y René Daumal. A Dietrich le ordenó que hiciera el amor con una mujer distinta cada día, pero que no fuese prostituta, durante un año. A Daumal le pidió que lo hiciera una sola vez durante ese mismo año. Ambos se esforzaron por cumplir estos actos que podríamos llamar de psicomagia. A uno le hizo bien luchar por reprimir sus deseos, el otro debió batallar para llevar cada día a su cama a una desconocida... Lo que un maestro nos dice en particular no tiene por qué ser válido para otra persona. Debemos ser conscientes de que cada ser es distinto, de que unas mismas palabras resultan diferentes en otros oídos.

–Hace tres días que desapareció mi mujer –declara un hombre que acaba de llegar precipitadamente a la comisaría–. ¡Deben encontrarla! Ésta es su foto. ¡Búsquenla!

–¿Por qué? –pregunta, a modo de respuesta, el agente.

Después de reflexionar, a este hombre le satisface la desaparición de su mujer, para él «fea». El agente es la parte oculta de su personalidad. Creemos sufrir mucho cuando alguien nos abandona, pero en verdad somos nosotros quienes lo hemos expulsado.

O también podría ser que no hayan visto a su cónyuge en veinte años de vida en común... Nunca se han comunicado en el nivel que les corresponde. Ninguna escucha verdadera, ninguna conversación profunda. Espiritualmente no han creado nada juntos. Para ambos, esta separación que les parece una tragedia, es lo mejor que ha podido ocurrirles. Juntos no iban a ninguna parte. A veces, ciertas pérdidas, ciertos rechazos, son oportunidades benditas. En el caso de que amemos a alguien, si nos dice «Sí» es una oportunidad; si nos dice «No», es también una oportunidad.

A veces tenemos que perder una parte de nuestro organismo a causa de una grave enfermedad, o sufrir la muerte de un ser querido, para, finalmente, encontrarnos.

Si una mujer le pregunta al tarólogo: «¿Voy a encontrar un hombre?», la respuesta correcta es: «El Tarot no ve el futuro.

No te puedo decir si lo vas a encontrar, pero puedo decirte por qué no lo encuentras». Y si ella insiste: «He perdido mi sexualidad, ¿cómo puedo recuperarla?», el tarólogo puede responderle: «Afirmas que has perdido *tu* sexualidad. Hablas de ésta como si fuera *una cosa* que poseyeras. Es como si dijeras: "He perdido mi bolso". El bolso te pertenece pero no eres *tú*. La sexualidad no es una posesión individual. Funciona cuando el otro está presente (salvo que se trate de una masturbación, aunque incluso en este caso hay un fantasma, y por lo tanto el otro también interviene). Cuando quien puede satisfacerte no está presente, no se tiene sexualidad. Entonces hibernas, puedes permanecer inapetente uno, dos, diez años, pero un día, de repente, aparece frente a ti el ser que te hace vibrar y, en un segundo, el deseo te inunda».

Cuando el marido entra de improviso en el cuarto de su mujer, el detective privado se incorpora y, saltando de la cama, dice:

–Señor, finalmente tengo la prueba de que su esposa lo engaña.

Muchas historias mitológicas cuentan lo mismo: el héroe comienza una investigación para terminar dándose cuenta de que él mismo es el objetivo de ella. Ha creído investigar cuando, en el fondo, el indagado ha sido él en lo más profundo de sí mismo. Creía perseguir la verdad, cuando sólo estaba escapando de ella.

Giramos y giramos alrededor de una ilusoria finalidad; en realidad el Yo esencial nos persigue y nosotros huimos. Llegar a la realidad es llegar a nosotros mismos.

Con la ropa hecha jirones, una mujer de setenta y muchos años de edad se presenta en la comisaría de policía y expone:

–Para regresar a mi casa debo cruzar un bosque desierto. Esta tarde, de repente, me topé con un joven sátiro. Corrí y corrí y corrí...

–...y por lo que veo, logró usted alcanzarlo –replica el comisario.

Pongámonos en el lugar del joven sátiro (el Yo personal).

Pensemos que cree estar persiguiendo, con dificultad inmensa, su realización (encarnada por la anciana, el Yo esencial). Lo que sucede en verdad es que su Yo esencial, puente que lo conduce al Dios interior, es el que lo está persiguiendo, y él quien está escapando. Cuando en el ámbito de la Consciencia creemos buscar, somos nosotros los buscados. El ocultista francés de comienzos del siglo XX Maître Philippe dijo: «La caza está prohibida. La pesca está permitida».

La felicidad de dejar de buscar para comenzar a encontrar, aunada a la angustia de dejar pasar, por falta de atención, la oportunidad de recibir al Dios interior, se describe sutilmente en un cuento sufí:

> Mulá Nasrudín consulta a un médico:
>
> –¡Doctor, tengo un problema terrible!
>
> –¿Ah, sí? ¿Qué le sucede?
>
> –Mi mujer habla dormida, toda la noche. Ya no sé qué hacer.
>
> –Será fácil: tráigame a su mujer para que yo la cure.
>
> –Pero no, doctor. No quiero que usted cure a mi mujer. Quiero que me cure a mí. Cada noche ella dice cosas sublimes, pero yo desgraciadamente acabo durmiéndome. Deme un remedio para quedarme despierto la noche entera, escuchándola.

24. Ser lo que se es

Un maestro sufí, después de que uno de sus discípulos (un ladrón a quien quiso redimir inculcando frases del Corán) se escapara con una gran cantidad de su dinero, me dijo: «Es mi culpa», y me contó una antigua fábula:

Ante el león, rey de la selva, se presenta quejoso un can.

–Majestad, odio ser llamado «perro». Es un nombre feo, despreciable. ¿Podríais darme otro?

–Aunque te cambie el nombre, seguirás siendo el mismo.

–Ponedme a prueba, majestad.

–Bien, te confío este trozo de carne roja. Guárdala, sin tocarla, hasta mañana.

El león se aleja. El perro, junto al apetitoso alimento, ve pasar una hora, dos. La boca se le llena de saliva. A la tercera hora exclama:

–¡Qué necio he sido! ¡Cómo pude no darme cuenta de que la palabra «perro» era hermosa!

Diciendo esto, engulle la carne y se escapa.

A primera vista esta fábula nos previene de que nadie, a menos que lo haga uno mismo, puede cambiar la naturaleza de un ser humano. Sin embargo, se le podría dar un significado positivo: el león capta la verdadera esencia del perro y la respeta. Cuando el can, por compararse al rey, se siente insatisfecho de sí mismo, éste lo coloca frente a una tentación que le revelará lo que en verdad es. El perro dejará de despreciarse y reconocerá que siendo auténtico recupera el gusto por la vida. El rey le ha transmitido lo esencial. Ahora, rechazando ser león y aceptando ser perro, podrá disfrutar del lugar que le corresponde.

Jacob Grinberg llega al cielo. El Altísimo le otorga un rincón oscuro y Jacob se queja:

–¿Es esto todo lo que recibo como premio? ¡Entonces no me sirvió de nada esforzarme toda mi vida para ser como el profeta Moisés!

Yahvé le contesta:

–Hubiera preferido que te esforzaras en ser Jacob Grinberg.

Llegar a ser lo que se es, y no lo que los demás quieren que seamos, no es fácil. Muchas veces, por ausencia del padre, ya en su vientre gestador la neurosis posesiva de la madre nos infecta.

Un hombre de treinta años vive sobreprotegido por su madre. Ésta le hace la comida, le lava la ropa y se la plancha. Incluso le limpia los dientes.

Un día este hombre se enamora locamente de una mujer. La pide en matrimonio, pero ella le responde:

–¡Con tu madre, imposible!

–¿Y eso por qué? ¡Mi madre es maravillosa y perfecta! –dice el hombre asombrado por tal negativa.

–Es tan perfecta que nunca podrás entregarte a mí. ¡Mientras ella exista, me niego a casarme contigo! –replica la mujer sin vacilar.

–¡No puede ser! ¡Si te niegas a casarte conmigo, me suicido! –suplica el desgraciado arrojándose a sus pies.

–¡Bien, pues entonces, si quieres que me case contigo, debes hacer una cosa: mata a tu madre y tráeme su corazón!

Desesperado, el hombre acepta plegarse a las exigencias de su amada. Con lágrimas en los ojos, vuelve a casa dispuesto a cumplir su crimen. Cuando la madre le oye entrar, corre hacia él:

–Hijo mío querido, ¿cómo estás? ¡Pareces triste! ¡Es por culpa de esa mala mujer, seguro! ¿Qué te ha hecho? Te advertí que no te traería nada bueno. ¡Ven! ¡Siéntate! Preparé una buena sopa de pollo. ¿Qué necesitas? ¡Dímelo! Haré lo que quieras...

Sin escucharla más, el hombre, decidido, se abalanza sobre ella, la mata y le arranca el corazón. Llevando su preciado fardo en las manos, abre la puerta para ir a ofrecérselo a su amada pero tropieza y cae, mientras el corazón rueda por la tierra. El hombre se levanta como puede y, cuando va a recogerlo, oye al corazón decirle:

–¡Mi pobre niñito...! ¿Te has hecho daño?

A menudo, atrapados en relaciones infantiles no resueltas, sin haber conseguido la libertad de vivir como desearíamos, nos enredamos en conflictos emocionales que acaban haciéndonos sentir culpables, víctimas o infelices. Infructuosamente, intentamos controlar las situaciones vitales con nuestra razón. Pero para lograr, como el perro de la fábula, comernos el delicioso trozo de carne cruda, o sea realizar nuestros proyectos genuinos y vivir en un territorio que nos convenga, sin dependencias que nos obliguen, tenemos que ser conscientes de que hay una diferencia esencial entre el centro intelectual y el centro emocional.

En cierto modo la conducta emocional es semejante a la de un árbol. Cuando un animal tiene una herida, las células se regeneran y ésta cicatriza. (Podemos militar en un partido político, decepcionarnos y luego defender, sin culparnos, una ideología contraria.) En cambio un árbol no puede regenerar sus heridas: quedan abiertas para siempre, tan sólo logra ocultarlas bajo una capa protectora. La herida, así cubierta, permanece intacta y, cuando se pudre, puede invadir todo el tronco.

La vida del árbol consiste en una película de células, no más espesa que una hoja de papel, creciendo bajo la corteza. Es la única parte viviente. El resto del tronco está formado por materia leñosa, estructura muerta que sostiene esa fina capa en la cual reside la vida.

Cuando un árbol crece aislado, recibe tanta luz que se expande a lo ancho. Por contra, en un bosque, comprimido entre otros, se eleva alto y recto buscando la luz. Mas en el fondo lo que quiere, antes que nada, es ensancharse, crecer hacia el exterior, aumentar su superficie de contacto... Nuestro centro emocional funciona según este mismo principio. El intelecto, tratando de alcanzar la vacuidad, se concentra cada vez más en sí mismo... El corazón se expande hacia el exterior, como si dijera: «No únicamente yo. También los otros. Me abro hacia ellos y, como un árbol que cada año crea una nueva capa viviente dejando que la anterior se solidifique, fortifico mis sentimientos. Eso me enriquece. Camino hacia la plenitud. Avanzo sin límites hasta llegar a amar no solamente a mi pareja y a mi familia sino también a las otras familias, los amigos, la humanidad entera –la actual, la pasada y la venidera–, el planeta, el cosmos, su posible creador».

Cuando morimos, nuestro corazón se llena de sangre mientras que el cerebro la pierde. Mente vacía, corazón lleno. Las verdaderas emociones son como olas gigantes. Cuando vivimos una tragedia, el vacío mental que se nos produce nos permite soportar esa tempestad emocional. Pero si no hemos logrado esa vacuidad, la tempestad emocional nos ahoga. En ese estado podemos deprimirnos, suicidarnos o enloquecer.

Cada árbol posee una arquitectura en la que ramas y raíces se corresponden. Si se le cortan ramas, las raíces correspondientes mueren, y si se le cortan las raíces, las ramas correspondientes mueren. La inmensa arquitectura exterior responde a una arquitectura subterránea. Esta última no trata de descender hacia las profundidades de la tierra, porque ahí no encontraría alimento alguno, sino que se expande horizontalmente hasta que logra satisfacer su verdadera necesidad de sales minerales. El árbol chupa de la tierra estas sales disueltas en agua para que lleguen a las hojas. Estas hojas son la única «fábrica» que el vegetal posee. Ellas, con la ayuda del sol y del anhídrido carbónico, elaboran el verdadero alimento –la savia– y lo hacen descender hasta las raíces. Todo cuanto es absorbido en el suelo y expandido hacia arriba es de inmediato devuelto hacia abajo.

Hemos fijado lo volátil, es necesario volatilizar lo fijo; en otros términos, hemos materializado el espíritu, es preciso espiritualizar la materia.

Éliphas Lévi, *Dogma y ritual de la alta magia*

Al mismo tiempo que succiona las fuerzas de la tierra, el árbol la nutre con sus hojas, ramas secas y toda una serie de hongos que crea para que lo ayuden a asimilar después. Hay un intercambio de energía, de recepción y don. Entre los seres humanos encontramos a veces parásitos que sólo piden. Succionan un conocimiento, lo depositan en su cerebro y no lo comparten, lo guardan ahí, sin transformarlo en sentimientos, como un excremento metafísico. En Japón, cada vez que alguien compra una cosa recibe un pequeño regalo, porque en la tradición popular es indigno tomar sin dar.

El árbol forma cada año una capa que rodea todo el tronco. Cuando es cortado transversalmente es posible observar, en forma de anillos concéntricos, cuáles fueron sus años buenos y cuáles los difíciles, porque el pasado se hace estructura. Si los doce meses han sido lluviosos, el anillo es grueso. Si han sido secos, el anillo es delgado... Esta característica vegetal puede ayudarnos a comprender lo que supone un trauma para un niño. Cuando el infante vive algo que no debió vivir (una agresión sexual, por ejemplo) o, por el contrario, no vive lo que habría debido vivir (mamar del pecho de su madre, por ejemplo), se crea en su inconsciente una especie de capa protectora. Emocionalmente, queda bloqueado en la edad en que sufrió el daño. La vida continuará, pero él permanecerá aislado en las profundidades de su corazón, como un niño que no crece... a menos que rompamos esa capa defensiva para revivir y comprender lo que encerramos, no con la ayuda de las palabras, sino a través de las emociones y las sensaciones.

Durante un parto traumático, el organismo del feto es expuesto a un gran peligro. Cada parcela del esfuerzo del futuro bebé está consagrada a su lucha por sobrevivir. La huella, altamente cargada, de esta lucha es literalmente una tempestad eléctrica que queda grabada en el organismo toda la vida como una tensión residual... Esta huella dejada por el nacimiento es más importante en tanto que está injertada profundamente y de manera central en el cerebro y el sistema nervioso y se encuentra, muy pronto, encerrada como por una barrera por el córtex en desarrollo y la experiencia ulterior.

Arthur Janov, *Huellas*

Para el árbol, el proceso no termina ahí. Un tiempo después de recibir el tajo, la madera, aislada por la capa exterior, se corrompe. Las bacterias pueden invadir la herida y roer la podredumbre, que cae convertida en polvo y nutre la tierra. Es por esto que existen árboles huecos. Un árbol hueco permanece vivo porque su vida está en la periferia, pero, por falta de estructura sólida, es más débil y en cualquier momento puede caer. Cuando no sucede esto, el árbol crea raíces internas que se alimentan de la podredumbre. Metáfora interesante: si llevamos en el alma una profunda tristeza, podemos echar raíces emocionales que se nutran de este sentimiento. Así, la tristeza se convierte en fuerza vital... Somos capaces de no rechazar la herida, la aceptamos con su dolor hasta que, transformada en Consciencia, nos permite aliviar la tristeza de los otros. Cuando el árbol recibe una lesión, no pudiéndola cicatrizar, la interioriza, asume su sufrimiento. Del deseo de arrojar el sufrimiento hacia el exterior nace la depresión, la autodestrucción, el derrumbe moral. Si sumimos el sufrimiento en lo más profundo de nuestro ser, se convierte en alimento de una nueva vida.

El pasado es nuestra estructura espiritual, no nuestra identidad. Lo debemos venerar y honrar, sin amarrarnos a él, y continuar creciendo hacia el futuro, uniéndonos al mundo.

Cuando nada lo ataca, el árbol es un ser sólido y vivo. Nosotros también deseamos la solidez y la vida. Pero «sólido» y «vivo» son dos cosas diferentes. Se puede ser sólido y estar muerto, se puede estar vivo y ser frágil. A menudo encontramos parejas que, dando por actuales sentimientos que sólo existen en su pasado, afirman mantener una relación sólida. Sin embargo, ser sólidos el uno para el otro puede no excluir estar muertos emocionalmente. Si alguien nos proporciona la solidez, ¿nos da el amor? Si la relación es segura, ¿es viviente? Por esta razón las relaciones amorosas deben ser vividas intensamente en el instante en que se producen.

Cuando una rama se rompe pero queda unida por su base al tronco, muere donde está separada pero continúa creciendo ahí donde se mantiene unida. Mientras hay unión, hay vida. Para que la rama muera es necesario que sea separada por completo.

En la naturaleza, la vida de un organismo depende de su unión con el medio ambiente. Todo lo que se separa está condenado a morir. Cuando nos encerramos en nuestro Yo personal, hasta el punto de alejarnos de los otros, nos encaminamos hacia la destrucción. Si todo lo positivo que obtenemos para nosotros no lo deseamos para los demás, se nos vuelve negativo.

> Quien camina una legua sin amor, camina amortajado hacia su propio funeral.
>
> Walt Whitman, *Canto a mí mismo*

Cada vez que un árbol es herido o pierde una parte, otra rama crece al lado. Lo que está perdido, perdido está. No se puede resucitar lo cortado, pero en su lugar puede crecer algo nuevo. La respuesta del árbol ante una pérdida es crear de inmediato una nueva vida al lado de la herida.

Si comprendemos la lección del árbol, consideraremos nuestros fracasos simplemente como un cambio en nuestra ruta. Guardemos en nuestro corazón a los muertos queridos pero no nos encerremos con ellos en su ataúd... Que permanezcan en nuestra memoria, que nos alimenten con su recuerdo, pero construyamos de inmediato nosotros una nueva vida.

Cuando el árbol sufre una lesión, tapa los canales que irrigan la parte afectada. A veces, si emplea demasiada energía, puede ahogar toda su circulación y llegar a secarse. Cuando la vida nos depara una desgracia, si empleamos una exagerada energía en eliminar el sufrimiento, podemos autodestruirnos. Deberíamos dedicar ese esfuerzo a sobrevivir, a experimentar algo nuevo, soportando valientemente el dolor. El tiempo es nuestro aliado: poco a poco el dolor disminuye y el amor crece.

El maestro sufí me contó otra antigua fábula:

Un hombre, para ganar más dinero, agregaba agua a la leche ordeñada a su única vaca. Así lo hizo durante mucho tiempo. Un día en que la hacía atravesar un río, una repentina crecida se la arrebató. Llorando, vio hundirse a su rumiante. Como nunca había dejado de agregar agua al alimento, ésta, como castigo divino, acabó por ahogar a la vaca.

Según este ejemplo, las acciones deshonestas se van acumulando en el espíritu del malhechor y terminan por aniquilarlo. Lo que hacemos al otro nos lo hacemos a nosotros mismos. Toda agresión termina por volverse contra el agresor. Se podría decir que los actos destructivos, los deseos ilícitos, los sentimientos rencorosos o las palabras negativas se acumulan en la memoria y la convierten en un lago envenenado que contamina al cuerpo.

Por otra parte, esta fábula podría interpretarse en un sentido positivo: la leche son las palabras, las acciones, los sentimientos, los deseos del individuo; y el agua que se añade, la intención sagrada. En este caso el «dueño de la vaca» es un iniciado que en su vida cotidiana acepta siempre la presencia del impensable Dios interior.

Para llegar a ser nosotros mismos, antes que nada debemos llevar a su realización a cada uno de nuestros cuatro egos. El Ego corporal debe conocer el agradecimiento, agradecimiento que significa ser consciente de la impermanencia de la materia, del milagro que es la vida y del inconmensurable valor que tiene cada segundo. El Ego libidinal debe conocer la satisfacción, satisfacción que significa la eliminación de deseos parásitos, la libertad creativa y la aceptación del placer genuino. El Ego emocional debe conocer la paz, paz que significa el perdón universal (para el iniciado, mirar, escuchar, olfatear, tocar y gustar es bendecir) y la unión caritativa con las fuerzas positivas del mundo. El Ego intelectual debe conocer el silencio, silencio que significa el fin del diálogo espectador-actor. En resumen, las cuatro palabras fundamentales de la magia: querer, osar, poder, callar.

Quien logre estos cuatro conocimientos no debe pensar orgullosamente que ha llegado a ser él mismo. Sólo ha logrado solidificar el Yo superior, sin darse cuenta de que éste, cuando se vive separado del todo, es ilusorio. Cuando se es únicamente Yo superior, no se es lo que se es. Para ser nosotros mismos debemos dar pasos en lo desconocido, aceptar que el Yo esencial está presente en cada una de nuestras elecciones, que es imposible saber quiénes somos porque eso sólo implicaría espejismos racionales, y aceptar las fuerzas desconocidas que nos alimentan, saber que en verdad quien propone las decisiones no es el Yo superior sino, a través del Yo esencial, el Dios interior... QUERER vivir la totalidad de nuestro ser; OSAR obedecer los dictados de nuestra intuición; PODER realizar lo que nos proponemos porque hemos aprendido a no luchar contra nosotros mismos; CALLAR, en el sentido de cesar de hacer del intelecto un tirano y obedecer a nuestro inconsciente sabiendo que no es un enemigo sino el más fiel de los aliados. Ser lo que se es implica aunar al Yo personal la infinita sombra del inconsciente, más el eterno resplandor del Supraconsciente, más la potencia del Dios interior.

25. Aproximaciones

Una mujer lleva un gran paquete de plátanos en los brazos. Está en el metro. En una estación, entra mucha gente en el vagón. Al ser zarandeada, trata de sostener su paquete como puede. Acaba, mal que bien, con un brazo por encima del bulto y el otro por debajo. La mano que está bajo el paquete sostiene firmemente un plátano. Después de pasar varias estaciones en esta posición, oye la voz de un señor que está cerca de ella y le dice:

–Señora, ¿podría soltarme? ¡Me bajo aquí!

Cuando todo comienza a desmoronarse, llevamos nuestro paquete de plátanos como podemos, agarrándonos a falsos sentimientos. Creemos evolucionar, pero de hecho nos estancamos en amores románticos o en pasiones. Nos decimos que la solución para nuestra vida es encontrar una pareja. Al encontrarla, en lugar de considerarlo el comienzo de un trabajo espiritual, nos quedamos aprisionados en la vida cotidiana sin darnos cuenta de que eso tan sólo es algo que se aproxima a lo que nosotros queremos.

Entramos en una tienda con ganas de comprarnos un jersey morado. La vendedora nos ofrece uno diciendo:

–¡Aquí tiene, un jersey morado!

Le respondemos:

–No, éste es azul...

Ella insiste:

–¡Es casi morado! ¡Pero, fíjese, este de color amarillo le sienta estupendamente! ¡Quédeselo! ¡Para el frío, un jersey morado o amarillo viene a ser lo mismo!

Queríamos una cosa y nos vamos con otra, algo que se le parece pero que no es *la* cosa. Veamos esto en nuestra realidad: ¿vivimos *la* cosa o algo que se le parece? El trabajo que hacemos, las relaciones sentimentales y sexuales que mantenemos, la familia que hemos formado, el territorio que habitamos, la ropa que llevamos puesta, los muebles, el coche, las actividades sociales, etc., se corresponden realmente con lo que queremos? ¿Comemos el pastel que nos apetecía u otro que se le parece? Aunque estuviéramos a menos de diez milímetros del centro, aún no estaríamos en el centro. Vamos por un camino que no nos corresponde, alejándonos de la felicidad.

Un cazador pretende pasar por experto en leones. Un día, lleva a un amigo al desierto para iniciarlo. De repente, detrás de una duna, los dos hombres descubren las huellas de un ejemplar. El especialista le dice entonces a su amigo:

–¡He aquí una oportunidad única! Tú seguirás las huellas de la derecha para saber a dónde va el león, y yo voy a seguir las huellas de la izquierda para saber de dónde viene.

El león puede simbolizar algo a descubrir en lo que estamos viviendo. Nos decimos para nuestro fuero interno: «No me siento bien, quiero saber lo que me pasa». *Lo que me pasa* sería el león: un trabajo que nos deprime, un hijo que se droga, una pareja que no funciona, una decepción política, una hermana enferma que nos roba la atención de nuestros padres, etc. Pero cuando comenzamos a acercarnos al corazón del problema, nos echamos atrás diciendo: «A decir verdad, ¡no quiero ver el león! Está bien que los otros intenten solucionar sus problemas, pero yo no quiero intentar solucionar los míos porque eso me va a hacer daño...». ¿Cómo enfrentar el sufrimiento? El cerebro siempre elige, entre dos dolores, el menor. Reconocer que sus padres no lo aman es el mayor sufrimiento para un niño. Antes que aceptar esto prefiere crearse una grave enfermedad. Pero padecer sufrimientos que son aproximaciones no resuelve nada. La persona que quiere sanar debe heroicamente descender hasta el fondo de la herida, aceptar el desamor del objeto de sus deseos y, soportando el impacto, descubriendo el amor por sí mismo, es decir el amor que el Yo esencial recibe del cosmos, efectuar el duelo. «Lo que no obtuve en la infancia no lo obtendré nunca. Dejo de pedirlo. Me desprendo del deseo. Construyo una nueva vida sobre bases que no son peticiones imposibles.»

Dos monjes rezan cada día una gran cantidad de horas. Uno le dice al otro:

–A pesar de que ambos rezamos con igual fervor, yo siempre estoy de mal humor y, en cambio, tú no paras de estar alegre. ¿Por qué?

–Lo que pasa –le contesta su compañero– es que tú siempre rezas para pedir, en cambio yo sólo rezo para agradecer.

Vivir una aproximación es vivir una mentira. En un antiguo libro árabe titulado *El libro de las astucias* se cuenta lo siguiente:

Un hombre muy religioso, a quien el Corán prohíbe mentir, está sentado en una piedra al borde de un camino. Pasa corriendo por allí un amigo suyo, con una gallina en los brazos, que le grita sin detenerse: «¡La robé! ¡Los guardias me persiguen! ¡Por favor, no les digas que me viste!».

Desaparece. El religioso, unos minutos antes de que lleguen los guardias, se cambia de lugar y se sienta al otro lado del camino. Cuando éstos llegan y le preguntan «¿Ha visto pasar a un ladrón?», él responde, señalando su nuevo emplazamiento: «Desde que estoy sentado aquí, no ha pasado nadie».

El religioso está satisfecho, convencido de que no ha desobedecido al libro santo. Esta historia nos invita a preguntarnos:

¿cuántas mentiras nos decimos a nosotros mismos, trucos que inventamos para no encarar nuestra verdad? ¿Ante quién nos mostramos tal como somos?

Un joven médico, recién salido de la facultad de Medicina, abre un consultorio y espera sus primeros clientes. Al cabo de unos días llega por fin un hombre. Queriendo impresionarle, el joven médico lleva a su visitante a la sala de espera; luego, dejando la puerta abierta para que él le oiga, marca el número de teléfono del hospital y mantiene una conversación muy animada con un interno. Marca a continuación un segundo número, el de un laboratorio de análisis, y habla largo rato con un empleado. Luego llama a un colega. Tras haber colgado por fin, va a reunirse con su paciente que está confortablemente instalado en la sala de espera y le pregunta:

–¿Cuál es la razón de su visita?

–Oh... yo... verá... –responde el hombre–, soy precisamente el técnico de Telefónica y he venido a instalarle la línea del teléfono.

Si el joven médico, en lugar de querer aparentar lo que no es (un profesional consagrado), hubiera dicho al hombre cuando llegó «¡Qué maravilla, es usted mi primer cliente!», este encuentro habría tenido lugar en su verdad. Pero el doctor quería vivir la verdad de otros, no la suya. Por esta razón el encuentro fracasó... Si suponemos ahora que somos a la vez el médico y el posible paciente, es decir el Yo auténtico y el Yo impuesto, en nuestro fuero interno sabemos que nos estamos contando mentiras. Pero como nos han educado haciéndonos creer que lo normal es ser «como todo el mundo», identificándonos con un solo idioma, imponiéndonos etiquetas, banderas, religiones, modas, ideas políticas o conductas estereotipadas, nos sentimos culpables por ser distintos. Nos engañamos a nosotros mismos sintiendo que tenemos un enemigo dentro. Lo auténtico de nosotros nos parece enfermedad, y los valores admitidos y admirados en los demás nos resultan más deseables de obtener que los nuestros. Nos despreciamos, comparándonos con quienes tienen poder o reciben reconocimiento. Lo que hacemos no lo hacemos por el placer de crear sino para obtener beneficios, que a la larga acaban privándonos del goce de vivir...

En vista de que, cada miércoles, la sala de karate donde daba mis conferencias se llenaba de público, muchas personas trataron de alquilarla a un precio más alto para utilizarla el mismo día y a la misma hora, pensando que al ocupar mi puesto obtendrían la misma cantidad de público. Para las machis, o curanderas mapuches, todas las enfermedades que padecemos son producto de la envidia. Si por celos deseamos lo ajeno o comenzamos a imitar a alguien, nos ponemos a competir; pero, aunque obtengamos el éxito social, habremos anulado nuestro verdadero ser.

El joven Isaac regresa contentísimo a casa. Va a toda prisa al encuentro de su padre y le anuncia triunfante:

–Papá, ¿sabes que esta tarde, al volver del colegio, me he ganado dos euros?

–¿Ah, sí? ¿Y cómo lo has hecho?

–¡En vez de coger el autobús he corrido detrás de él hasta el final!

–¡Has hecho una tontería, hijo mío! Si hubieras corrido detrás de un taxi, habrías ganado diez veces más...

Nos hacemos ilusiones y creemos que persiguiéndolas ganaremos mucho. Sin embargo, por no hacer frente a nuestros problemas fundamentales, no nos realizamos en absoluto.

En la naturaleza existen seis maneras principales de sobrevivir, que podemos aplicar a las conductas del ilusorio Yo personal en su afán de negar al Yo superior y al Yo esencial, tratando de dirigir él solo nuestra vida:

La primera consiste en *multiplicarse* enormemente. Algunos peces se reproducen por millones, de tal modo que, aunque mueran legiones, siempre queda un buen número de ellos.

La segunda manera de sobrevivir es *adaptarse* a cualquier circunstancia. Por ejemplo, pasado algún tiempo, ciertos insectos se adaptan al DDT, lo asimilan, se relamen en él.

La tercera consiste en *camuflarse.* El animal se disfraza con las características de su medio ambiente, se hace pasar por una hoja de árbol, desarrolla una piel con manchas blancas y negras para desaparecer entre las luces y sombras de la vegetación, etc.

La cuarta es *agredir.* Venenos, colmillos, espinas, gruñidos, alaridos, pestilencias, garras: un conjunto de elementos creados con el exclusivo fin de disuadir de ser atacado.

La quinta es *huir.* Se abandona el alimento, el territorio, cualquier posesión confiando en la velocidad de las patas o de las alas.

La sexta consiste en *aislarse,* enquistarse. La vida se encierra al máximo en sí misma. Es posible hallar organismos incluso en las centrales nucleares. Están tan replegados y defendidos que logran subsistir en ese medio.

Para sobrevivir, el Yo personal, limitado, utiliza estos mismos seis principios. Desarrolla una tendencia a multiplicarse desmesuradamente. Ciertas personas tienen un Yo personal que se agranda sin cesar, convirtiendo a cada persona, célebre, familiar, muerta o viva, en espejo de sí misma. Un gurú hindú hizo a sus miles de seguidores que llevaran colgado un retrato de él en el cuello.

El Yo personal también se adapta muy bien a todo. Por ejemplo, en una pareja, milímetro a milímetro, los dos miembros pasan por todas las fases. Primero se complacen en la seducción, son perfectos el uno para el otro; un tiempo después se increpan de vez en cuando; más tarde se han habituado tanto a ello que viven insultándose. Acaban protagonizando situaciones familiares espantosas pero, habiéndose adaptado a ellas, las experimentan a diario sin que les causen el menor asombro.

O bien se camufla. Para vivir tranquilo dentro de sus límites, el individuo sigue modas, milita en partidos políticos de la mayoría, lucha por ser «igual a todo el mundo», huye como de la peste de cualquier cosa que lo diferencie del rebaño.

Puede agredir. Se convierte en un crítico feroz, demoliendo cualquier intento de quien desee sobrepasar su exigua visión de sí y del mundo. Cada palabra que emplea es destructora, odia a la humanidad.

Y también puede huir. Ante un problema difícil, que le va a exigir cambiar de hábitos, de prejuicios o abrir su corazón, elegirá encerrarse en casa, descolgar el teléfono, viajar a otra región, no contestar los mensajes, perder la memoria o hacer como los políticos: ante una pregunta directa, responder con evasivas.

En fin, se enquista. Durante años y años, sigue exactamente igual. Sus pensamientos, sentimientos, deseos, actividades, su carácter no evolucionan. Esta manera de sobrevivir es la más terrible de todas.

A veces pasamos años sin ver a alguien que formó parte de nuestra vida. Durante ese período hemos cambiado, nuestra vida se ha vuelto diferente, las heridas emocionales han cicatrizado, las ideas locas y estancadas han sido reemplazadas por conceptos fluidos, hemos aprendido a desear lo que es posible proponiéndonos para ello, como guía, metas sublimes. Lo que fuimos antes ha sido la semilla del ser desarrollado que hoy somos... Cuando nos encontramos de nuevo con esa persona que conocimos en el pasado, vemos que sigue manteniendo la misma actitud de entonces. Y lo peor es que insiste en vernos tal como éramos antes. No nos perdona el haber cambiado. Para ella el mundo debe ser lo que fue hace diez o más años. Se puede decir que es una persona muerta en un cuerpo vivo.

Una mujer se dispone a atravesar un puente. En el peaje, le entrega un euro al empleado. Éste le dice:

–Está en un error. Atravesar el puente cuesta dos euros.

–No se preocupe, en medio del puente voy a arrojarme al agua...

Ciertos individuos dicen: «Trabajando con venerables maestros, haciendo esto y lo otro, he conseguido progresar en tal o cual terreno. Incluso he logrado crear un hogar, tener hijos...

Sin embargo, no soy feliz. He tenido éxito en todo lo exterior, pero interiormente estoy desesperado».

Se les puede comparar con la mujer del puente. Cuando llegan a la mitad, quieren saltar para no pagar el precio. Avanzan hasta cierto punto y luego se dicen: «Todo lo que he conseguido es exterior».

Sin embargo la realidad exterior es también interior. Cuanto sucede en el mundo, y cuanto hacemos en él, actúa sobre nuestro Cuerpo, nuestra Alma y nuestro Espíritu. Todo lo que damos nos lo damos. Todo lo que no damos nos lo quitamos.

En principio buscamos la felicidad. Pero la felicidad no es algo que debamos conquistar. Es una situación, un estado, una sensación que nos penetrará poco a poco sin que la busquemos, como el fruto precioso de experiencias positivas.

Hasta la mitad del puente, la persona ha comenzado a ordenar las cosas que cree que están en el exterior, y si paga el precio, es decir si continúa atravesando el puente, viviendo su vida no sólo como una aproximación, todo cuanto ha construido alrededor de ella comenzará a revertir y a proporcionarle la realización interior. Pagar el precio significa demoler los límites del Yo personal, cortar los lazos con el pasado, decir a las ideas locas «esto no soy yo», cortar también los sentimientos vampíricos, los deseos inculcados o las acciones destructivas. Si no lo hacemos, estaremos todo el tiempo saltando al llegar a la mitad del puente, creyendo que una aproximación es la única meta posible. ¡Vamos!, entreguemos los dos euros y atravesemos el puente. ¡No nos quedemos en la mitad, autodestruyéndonos! ¡No abandonemos la lucha sólo porque hay que hacer un esfuerzo más! El suelo en el que caemos es el mismo que nos ayuda a levantarnos.

Un joven matrimonio se instala en un piso nuevo. Como quieren empapelar el comedor, suben a ver al vecino de arriba, que tiene un piso de las mismas dimensiones.

–Vecino, queremos empapelar nuestro comedor. Tú que ya lo has hecho, ¿cuántos rollos compraste?

–Siete –responde el vecino amablemente.

Con esta información, los recién casados compran unos rollos de la mejor calidad, muy caros, y empapelan las paredes. Una vez empleados cuatro rollos, la sala está totalmente cubierta. Furiosos por haber gastado tanto dinero inútilmente, suben a ver al vecino para pedirle explicaciones:

–¡Hemos seguido tu consejo, en lo que se refiere al papel pintado, pero no comprendemos por qué nos han sobrado tres rollos!

Y el vecino responde asombrado:

–¡Ah! ¿A vosotros también?

No todos somos idénticos. La experiencia de otro no es la nuestra. La solución al problema de otro es suya, y puede muy bien no convenirnos. Por supuesto que podemos aprender de lo que nos dice el vecino. Pero una verdad que es sólo palabras no nos aporta la necesaria experiencia. Nunca hay que creer al cien por cien lo que oímos. No porque la persona quiera o pueda engañarnos, sino porque nosotros no somos esa persona.

Una mujer encinta, a punto de parir, pregunta a su madre qué ha de hacer.

–Hija mía, dicen que no hay que contraerse demasiado, pero yo contraje el abdomen y me fue muy bien. Hazlo exactamente como yo y todo irá estupendamente.

La hija siguió el consejo de su madre, pero no le funcionó. Fue un desastre. Lo que sirvió a la madre no tiene por qué ser lo más adecuado para la hija. Es preciso comprender que nadie, aparte de ella misma, puede saber cómo traer a su hijo al mundo. Es justo tratar de transmitirle una experiencia: «Yo lo hice así, y me fue de tal forma». Pero es erróneo afirmar: «Como esto me fue bien a mí, hazlo tú también y te irá igual».

En mi obra de teatro *Zaratustra*, un discípulo impaciente (A) interroga a su maestro (Z):

A. Me han dicho que sabes luchar. Enséñame.

Z. Bien. Éstas son las cuatro llaves fundamentales. Una, dos, tres y cuatro.

A. Una, dos, tres y cuatro. ¡He aprendido a luchar! ¡Domino las cuatro llaves! Ya sé tanto como tú. ¡Y soy más joven! Voy a combatir contra ti y te ganaré.

Z. Bien.

A. *(Atacando.)* Una, dos, tres, cuatro.

Z. *(Lanzándolo al suelo.)* ¡Y cinco!

A. ¡Trampa! Me dijiste que sólo había cuatro llaves y sabías otra. ¿Por qué no me la enseñaste?

Z. La quinta me pertenece; es intransmisible, depende de la forma de mi cuerpo y de la consistencia de mi carne. Si quieres ser buen luchador, encuentra la última llave, la que sólo a ti te pertenece, la que nadie más te puede enseñar.

Buscar la Verdad es ir de aproximación en aproximación. Para llegar al centro, al Dios interior, hay que seguir la vía de la autenticidad.

26. Magia en el pensamiento

¿Qué es la filosofía? Un túnel, con un negro dentro.

¿Qué es la filosofía religiosa? Un túnel, con el espíritu de un negro dentro.

¿Qué es la filosofía humanista? Un túnel donde se busca el espíritu de un negro que no está ahí.

¿Qué es la filosofía científica? Un túnel donde se busca el espíritu de un negro que no está ahí, gritando muy fuerte «¡Ya lo encontré!».

El intelecto puede preguntar pero no puede responder; puede creer pero no puede crear; puede imaginar pero no puede conocer... Quien se encierra en sus límites mentales acaba tratando de escaparse de su cuerpo. Hay una manera de unirse con el mundo que no se realiza a través de las palabras sino de las sensaciones. Pero el Ego intelectual, encerrado en la cárcel del Yo personal, nos engaña enseñándonos a sentirnos de mil maneras no auténticas, inculcándonos gestos y movimientos estereotipados, haciendo que establezcamos nuestra piel como una frontera, dividiendo el cuerpo en interior y en exterior, convirtiendo el corazón en un reloj que con su palpitar nos indica la presencia de una transformación luminosa a la que considera un castigo fatal que llama muerte, embebiendo de angustia a la carne, catalogándonos como feos, bellos, gordos, flacos, altos, bajos, jóvenes o viejos: al cuerpo siempre le sobra o le falta algo. Nos vela la posibilidad de vivir nuestro organismo usándolo en toda su extensión, concibe el acontecimiento sexual como una catástrofe, nos obliga a realizar los normales apetitos en un cuadro manchado de vergüenza que es hija o nieta del concepto «pecado». Sólo nos permite –como sucedáneo de sus incesantes críticas– la rabia sórdida, la envidia, la desesperanza. Se niega de manera terca a que desarrollemos sentimientos sublimes como el amor universal, la bondad desinteresada, el agradecimiento sagrado o el éxtasis de la libertad.

Un borracho entra haciendo eses en una iglesia y trata en vano de asirse a una gruesa columna de la nave. Gira desesperado alrededor de ella, arañando la piedra convulsivamente. De pronto se pone a aullar de terror:

–¡Socorro! ¡Me han emparedado vivo!

El intelectual limitado desarrolla cuatro grandes temores:

Antes que nada, al espacio. El infinito se le hace intolerable. Por miedo a lo informe, diseña arquitecturas rectilíneas y se sumerge en cuartos que son cubos.

Teme también al tiempo. Llena su vida de distracciones para olvidar la brevedad de su paso por el mundo. Si el *aquí* es un cubo, el *ahora* es un producto de relojes: le parece que ha dominado la eternidad por llevarla en la muñeca, encerrada en una máquina.

Teme a la consciencia. Se contenta con hacer uso de diez células cerebrales, sin querer investigar en las incontables otras que no cesan de efectuar conexiones misteriosas en su cerebro. Con orgullo, permanece en su jaula de palabras; se entrega al absurdo consumista, transformando su angustia en infantilidad.

Teme a la vida. Detesta el cambio y se aferra a sus valores anquilosados, exhibe sus sufrimientos con orgullo vanidoso, trata de «extravagantes», «locos peligrosos» o «engendros diabólicos» a quienes, desdeñando lo político, abogan por lo poético; critica con furor a «esos idealistas» que rechazando las revoluciones abogan por una mutación mental.

Un alcohólico compulsivo está invitado a una elegante cena. Al llegar a los postres, viendo que ha bebido más de la cuenta, decide simular estar sobrio. En ese momento, la dueña de la casa le presenta a sus hijas gemelas, adolescentes. El ebrio, con perfecta galantería, frente a las dos atractivas muchachas, exclama:

–¡Oh, qué bella es usted, señorita!

Encerrarse en el área intelectual, como un ermitaño en una fortaleza, es una forma de ebriedad. El individuo, sumergido en su río de palabras, en su monólogo interior, pierde el contacto real con el mundo. Negando la multiplicidad del cosmos, tiende a simplificarlo en fórmulas. Mas toda simplificación acarrea sufrimiento. Vivir en un engaño mental conduce a la angustia...

Sin embargo, el Ego intelectual se puede convertir en una fuente de felicidad si se le hace mutar, inyectándole en sus sistemas lógicos siete leyes mágicas:

1. El mundo no es eso que pensamos que es

En la infancia absorbemos las identidades de nuestros familiares, luego de nuestros profesores, amigos y personajes famosos, formando con ellas un Yo imitado que proyectamos al mundo, transformándolo de acuerdo con lo que creemos ser. Si hemos padecido abusos en la infancia, decimos que el mundo es injusto. Si nuestros padres, por narcisismo, nos han invadido mentalmente, acabamos creyendo que estamos poseídos por alguien con poderes malignos... Al encontrarnos ante una persona que sufre por esta causa, no debemos decirle «Es una ilusión» sino: «Te creo, estás poseído: vamos a solucionarlo». «¡Nadie me ama!»: «En efecto, nadie te ama: veamos qué debes hacer para que te amen». «¡Soy un inútil!»: «De acuerdo, eres un inútil: descubramos la manera en que puedes desarrollar tus capacidades».

Cada pensamiento atrae su equivalente en el mundo: la realidad, en cierta forma, es nuestro espejo. Decimos «en cierta forma» porque este mundo es una resultante producida entre lo que él es y lo que nosotros creemos que es.

Basta actuar en el mundo proyectado con la finalidad de descubrir su naturaleza esencial para que en él se produzcan «casualidades» que nos ayudan a lograr lo que queremos. En una sala de baile, si no invitamos a bailar a alguien, nos quedamos sentados. La realidad es una danza. Si deseamos fracasar, el mundo, convertido en enemigo, nos ayuda a fracasar. Si deseamos tener éxito, el mundo se convierte en nuestro aliado.

En la memoria, las experiencias reales y las del sueño se graban de un modo semejante. Haciéndonos conscientes de ello, podemos tratar la realidad como si fuera un sueño. Si no tenemos trabajo, es útil que nos preguntemos «¿Por qué sueño que nadie me da un trabajo?» tal como haríamos ante un psicoanalista buscando el significado simbólico de una imagen onírica. Pero en «¿Por qué he soñado que me roban la cartera?», si el hecho nos ha sucedido en realidad, encontraremos respuestas porque las motivaciones del ladrón están en nosotros mismos.

Una señora sueña que acaba de acostarse en su dormitorio. De pronto la ventana se abre violentamente y un negro musculoso entra en el cuarto. Está desnudo y exhibe un miembro enorme en plena erección.

–¡Socorro! –grita la dama–. Dios mío, ¿qué me va a suceder?

El negro le responde dulcemente:

–No lo sé, señora. ¡No soy yo el que sueña, sino usted!

La realidad, primero, podemos interpretarla como un sueño. Luego podemos continuar soñándola en el sentido que le hemos encontrado. Y por fin, conducirnos en ella como lo hacemos en un sueño lúcido: con desprendimiento y consciencia, logrando introducir actos que transformen positivamente lo que acontece. Si cambiamos nuestros pensamientos, cambiamos el mundo.

2. Todos los sistemas son arbitrarios

Es imposible, en un cosmos infinito, crear un pensamiento que tenga una estructura fija. Pero si bien no podemos crear un orden podemos, tomándonos la libertad de cambiar de sistema, llevar a cabo una buena organización, demoliendo los límites destructores para sustituirlos por conceptos transformables. Pasamos entonces de un mundo estancado a un mundo fluido. La verdad es aquella que decidimos que, por su utilidad momentánea, es la verdad.

Un ciego, de pie en medio de un desierto llano, se queja de no poder avanzar porque no encuentra obstáculos que lo guíen.

Para sobrevivir debemos ponernos límites, siempre que podamos cambiarlos cuando hayan cumplido su función... No podemos vivir sin atarnos a los otros. Una atadura neurótica es aquella que nos ha oprimido contra nuestra voluntad y de la que no podemos deshacernos. Una atadura sana es aquella que hemos deseado pero de la que podemos liberarnos cuando queramos.

3. Todo está conectado con todo

Para realizarnos debemos conservar en nuestro espíritu un territorio inviolable, que llamaremos «jardín secreto». Si no lo hacemos, seremos invadidos por familiares, amigos, enemigos, comerciantes, personalidades poderosas, etc. No seremos nosotros mismos. El amor simbiótico es una ilusión. La soledad interior es absolutamente necesaria. Hay que defenderla para evitar ser vampirizados o colonizados. Esta manera de sobrevivir no debe ser confundida con el egoísmo. Quien cultiva su jardín secreto sabe respetar el jardín secreto de los demás. El curandero mexicano Carlos Said, antes de intentar sanar a un enfermo, le coloca una gruesa cuerda alrededor del cuello y le dice: «La enfermedad que te aqueja es tuya, no mía». En el fondo, la enfermedad expresa el deseo de obtener un territorio personal. El jardín secreto es de naturaleza espiritual: quien quiera llegar al Yo esencial debe desprenderse del deseo animal de poseer una parcela de terreno, una raíz geográfica, una nacionalidad. El mago pertenece a la totalidad, no a la parte. Su territorio no se mide en kilómetros: es el cosmos entero; su consciencia es también la Consciencia universal; interiormente no tiene edad, ni nombre, ni definición sexual, ni atributos. Es libre porque no posee ni se estanca, vive en continua expansión. Sin embargo, aunque el jardín interior sea una ilusión, gracias a él el mago puede navegar con su Yo esencial por las infinitas conexiones del sueño para influir positivamente en la salud colectiva.

4. Todo es posible

Para que una cosa se pueda llevar a cabo, los otros deben creer que somos capaces de hacerlo. Si los demás no creen, no lo lograremos. Por eso, debemos trabajar para que los otros comprendan que lo que hacemos es para bien... Si nosotros mismos no creemos en nosotros, al decir que lo que hacemos es «para bien», mentimos. Por muy buenos actores que seamos, puesto que pertenecemos a un Yo esencial colectivo, nadie, en el fondo, nos creerá. Si somos auténticos, si no albergamos dudas, la meta que parecía imposible, con la ayuda de los otros se podrá lograr.

¿Cómo creer? La energía está en todas partes, pero sólo surge donde fijamos la atención. En el colegio nos enseñan a fijar la atención de forma limitada: nos hacen concentrar la mirada para leer o mientras escuchamos, pero nunca en la totalidad de lo que sentimos o en nosotros mismos. Al escoger una acción o un objeto que observar o un lugar, debemos vaciar la mente de cualquier prejuicio o predicción, liberándola del pasado y del futuro, para centrarnos exclusivamente en el objeto hasta penetrar en su naturaleza profunda, en cierto modo convirtiéndonos en la cosa observada. Toda lucha, todo contacto, en el fondo resulta bien cuando se hace con uno mismo. La separación no existe. Si miramos una silla y pensamos sólo en su peso, nos costará moverla. Si nos fijamos en cómo su respaldo asciende hacia lo alto, se nos hará más fácil levantarla. A medida que desarrollamos la atención, crece el poder. Para ello, debemos tomar consciencia de los volúmenes que nos rodean, de los colores, de los tamaños, de las distancias, de las luces y sombras, de los espacios que quedan entre las cosas, de los sonidos, olores y gustos, de la postura de nuestras manos y pies cuando pensamos, del peso de nuestro cuerpo así como de la sensación global de éste con su piel, músculos, vísceras o huesos, de las ropas que lo cubren, de nuestra respiración y de la de los demás, de las palabras que como ríos transcurren por nuestra mente acompañadas de sentimientos y deseos que emanan de un pasado anquilosado y de un futuro ilusorio inculcados por los padres. La energía interna y externa se unen en el momento de la atención suprema.

En la inmensa estepa, la nieve comienza a derretirse. La naturaleza renace. Un gusano saca la cabeza de la tierra y mira con avidez a otro que acaba de salir justo a su lado. Siente entonces en su cuerpo el calor de la primavera y se dispone para abalanzarse sobre su congénere cuando éste, de pronto, grita:

–¡Alto! ¡No te equivoques! ¡Soy el extremo de tu cola!

Si estamos atentos a la personalidad de nuestro interlocutor, nos fijamos en lo que en realidad es, no en lo que cree ser o en lo que aparenta. Si profundizamos aún más y nos conectamos con su fuente de vida, con su Dios interior, en el centro de ese espíritu que nos parecía «extranjero» nos encontraremos a nosotros mismos, y podremos comunicarnos de alma a alma.

5. «Ahora» es el momento de poder

El tiempo en que podemos realizar las cosas es *ahora.* Ni ayer ni mañana. Aquí está la totalidad de nuestro pasado, aquí estamos nosotros por entero, todo nuestro poder está aquí. La materia es energía, y la energía es amor. Un amor que tiene como finalidad la totalidad de la creación universal. Para despertar este amor en nosotros, debemos eliminar toda veleidad de posesión. Se nos da para que demos. Si entendemos que el instante que vivimos es un estallido de amor, si entregamos nuestros latidos al mundo, si aceptamos la realidad del mismo modo que un feto acepta a su madre, tendremos el poder de tomar cualquier decisión. Si, por ejemplo, decimos con todo nuestro ser «¡Ahora mismo dejo de fumar!», esto se produce. Si cuando tenemos un ataque de rabia nos decimos «¡Basta ya!, ¡esto no soy yo, regreso a mi Yo esencial!», nos calmamos al instante. Si decidimos «¡Voy a dar lo mejor de mí mismo al mundo!», podremos comenzar a mejorarlo. Un pez que navega en un río aparentemente no tiene ningún poder, pero pertenece a la poderosa corriente. Su destino es el destino del torrente. Cuando el pez comprende esto, abandona toda oposición y se deja arrastrar hasta el océano. El poder consiste en realizar AHORA lo que se debe realizar.

6. Todo está vivo y puede responder

Lo que parece inanimado en realidad vive en un tiempo más lento. Las montañas no están quietas. Se desplazan sobre la corteza terrestre como inmensas olas. El mago se preocupa por los objetos que le rodean, los trata con la misma delicadeza con que trata a un niño. Si somos bruscos o destructivos con las cosas, ellas terminan por dañarnos. Si las manejamos con respeto, se convierten en nuestras aliadas. Desde tiempos inmemoriales los sacerdotes han comprendido que las ropas que usan deben corresponderse con el Yo esencial, no para aparentar sino para elevar el Alma y el Espíritu. Se dice que «el hábito no hace al monje» para aludir a individuos mentirosos que se visten para aparentar cualidades que no poseen. Por el contrario, si la persona es sincera y viste ropas que corresponden a su verdadero ideal, se puede decir que «el hábito hace al monje». Hay objetos que actúan en el inconsciente como vampiros por su carácter inútil, por ser elementos de ostentación vanidosa, por haber pertenecido a personas negativas o bien por haber formado parte de acontecimientos nefastos. Algunas personas pierden su energía por dormir en la cama donde murieron sus padres, o llevar en un dedo el anillo de una tía que se suicidó... Hay, al contrario, objetos cargados de energía positiva que, por su materia, forma o historia, despiertan en su dueño fuerzas útiles. Podríamos llamarlos «objetos de poder». Pero el mago nunca olvida que todo poder procede de nuestro interior. Así como debemos desprendernos de los objetos materiales inútiles para que no nos devoren el espacio, el tiempo o nuestro ser, también debemos desprendernos de las ideas locas («Una pareja es para toda la vida», «Hay que ser y actuar como los demás», «El mundo es una cárcel y la vida es un sufrimiento», «Todo es para nada», «Tú eres sólo mía/mío», «A falta de ser, es bueno aparentar», etc.). Muchas veces nuestro intelecto absorbe palabras que actúan como maldiciones. Cuando somos niños, los padres nos dicen: «Si no haces lo que te decimos te convertirás en un mendigo, en una puta, etc.». O bien: «No tienes oído musical», «Nunca serás adulto», «Eres imbécil», «Como hagas eso, enfermarás», etc. Nuestro inconsciente interpreta estas predicciones como órdenes y, de manera solapada, nos hace obedecerlas. Deberíamos rastrear las maldiciones que llevamos en la memoria sabiendo que tenemos el poder de anularlas con una bendición. Si nos han dicho «Nunca tendrás éxito en la vida», debemos responder:

«Bendigo mi talento creativo, voy a desarrollar todas mis posibilidades y voy a triunfar», «Sé adónde quiero ir y en qué me convertiré», «Seré un hombre con consciencia, porque quiero desarrollarla más allá de la muerte». La vida responde cuando se la ama. La crítica es útil sólo cuando está acompañada del reconocimiento de los valores. En lugar de afirmar «Esto es bueno pero es ajeno», debemos decir «Esto es ajeno pero es bueno» o bien «Esto es ajeno, pero es bueno para el mundo en el que yo participo».

Aumentamos el poder de todo aquello a lo que atribuimos poder. Una antigua fábula hindú nos relata lo siguiente:

A un hombre le han contado que existe un árbol con la milagrosa facultad de hacer realidad todos los deseos del que se guarece bajo su sombra. Este hombre, después de años de encarnizada búsqueda, encuentra ese árbol. Se sienta bajo él y piensa en una suculenta cena. De inmediato aparecen múltiples y maravillosos manjares. Cuando se cansa de comer, imagina bellas mujeres. Aparecen entonces hermosas muchachas que le permiten satisfacer sus deseos. Ahíto de los placeres carnales, pide riquezas. Aparecen cofres llenos de joyas y monedas de oro. El hombre comienza a temblar, temiendo que vengan a robarle sus tesoros. Entonces, aparece una banda de sanguinarios ladrones que le cortan la cabeza y se llevan todo cuanto había acumulado.

Llevamos el infierno y el paraíso dentro de nosotros. El árbol (el mundo) nos dará aquello que proyectemos en él. Empleando positivamente nuestros poderes, no sólo en beneficio propio sino también en el de los otros, venciendo el miedo, aprenderemos a compadecer a las personalidades agresivas y limitadas.

¿Queréis acumular carbones ardientes sobre la cabeza de quien os ha dañado? ¡Perdonadle y hacedle el bien...! Se dirá quizá que semejante perdón es una hipocresía, una refinada venganza. Sin embargo un soberano nunca se venga, porque tiene el derecho y el deber de castigar. Si es sabio, castiga el mal con el bien y opone la dulzura a la violencia. Se apodera de la locura para sanar la locura, haciendo encontrar al enfermo satisfacciones imaginarias en un orden contrario a aquel en el cual se ha perdido. Así, por ejemplo, cura a un ambicioso haciéndole desear las glorias del cielo, remedio místico; cura con un verdadero amor a un libertino, remedio natural; procura éxitos honorables a un vanidoso; muestra su desinterés a los avaros procurándoles un provecho justo por una participación honesta en empresas generosas, etc.

Éliphas Lévi, *Dogma y ritual de la alta magia*

7. Siempre hay otra forma de hacer algo

Cada vez que el mago hace algo, imagina también otras maneras de hacerlo. Así, enriquece su creatividad.

Una señora de noventa años se rompe una pierna. Después de escayolársela, el médico le dice:

–Si quiere que sane, tendrá que quedarse en su habitación dos meses.

–¡Oh! –dice la anciana–. Entonces, ¿no podré subir ni bajar por la escalera de la casa?

–Evidentemente que no... Sería una locura.

Dos meses más tarde, el doctor regresa para quitarle la escayola.

–¡Qué felicidad! –exclama la dama–. ¿Ahora ya puedo bajar y subir por la escalera?

–Siempre que usted lo quiera, pero con la condición de hacerlo con mucho cuidado.

–¡Maravilloso, doctor! ¡Me resultaba muy cansado ya el salir por la ventana y descender por el canal del desagüe!

27. La doma del elefante

En la antigua China, al Ego (es decir, un Yo personal dividido en cuatro partes competidoras que no han logrado la unidad con el Yo superior) lo llamaban *el elefante perfumado.* Un paquidermo tan fragante sólo podían lucirlo grandes mandatarios y monjes iluminados. El resto poseía un *elefante hediondo.*

El elefante perfumado es progresivo, el hediondo es regresivo. Este último se desprecia, padece toda clase de enfermedades, no puede concentrarse, no deja de criticarse a sí mismo, se detesta. Y este odio lo proyecta sobre los demás. A veces, ocultando su hedor, simula ser adulto, se hace cada vez más poderoso, cada vez más célebre, tiene cada vez más empleados, más dinero, más éxito social, envena cada vez más al mundo con sus industrias, parece sentirse cada día mejor... pero, en su interior, no soporta su fetidez.

El Yo esencial colectivo, siguiendo una tradición milenaria, ha inventado chistes sobre elefantes. He aquí tres:

1. Es fácil acusar a alguien de mentiroso, pero ¿cómo estar seguro? Por ejemplo, si usted me señala su buzón asegurándome que está vacío, y yo decido abrirlo y dentro encuentro un elefante, dígame: ¿quién ha mentido, usted o yo?

2. Un célebre explorador ha sido capturado por una tribu de salvajes que lo condena a que un elefante le aplaste la cabeza. Lo amarran y lo tienden en el suelo. Se acerca un enorme elefante blanco que levanta su gruesa pata sobre el pobre explorador. Justo en ese momento, la mirada del paquidermo y la mirada del hombre se cruzan. El explorador retiene una exclamación de alegría.

Recuerda: «Hace diez años, al pie del Kilimanjaro, socorrí a un elefante blanco alcanzado por una flecha. La bestia se me acercó, casi agonizante. Le extraje la flecha, le desinfecté la herida durante varios días, y finalmente le salvé la vida. ¡Qué maravillosa coincidencia encontrarlo ahora! Los elefantes tienen una memoria prodigiosa: este buen animal, agradecido, me va a salvar la vida. ¡Dios mío, qué rescate inesperado!». Entonces el elefante blanco levanta la pata, la baja y le revienta la cabeza. ¡No era el mismo elefante blanco!

3. Un director de circo, durante una función que dan en una pequeña ciudad, ofrece un enorme premio al espectador que sea capaz de hacer aullar a su elefante. Pero nadie cree lograrlo, excepto un enano que baja a la pista y dice muy presumido:

–¡Yo sé cómo hacerlo!

Lo encierran solo con el elefante y al cabo de cinco minutos se oyen berridos espantosos. El enano cobra su dinero y se va sin dejar su dirección. Tiempo después el circo vuelve a la pequeña ciudad y esta vez el director propone un premio diez veces más alto por una proeza aún más difícil: ¡hacer que el elefante hable delante del público! Por supuesto, nadie se atreve a aceptar el desafío. Entonces, baja el enano a la pista, mira despectivamente a todos y pide que el elefante se arrodille. Luego se acerca a la bestia y le murmura algo al oído. El elefante grita con inmenso pavor:

–¡No, por favor! ¡Nunca más!

El público, entusiasmado, aplaude al enano, excepto el director del circo, que se le acerca pasmado:

–¿Cómo has podido? ¿Qué le has dicho?

–Bueno –responde muy tranquilo el enano–, sólo le pregunté «¿Quieres que te vuelva a hacer lo que te hice la última vez?».

En cierta manera, en el primer chiste, quien afirma haber encontrado un elefante en el buzón está diciendo la verdad. Un gran porcentaje de gurús, bajo una aparentemente santa y humilde disposición al intercambio espiritual, ocultan unos monumentales egos. Muchos empresarios, políticos y celebridades, a pesar de declararse, y publicitarse, defensores de causas que protegen a los necesitados, albergan un pestilente elefante en su buzón.

En el segundo chiste, podríamos argüir que el elefante blanco es en realidad el mismo que el del pasado, pero ahora que no necesita nada del explorador muestra su verdadera personalidad. Así es el Ego hediondo: mientras está pidiendo, es dependiente, se hace el humilde, el agradecido, pero muy en el fondo odia a quien le da porque se siente humillado. Cuando llega su momento de poder, abusa, se otorga importancia, se precia de su ingratitud llamándola astucia, considera que la afrenta que le hicieron por darle lo que ahora llama «limosna» debe ser vengada. Las personas que no han desarrollado su Yo superior ni su Yo esencial no son de fiar. En su interior luchan innumerables mezclas de egos tratando de obtener el mando. Al que lo logra, muy pronto otro ego lo destrona. Es así como el elefante blanco de hoy, mañana puede conducirse de forma totalmente diferente. No hay continuidad en sus acciones.

En el tercer chiste asistimos a una misteriosa doma: el enano domina, por medio del terror, al elefante... El pequeño hombre, si se quiere dar una interpretación profunda al cuentecillo, representa la voluntad del Yo superior, al servicio del Yo esencial, actuando con autoridad sobre el Yo personal. Hace algunos años, cuando yo filmaba en India *Tusk*, sobre la vida de un elefante en cautividad, asistí a una penosa escena. Un paquidermo había destrozado, por accidente o por rabia, un decorado. Su cornaca (domador), un hombre pequeño y muy delgado, con una autoridad cruel que me asqueó, empleando su gancho de acero comenzó a golpear al animal hasta ensangrentarlo. La bestia, enorme, en lugar de aplastarlo, se encogía, berreaba, orinaba, defecaba, como un niño. Quise impedir que lo siguiera castigando, pero el oficial encargado del equipo me detuvo. «No intervenga. Ese hombre sabe lo que hace. Se detendrá cuando esté seguro de que el elefante ha comprendido. Si no es así, la próxima vez el animal no destruirá un decorado sino que comenzará a matar gente.» En ese momento sentí mi Yo personal como un elefante indisciplinado y me di cuenta de cuán indulgente había sido: le toleraba sus contradicciones, sus ambiciones desmedidas, sus múltiples temores. Supe que de ahí en adelante, para lograr una perfecta unidad en mis actos, debía comportarme como ese cornaca, rechazando con severa voluntad todo aquello que me alejara de mi verdad esencial.

Pasé varios meses trabajando en el reducto de una manada de paquidermos. Viendo la manera en que los cornacas los domaban, aprendí muchas cosas útiles para educar a mis egos regresivos.

En primer lugar, para poseer un elefante es preciso capturarlo. Sucede lo mismo con el Yo personal: para trabajar sobre él hay que decidirse a cazarlo, porque se comporta como un animal esquivo, se defiende, miente, lucha por no cambiar y, si tratan de domarlo, cree perder su identidad y escapa a todo intento de transformación... Para cautivar a un elefante los hindúes cavan un gran hoyo en el suelo, en seguida colocan hojas de árbol y hembras cerca de la trampa. Atraído por el sexo y el alimento, el elefante salvaje cae dentro de ella.

En el arcano XX (El Juicio) del Tarot, vemos un personaje central emergiendo de una fosa. Para llegar a la Consciencia, antes se ha sumergido en las profundidades de la tierra. Ha entrado en su naturaleza esencial... Si queremos progresar, primero debemos convencer a nuestro Ego intelectual: «¡Basta de ilusiones mentales! ¡Ven! ¡Fúndete en tu cuerpo, siente tu materia!». Para ello, las enfermedades son una excelente ayuda. Por ejemplo, algunos famosos directores de cine han sido tuertos. Cuando tenían dos ojos, experimentaban cierta dificultad para concentrarse. Sin cesar, multitud de cosas atraían su mirada. Al perder un ojo, pudieron centrarse en una sola cosa como nunca habían hecho, porque ya no contaban con las facilidades de antes... Un elefante salvaje posee muchas hembras, devora un árbol completo en un día, pero cuando cae en el hoyo se ve privado de alimentos y de compañía.

Para comenzar a domar nuestros egos debemos encerrarnos para meditar, vaciar la mente, el corazón, el sexo y cambiar nuestros hábitos físicos. Es decir, abstinencia sexual, variar las horas de sueño (si antes dormíamos mucho, ahora dormir poco o viceversa), tomar otro tipo de alimentos (si comíamos carne, hacernos vegetarianos; si éramos vegetarianos, empezar a comer carne), vaciar de objetos inútiles el lugar donde vivimos, dejar de leer, de ver televisión o de escuchar música y programas radiofónicos, de hablar por teléfono, de consumir drogas. Como el elefante que ha caído en la trampa, aislarse entre paredes vacías. No debemos decirnos «Haré esto durante tantas horas o tantos días». El elefante ha de permanecer en el hoyo el tiempo que sea necesario.

Cuando el elefante está exhausto, se le saca de la trampa, se le amarra con una gruesa cuerda la pata trasera izquierda a un árbol robusto y se hace lo mismo con la pata delantera derecha: así, amarrado en diagonal entre dos árboles, el elefante se encuentra estirado. La marcha, los paseos, las búsquedas se han detenido. Ya no puede elegir. Esta situación, al despertarle una rabia tremenda, le proporciona nuevas fuerzas. Mueve lo único que puede mover, su trompa, haciéndola girar como una hélice. Si le ponen una rama a su alcance, en lugar de devorarla, la arroja lejos con una violencia impresionante. Si lo dejaran suelto sería capaz de matar a cientos de personas.

Ciertos individuos parecen muy gentiles, pero en el fondo llevan dentro un mar de rabia no expresada. Son cóleras que acarrean desde su infancia, producto de abusos, prohibiciones arbitrarias, ausencias o falta de atención y de cariño. A veces la furia secreta es tan grande que el que la padece engorda, otros adelgazan, a veces se les tuerce la columna vertebral, se llenan de eczemas o echan a perder su dentadura: son los mordiscos, gritos, puñetazos o patadas que no se han atrevido a dar... Para domar el Yo personal debemos permitirnos, como el elefante atado por las patas a dos árboles, expresar nuestra rabia. Uno de esos árboles es la familia materna; el otro, la familia paterna. La cólera que llevamos dentro comienza cuando aún somos un feto en el vientre de una madre neurótica, y se acentúa al entrar en contacto los dos árboles genealógicos que se han unido cuando nacemos. Esta cólera se nos extiende hasta nuestros propios hermanos, padres, tíos, abuelos o bisabuelos; hasta la sociedad o la historia; incluso más allá aún: hasta la totalidad del universo; hasta Dios, monstruo cruel, vengador, asesino. Cuando el niño sufre, acumula una rabia cósmica... Hay que pararse frente a un muro y gritar, llorar, golpearlo con violencia, insultar a quien nos venga a la mente, vaciarnos de tal indignación. Esto nos hará darnos cuenta de que encerrábamos en nuestro corazón un elefante loco de furia. Algunos, que no han tratado de domar sus egos, atropellan transeúntes con su automóvil con la excusa de que iban bebidos, o bien, aunque sean profesores de filosofía, estrangulan a su mujer o se suicidan lanzándose por la ventana. Muchos creen estar bien porque se sienten satisfechos. Pero apenas los acosa una penuria, el elefante loco los domina... Las rabias acumuladas, poco a poco, van convirtiéndose en odio a la vida y en autodestrucción.

El elefante amarrado expresa su cólera precisamente porque las cuerdas le impiden actuar. Cuando se emprende la doma del Yo personal, aprendemos a aceptar los sentimientos violentos o negativos sin ninguna vergüenza, para luego poder expresarlos. Lo que es, es. Por ejemplo, podríamos cavar un hoyo en la tierra, tendernos de bruces y vaciar en él, vociferando, nuestros insultos y quejas. Luego, volver a llenar el agujero dejando así, metafóricamente, enterrada nuestra rabia.

Una vez que el elefante, sin comer ni dormir, ha expresado su furia, se entristece. Parece decidido a morir. Ya nada lo ata al mundo, ha perdido sus anteriores motivaciones. Antes podía, sin problemas, pasearse por la selva con total libertad. Ahora es consciente de que esa misma libertad lo ha conducido a su perdición. En realidad, el destino de los elefantes libres en India es ser liquidados por cazadores de marfil. Sólo pueden subsistir en cautividad... Nosotros, los humanos, tampoco somos libres. No podemos ser salvajes. Debemos entregarnos a la cautividad social y cultural. No hemos cesado de darnos como razón de vivir nuestro propio rencor... Sabiéndola imposible, por esa libertad ideal nos sacrificamos, por ella soportamos la vida, por ella sufrimos. Creemos que ese peso doloroso es nuestra identidad. Llevamos en el buzón un elefante hediondo disimulado bajo toda clase de perfumes. Mas cuando expresamos nuestro furor, cuando nos decimos «¡Basta, esta saña no soy yo!», cuando dejamos de beber, de fumar, de drogarnos o de ir de aventura sexual en aventura sexual, nos agobia una completa tristeza. Caemos en lo que llamamos «depresión». Echamos de menos el rencor, el desprecio, la agresión hacia nosotros mismos. Queremos pelear contra algo, la jaula social se nos presenta como libertad y la libertad interior nos parece una trampa.

Atado a los árboles, el elefante insiste en no comer ni beber. Nadie trata de obligarlo a alimentarse. Es una dramática espera. El animal debe elegir: o se deja morir o se decide a vivir aceptando un amo. Si opta por lo segundo, se calma y dócilmente deja que se le acerque un primer hombre, aquel que durante toda su vida será su cornaca. En seguida llegan otros dos más: el cocinero que preparará su comida y el ayudante que lo bañará cada día. Un paquidermo, masa imponente, podría ser comparado con el elemento *Tierra*. En cuanto a sus tres amos-sirvientes: uno trabaja con el *Fuego*, puesto que prepara bolas de cereal cocido; el otro trabaja con el *Agua* (el elefante necesita beber 300 litros diarios, además si se le impide bañarse, muere de tristeza); y el tercero, el cornaca que educa su mente, representa el *Aire*. Son los cuatro elementos de la Alquimia. A ese cuerpo que ha aceptado la domesticación, se aproximan tres aliados para proponerle un nuevo alimento, una nueva Consciencia y una nueva forma de amar.

Del mismo modo nosotros, para salir de la trampa personal, tenemos que entregarnos a una especie de agonía: «Vivo atado a relaciones inútiles que devoran mi tiempo y mi energía, y que me envilecen, disminuyen, destruyen. Trabajo en lo que no me gusta, he sepultado mis sueños. Debo cortar los nudos, enfrentar mi miedo a la soledad, perder todo lo que está sustituyendo a mi ser esencial, respirar libremente, sin obligarme a desear a quien no deseo. Aceptaré mi cuerpo como un aliado sabio, reaprenderé a sentir, comeré alimentos sanos, me despojaré de los pensamientos negativos, expulsaré de mi mente al Juez implacable, dejaré de ser mi peor enemigo, convertiré mi corazón en un canal que recibe y transmite el amor universal, lucharé contra mis deseos de posesión, siendo uno y todos a la vez, designaré como Maestro a mi Dios interior».

Cuando el elefante acepta a sus tres amos-sirvientes y colabora con la manada de paquidermos trabajadores, se le coloca en la pata trasera derecha una cadena en forma de pulsera. Para él, este anillo se convierte en un símbolo que significa que está prisionero. Mientras lo lleva, jamás intenta escapar. Pero si por cualquier circunstancia se lo quitan o lo pierde, de inmediato huirá hacia el bosque. Tolerando la pulsera, el elefante hace un juramento de fidelidad. Acepta la disciplina.

Así nosotros, comenzada la Gran Obra, aunque pasen los años continuaremos siendo fieles a nuestro trabajo. La primera fase de la disciplina consiste en el abandono de la agresión, rechazando las ideas influidas por el orgullo o el escepticismo, no hiriendo el cuerpo, los sentimientos, la creatividad ni el espíritu de los demás. Con benevolencia hacia los otros y hacia nosotros mismos, evitaremos las imposiciones crueles, reconciliando el rigor con la dulzura, consagrándonos a lo que es benéfico para el mundo. Con alegría, nos contentaremos con lo que realmente es nuestro y con lo que realmente somos. Más valiosa que mil grandes mentiras, se nos hará una ínfima verdad. Dejando de hablar de fracaso, diremos: «Este intento ha fallado, seguiremos intentándolo. No hay problemas, sólo dificultades. Nada me sucederá por debilidad, gobernaré mi vida».

Cuando el elefante acepta la pulsera en su pata, cambia sus berridos salvajes por un nuevo idioma que consiste en sólo dos palabras: *Mot!* («¡Avanza!») y *Hara!* («¡Detente!»). El elefante se convierte en un excelente trabajador. Cuando le ordenan avanzar o retroceder, así lo hace, transportando todo tipo de carga. Se ha transformado en un ser útil para la comunidad.

Nosotros podemos aprender a decir *¡Sí!* y a decir *¡No!* Somos capaces de vencer la inercia y darnos la orden de avanzar hacia nuestra realización o bien de rechazar lo que nos sea nocivo. «Vivo tratando de seducir: *Hara...!* Debo dejar de ser superficial: *Mot...!* Experimento una gran tentación hacia algo que terminará dañándome: *Hara...!* ¡*Hara*, esto no soy yo! ¡*Mot*, esto soy yo!»

La comida que le ofrece el cocinero ha sido preparada con gran dedicación, pensando en las necesidades energéticas del elefante. Nosotros, aparte de habituarnos a comidas saludables, debemos alimentar nuestros sentidos, nuestra creatividad, nuestro mundo emocional. Así, dejamos de ser personas que se enganchan a la primera cosa –sea en la amistad, el amor o el trabajo– que las solicita. Debido al miedo a perder, sin confianza en ellas mismas, carentes de disciplina, estas personas no desarrollan la capacidad de elección y aceptan, por ejemplo, alimentos contaminados o nocivos. Son, en el fondo, niños ciegos, incapaces de verse y por lo tanto de ver a los otros. Si establecen una pareja, esa relación va de crisis en crisis, convirtiéndose al final en una guerra continua... Las elefantas, domadas, ayudan al nuevo macho a integrarse en la manada. Nosotros debemos relacionarnos íntimamente sólo con personas que hayan alcanzado nuestro nivel de consciencia. A quienes aún no se hayan sometido a la autodisciplina, podemos ofrecerles ayuda, pero sin entablar contactos amistosos o sexuales. Los terapeutas que se hacen amigos de sus pacientes o se acuestan con ellos comenten un lamentable error. Las elefantas ayudan al nuevo compañero, pero no se aparean al principio con él. Se impide al paquidermo salvaje actuar como un macho antes de estar completamente domado. Sólo podrá materializar sus deseos cuando la doma haya concluido. Entonces se le concede una hembra. Satisfecho, con alegría infinita, el elefante, al alba, se dirige al trabajo. Avanza arrastrando una cadena de siete metros que ha sido añadida a su pulsera. Con el cornaca en su nuca, se ha convertido en constructor.

Y así sucede con nosotros ahora: nos levantamos alegres para continuar con el trabajo. Trabajar en lo que nos gusta nos parece una fiesta. Desarrollamos la creatividad positiva con profundo placer. Por el contrario, gastar nuestro tiempo en fiestas destructivas nos angustia. Trabajando con disciplina, salimos de la hediondez y entramos en la fragancia.

Los tres amos-sirvientes del elefante nunca lo dejan solo. Se despiertan con él, trabajan con él, lo alimentan, lo bañan, duermen junto a él... Nuestro intelecto –vaciado de conceptos inútiles–, nuestra emoción –liberada de todos los rencores– y nuestra libido –purificada de deseos no auténticos– nos inundan el cuerpo de energía, con la fluidez de un río limpio y transparente.

El elefante soporta sus rudas tareas porque tiene un par de horas de reposo en que lo llevan al río, lo sumergen en el agua y le rascan el cuerpo, que contrariamente a lo que se pudiera pensar tiene una piel muy sensible. Su mayor placer, aparte de poseer a las hembras, es ser rascado por sus tres amos-sirvientes. Gozoso, se revuelca en el agua, ofreciendo todo su cuerpo. Luego, regresa al trabajo cargado de alegría.

Cuando entramos en la vía iniciática, debemos también darnos tiempo para satisfacer a nuestro Yo personal: comer lo que nos apetezca, ver películas estúpidas pero entretenidas, asistir a un partido de fútbol, un ring de boxeo, un concierto, una discoteca, leer revistas eróticas, cómics... en fin, jugar. Hay personas que ejercen tal severidad sobre ellas mismas que a la larga arruinan su trabajo espiritual. Su neurosis acaba sobrepasando la de aquellos que se revuelcan en mediocridad. Debemos tratar a nuestro Yo personal como si fuera un niño, o sea no se le puede tener estudiando todo el día, hay que concederle recreos. Un carnaval es necesario de cuando en cuando. Después de los momentos de libertad caótica que nos ha ofrecido, podemos entregarnos a la más férrea de las disciplinas...

El elefante parece ya completamente domesticado. Trabaja como el que más pero, de pronto, por un pequeño agujero que tiene bajo cada sien, le comienza a correr una sustancia grasa, untuosa, de intenso aroma. Es el almizcle. Esto indica que el animal está en celo. Sus sirvientes entonces lo dejan tranquilo sin forzarlo a trabajar, porque si lo hicieran él no obedecería, y si insistieran podría llegar a matarlos. El celo, deseo sagrado al servicio de la reproducción, no admite amos.

Hay momentos creativos o terapéuticos en que debemos dejar que la naturaleza se exprese a través de nosotros. Su acción es más rápida que lo mental o lo emocional, es como el estallido de un rayo. En trance, nos entregamos a aquello que nos reclama, sin dudar. El más leve titubeo rompería el encanto y la autenticidad. Hemos logrado alcanzar la certeza.

Preguntan a Ramakrishna:

–¿Cree usted en Dios?

El Maestro responde:

–No.

Sorprendidos, los que lo interrogan exclaman:

–¿Cómo es posible que un gran místico como usted diga que no cree en Dios?

–No creo en Dios, lo conozco.

Cuando un elefante está en reposo, no apoya su trompa en la tierra sino que la introduce en su boca. También, antes de comer cualquier cosa, sopla con fuerza sobre el alimento. Se protege así de que algún insecto, por ejemplo una hormiga, pudiera penetrar en su trompa, llegar al cerebro y enloquecerlo. Con sabiduría natural, elimina cualquier peligro posible antes de que se produzca. Sabe prevenir.

Los posibles peligros que advertimos en un contrato que debemos firmar acabarán un día u otro por afectarnos. Donde hay un punto débil, aquello que lo rodea, por muy fuerte que sea, termina por desmoronarse junto con él. Un grupo social nunca se define por el más sabio, sino por el más torpe. Roland Topor dijo una vez que «Un gramo de caviar en un kilo de excremento no cambia nada. Un gramo de excremento en un kilo de caviar lo arruina todo».

Cuando actuamos o nos relacionamos, deberíamos proceder como el elefante. Antes de comprometernos, debemos eliminar las hormigas, es decir, establecer contratos claros, nunca para siempre sino por un plazo limitado que permita renovarlos discutiendo sus términos a la luz de los cambios que trae el tiempo. Debemos estar alerta: un lenguaje puede ser interpretado desde distintos puntos de vista.

Un hombre envía este mensaje a un hotel mexicano: «Resérvenme para tal día una suite, con vistas al mar, dos almohadas de plumas, una gran cama, un buen mini-bar, etc., etc., etc.».

Días más tarde llega a México. En su suite, con vistas al mar, encuentra un agradable mini-bar, dos almohadas de plumas y, dentro de la gran cama, tres prostitutas desnudas.

Llama por teléfono a la recepción.

–¿Qué significa esto? Yo nunca pedí tal cosa.

–Pero, señor, son sus etc., etc., etc.

Si los términos no son claros, el día en que nos encontramos con un *abogado defensor* sufrimos las consecuencias. Estos seres se las arreglan para tener siempre la razón. Apenas cometen un error, hacen cuanto pueden por demostrarnos que somos nosotros quienes hemos cometido el fallo y no ellos. Nunca reconocen el daño que causan.

Un joven padre entra en la habitación de la parturienta. Abraza a su mujer con emoción. En seguida se inclina sobre la cuna y se da cuenta de que el bebé es totalmente negro.

Retrocede horrorizado y su esposa le declara, antes de que tenga tiempo de decir algo:

–¿Ves lo que pasa por tu manía de querer hacer el amor a oscuras?

Echar la culpa a otro es una actitud a la que recurren con frecuencia quienes no trabajan para domar sus egos. A diario buscan saber quién es el responsable de lo que les sucede, sin darse cuenta de que ellos son el cómplice principal, por no decir el único artífice del problema.

–¿Cómo ha pinchado este neumático? –pregunta el mecánico.
–¡Oh, de la forma más tonta! Al pisar una botella de whisky.
–¡No me diga que no vio la botella!
–Sí que se lo digo, el hombre la llevaba en el bolsillo.

Se mienten a sí mismos. Hacen daño a la gente que los rodea y se niegan a reconocerlo. No asumen la responsabilidad de sus propios actos y los justifican con complacencia. Provocan estragos y luego aducen mil excusas. Abandonan en el mundo a una criatura que buscará toda su vida saber quién es su padre, y se permiten argumentar «¡Soy inocente! Engendré ese hijo, pero me largué cuando era pequeño. Es imposible que me recuerde. ¿Qué daño puedo haberle hecho, si no me conoce?».

Cuando dejamos de echar la culpa a los demás, nos encontramos con nosotros mismos. Un gran paso adelante es reconocer que somos responsables de lo que nos pasa. Sin embargo, los *abogados defensores* son incapaces de aceptar sus errores tan inmediatamente como lo hace este monje zen:

Llega a un monasterio, sin que se le espere, un personaje muy importante. Es la hora de la comida. Se pide al cocinero que improvise algo. Éste va al huerto, arranca unas lechugas, unos rábanos, unas zanahorias y, con lo que tiene a su alcance en la cocina, prepara rápidamente una sabrosa ensalada. El visitante comienza a comer y de pronto encuentra en su plato una cabeza de culebra. Llama al cocinero y, mostrándosela con asco, le dice:

–¿Qué es esto?

El cocinero, con un gesto rápido, toma la cabeza de culebra, la mete en su boca, se la traga, hace una reverencia y se va.

Un verdadero iniciado, cuando comete un error, sabe aceptarlo. Ha aprendido a tragarse la culebra.

El elefante, con sus patas mullidas como cojines, camina sin hacer ruido. Aunque el camino sea accidentado, avanza siempre con equilibrio, nunca se inclina ni hacia un lado ni hacia otro. Como su piel y sus patas son tan sensibles y su peso tan grande, el animal se ve obligado a vigilar sus pasos. Nunca apoya las plantas en una piedra que puede rodar, ni sobre una espina. Tiene plena conciencia de sus movimientos.

Algunas personas son de una torpeza enfermiza... Se tropiezan con mucha frecuencia, cogen una tostada para untarle mantequilla y se les hace trizas, se dejan caer sobre las sillas como si fueran pesos muertos. También, al saludarnos nos torturan la mano o hablan por teléfono en lugares públicos gritando como si estuvieran solas. Si van en el metro no se privan de darnos un codazo o si llevan una mochila en la espalda golpean, sin darse cuenta, al resto de los viajeros. O manipulan los objetos cotidianos con una violencia mal contenida... Sen no Rikyu, el más grande maestro de té de la historia de Japón, resume en unos pocos poemas lo esencial de su sagrada ceremonia (servir una taza de té), donde da una importancia capital a la manera de recibir y comunicar con sensibilidad y consciencia:

Siente que manipulas lo ligero
como si fuera pesado y lo pesado
como si fuera ligero.

Cuando deposites un objeto
hazlo con la misma delicadeza
con que te despides de tu amada.

No mires el carbón de la hoguera
con los ojos sino con el corazón.

Respeta el carbón
y luego
respeta sus cenizas.

Cuando, gracias al trabajo, se desarrolla y llega a ser el más fuerte de todos, nuestro elefante merece dirigir la manada. Se convierte en la cabeza del grupo. Cuando avanza, va delante de todos. Por ley, los otros machos deben ir detrás. Si uno de ellos, en un intento de rebelión, se le adelantara, él, con su autoridad de jefe, le hundiría los colmillos en la columna vertebral y lo mataría... Si otro macho lo desafiase abiertamente colocándose frente a él, lo eliminaría sin ninguna piedad. No permite que le falten al respeto tratándolo de igual a igual. Pero si por cualquier motivo una hembra se pone frente a él, la empuja con amabilidad hacia la manada seguidora: entre los dos sexos no existe la competición...

Muchas veces se genera entre hermanos un espíritu de contienda. Si uno de ellos es el preferido por los padres, el ignorado, al no ser el centro, anhela ocupar el sitio del otro y vivir su vida. Lo que tiene no lo satisface nunca. Desconoce su verdadera naturaleza. No sabe quién es. Necesita constantemente compañía. Tiene miedo de encontrarse solo consigo mismo porque se siente vacío.

Un transeúnte se ha encolerizado al ser salpicado de barro por un coche. Corre por la acera y, en el primer semáforo en rojo, alcanza al conductor y le dice:

–¡Señor, es usted un grosero! Si hubiera sido una persona como Dios manda, se habría detenido para disculparse, habría comprobado el perjuicio que me ha causado, luego me habría llevado en coche a su casa e invitado a un oporto para que me recuperara. Por último, no me habría dejado ir sin darme por lo menos doscientos euros en concepto de daños y perjuicios.

–¡Usted está soñando! ¿Ha visto alguna vez a un conductor comportarse así con usted?

–¡No, conmigo no! ¡Pero ayer, con mi hermana, sí!

Deberíamos saber si, a pesar de no haber recibido de nuestros padres lo que deberíamos haber recibido, hemos alcanzado un alto nivel de consciencia debido a alguna de estas tres razones: porque hemos leído, estudiado, meditado y vuelto a leer, una y mil veces..., porque misteriosamente nos iluminamos de golpe, sin esfuerzo, como si recibieramos un regalo divino..., o porque una persona compasiva decidió ayudarnos... En el primer caso, el del estudio, debemos nuestro progreso a las generaciones precedentes que tuvieron como misión dejar por escrito sus técnicas y teorías... En el segundo, debemos entender que no somos los únicos que hemos tenido la suerte de recibir el don, hay otros que quizá se hayan despertado en un nivel incluso más profundo... En el tercero, aquel que nos indica cómo llegar a ser lo que somos es nuestro Maestro para toda la vida... Si no somos capaces de agradecérselo a quien nos ayudó a encontrarlo, nuestro tesoro no vale nada, y hay demasiados «escritores espirituales» que describen conocimientos y experiencias de otros sin nombrarlos jamás. Los elefantes perfumados nos preguntan «¿Por qué tratas de ocupar un lugar que aún no mereces, si tu goce actual es el de seguir al guía superior? Cuando alcances la meta, entonces se te seguirá a ti. Pero si quieres que te sigan como me siguen a mí, no quieres ser tú, quieres ser yo, lo cual es lamentable: vivirás fingiendo conocer lo que sólo has leído o te han dicho, sin haberlo experimentado nunca».

Cuando pasa el tiempo, el gran elefante, dándose cuenta de que la vejez lo ha debilitado, permite que el joven más fuerte de la manada se coloque delante de él. En total paz, se produce un simple traspaso de poder, sin lucha, sin competición previa. Las hembras y los elefantes menos fuertes siguen de formal natural al nuevo guía. El anciano, detrás del grupo, va retrocediendo poco a poco hasta que muere con dignidad, sin que nadie lo vea.

Es probable que vengamos de familias en las que los padres, de manera quizá inconsciente, sienten celos de sus hijas o hijos. De forma conflictiva han grabado en sus psiques infantiles «Para que nosotros te amemos, tienes que triunfar. Pero si logras lo que nunca nosotros pudimos lograr, nos perderás: dejaremos de amarte, o moriremos».

Un célebre pintor chileno, asistiendo a una exposición de pinturas de su hijo, escupió en los cuadros. El muchacho tuvo éxito, pero tiempo después se suicidó... Al entrar en la pubertad, una muchacha comenzó a vestirse con ropa que la hacía más atractiva. Su madre la imitó. Cuando su hija le presentó a su novio, la señora hizo todo lo que pudo para seducirlo, hasta lograr convertirlo en su amante...

Tenemos que ser conscientes de que hemos nacido en una sociedad que es consumidora y que es competidora, lo cual nos impulsa a vivir comparándonos. El iniciado acepta al Maestro sin compararse con él, sin competir con él. En lugar de querer asesinarlo, abre su corazón y lo absorbe. ¿Qué representa este Maestro? Ramakrishna dijo: «Si lanzamos un pedazo de plomo en un recipiente que contiene mercurio, se disuelve con rapidez. De la misma manera el alma superior pierde su existencia limitada cuando se sumerge en el océano de Brahman». Brahman no sólo es el Dios exterior, es también el Dios interior.

Había una vez una muñeca de sal que quería medir la profundidad del océano. Llegó a orillas de la inmensa extensión de agua y la contempló. Hasta ese momento, continuaba siendo la misma muñeca de sal, conservando su propia superioridad. Pero apenas posó un pie en el océano, comenzó a desaparecer. Estaba perdida. Muy pronto fue imposible distinguirla. Todas las partículas de sal que la componían se habían disuelto en el agua del mar. La sal con que estaba hecha provenía de ese mismo océano: ahora había retornado para unirse de nuevo a él.

28. Niveles de vida
(Capítulo sólo para mutantes)

En una vida anterior, Buda fue una liebre. En esos días, un cazador que estaba perdido en la sierra, y casi muerto de hambre por no haber logrado atrapar una pieza, hizo una hoguera y puso en su marmita agua a hervir, tratando de imaginar que era una suculenta sopa. La liebre sintió tal pena por el cazador que, para calmarle el hambre, de un salto se sumergió en el líquido hirviente.

Años más tarde, la liebre renació como cazador. Cuando preparaba sus trampas, vio una paloma que venía huyendo de un halcón.

–¡Sálvame! –imploró la paloma.

Lleno de compasión, la ocultó en su morral. El halcón, al ver esto, se le acercó quejándose:

–¡Eres un hombre injusto! Me has quitado el alimento. Moriré de hambre.

El cazador, compadecido también de la rapaz, se cortó de su muslo un trozo de carne, que equivalía al peso de la paloma, y se lo ofreció. La rapaz, insatisfecha, le dijo:

–No es un asunto de gramos de carne. Me impediste apoderarme de la vida de mi presa. Si quieres equilibrar este acto, dame tu propia vida.

El cazador aceptó sacrificarse. Renació como Buda.

Esta leyenda nos muestra a un ser que, partiendo de un nivel animal, a lo largo de sucesivas transformaciones llega a la

Consciencia suprema. En la vida real, esto no sucede a menudo. En general las personas no cambian, convencidas de que son como creen ser y de que todo es como piensan que es. Sin salirse de su limitado nivel de consciencia, permaneciendo iguales a sí mismas, a lo sumo cambian una cosa por otra. Los comunistas de ayer son hoy capitalistas o taoístas; los creyentes se hacen ateos; los ateos, creyentes; los que amaban, odian; los que odiaban, aman... Para llegar a la Consciencia suprema, o sea a la salud espiritual, se necesita pasar por cambios esenciales. La mística hindú Ma Ananda Moyi cuenta esta historia poniéndose en el lugar de un cántaro:

> Cuando aún era tierra, la gente me pisoteaba, e incluso hubo uno que hizo sus necesidades sobre mí. Yo lo soportaba todo. Un día, vino un hombre a despedazarme con una pala. Soporté eso también. En seguida tomó un palo y me golpeó sin piedad. Después de haberme empapado con agua fría, se fue. Creí estar en paz. Pero el hombre regresó, me amasó y luego, sobre una rueda, me hizo girar y girar hasta darme la forma de un cántaro. En seguida me expuso a la intemperie. Padecí fríos y calores extremos. Luego me colocó dentro de un horno, donde un fuego intenso me quemó terriblemente. Después me vendió. Y ahora estoy aquí, lleno hasta el borde de la sagrada agua del río Ganges...
>
> Si lo soportas todo, como hace la tierra, tú también serás venerado. La vida divina se despertará en ti.

Permítaseme usar como guía de esta travesía –descrita por la santa de una manera un tanto masoquista– no un cántaro, sino una araña y una mosca.

1. Persistencia

La mosca pasa su vida tratando de evitar a la araña. La araña pasa su vida tratando de cazar a la mosca.

Nada cambia. El Yo personal, dividido en cuatro egos desequilibrados, pasa su vida tratando de no oír las llamadas del Dios interior, transportadas por el Yo esencial y el Yo superior. Aunque el amor lo solicita, escapa. Aunque la alegría de vivir lo llama, huye. Piensa que es un cazador, pero en realidad es la presa. Todo cuanto alberga en su interior lo busca, pero la conjunción no se produce. En lugar de aunar, multiplica. El príncipe da un beso a la princesa dormida, la despierta, se casan, creen ser felices, engendran muchos niños, multiplican su dinero, sus coches, se compran una casa frente al mar, viajan, van de fiesta social en fiesta social, de borrachera en borrachera, de amante en amante, de proyecto en proyecto... pero no cambian. Nada es real, todo es promesa.

Quienes viven en la persistencia se copian los unos a los otros. Los que están en el poder se aferran a sus puestos, prolongan su mandato hasta sus últimos segundos de vida. Siendo viejos, se visten igual que a los veinte años. Conservan, a punta de operaciones, injertos o pelucas, una antigua imagen seductora. Practican una misma actividad, luego otra parecida, y otra... Repetición constante, multiplicación de lo mismo. Sufrimiento y miedo a perder. Escritores que han ganado el premio Nobel, tercamente se quedaron en ese nivel, sin renovar nunca sus ideas. Samuel Beckett, por ejemplo. En su obra de teatro *Esperando a Godot* el tan esperado personaje nunca llega. Poco después, en otra obra tragicómica, una mujer en una playa monologa enterrada en la arena. Poco a poco se va hundiendo. Al final la vemos sumergida hasta el cuello, nunca sale. Más tarde, en otra creación, sus actores aparecen encerrados en jarrones y sólo muestran la cabeza. De un espectáculo a otro, los personajes se reducen cada vez más, se encierran en sus delirios, el mundo es un tarro de basura, no hay la menor posibilidad de cambio. Por supuesto que este dramaturgo escribe bien, pero su mensaje permanece en un nivel miserable. Y es que, bajo la bandera del intelecto, muchos autores se permiten decir cosas semejantes a que «El mundo no tiene finalidad, no es posible que cambie. El ser humano es un producto absurdo del azar. La esperanza es cursi, el optimismo es estúpido. No existe ninguna posibilidad de sanar. Todo terminará mal». Textos angustiados, dibujos angustiados, música angustiada, periódicos cuajados de noticias angustiantes... que producen en los seres una vida entera angustiada. Si ésta no los conduce a la multiplicación o a la división y pérdida, los sumergirá en la incrustación: se verán convertidos en auténticas tortugas humanas. Acaparazonados en su casa, en sus actividades, siempre con los mismos amigos o con el mismo y limitado estilo de pintura, de novela –sea histórica, policiaca o erótica–, de música, de arquitectura... Sardinas en sus latas de conserva, yacen siempre iguales a sí mismos, tomando píldoras calmantes. Hay quienes ni siquiera son capaces de incorporar a su lenguaje una nueva palabra.

Una pareja ha dejado de hablarse. Un día, el hombre entrega a la mujer un papel en el que ha escrito «Tengo que tomar el avión. Despiértame a las seis de la mañana». Se acuesta.

Se despierta al día siguiente al mediodía. Encuentra sobre su pecho un pequeño papel en el que está escrito «¡Despiértate!».

Sienten un increíble odio hacia quienes no viven como ellos. No aceptan que alguien sobrepase los límites de su mirada. Desean aniquilar todo pensamiento, sentimiento, deseo o acto que no sean iguales a los que ellos padecen. No realizarán la Consciencia suprema. Persistirán siendo lo que creen ser. Se defenderán de cualquiera que pretenda enseñarles algo nuevo. Competirán, negarán.

Una mujer llega a su casa y el marido exclama:

–¡Es increíble lo hermoso que es tu pelo! ¡Parece una peluca!

–¡Es una peluca!

–¿Ah, sí? Parece pelo de verdad.

Somos como un ordenador. Cada uno de nosotros tiene en

el cerebro una especie de disquete; para poder hacer algo diferente, tendríamos que cambiarlo. Pero es difícil, si no imposible, ver qué nos han insertado en él. Por eso pedimos a veces que alguien desde fuera nos diga que nuestro sistema de conducta es mecánico. Cosa peligrosa, porque si el instructor no es un verdadero santo, puede extraer nuestro disquete pero al mismo tiempo puede embutirnos uno suyo, convirtiéndonos así en fanáticos seguidores de él. Somos nosotros mismos quienes, desarrollando una formidable voluntad para rechazar y eliminar parásitos («Esto no soy yo, ni tampoco esto, ni esto...»), debemos extraernos ese viejo disquete. ¿Cómo?

2. Renuncia

La mosca comprende que los deseos carnívoros de la araña se deben en realidad a una esencial necesidad de energía y, perdiendo el miedo, acepta sacrificarse. La araña, aprendiendo a ponerse en el lugar de la mosca, decide renunciar a la caza, aunque eso la haga morir de hambre.

En un momento dado, convertidos en individuos persistentes y sin nada auténtico, no soportando ya más el tedio ni la angustia, comprendemos que sólo podremos llegar a ser nosotros mismos si nos detenemos. Para ello, nos convertimos en espectadores de lo que hemos creído ser. Nos damos cuenta de la cantidad de energía que estamos derrochando en todo tipo de obligaciones creadas, trabajando en lo que no nos gusta, con horarios que nos despojan de la libertad, con jefes que odiamos o despreciamos, colaborando en la fabricación o en la venta de medicinas y alimentos que dañan la salud, sacrificándonos por una familia que nunca debimos crear... Entonces, comenzamos a sentir que estamos dominados por deseos parásitos, al creer que teniendo a tal persona o tal objeto o tal cantidad de dinero eso nos dará felicidad. Vamos de fiesta en fiesta, de vicio en vicio sin sentirnos nunca satisfechos, torturados por rencores, por ideales inalcanzables, por tontas esperanzas. Algo en el fondo nos dice que es un engaño el creer que somos amados; y paladeando nuestro inmenso egoísmo, vemos de pronto el de los demás, nos sentimos abandonados, sin valores, acosados por innumerables miedos, principalmente por ese que nos dice que de golpe vamos a perderlo todo. Con disgusto, observamos el desfile de ideas locas que rellenan nuestra mente.

«Estoy cansado de definirme por medio de una profesión. Soy algo más que una etiqueta, que un diploma. Estoy cansado de las miradas que me inmovilizan y me empujan a situaciones que no son las mías. Estoy cansado de gastar mi energía en ganar mucho dinero. Por lo tanto, debo reducir mis actividades para llegar a mis verdaderas necesidades, haciendo exactamente lo que debo y quiero hacer, y no más. Nunca más me incrustaré en una oficina, en un matrimonio o en una casa que puedan convertirse en una cárcel.»

Este nivel de vida puede ser comparado con una oruga, que da origen a una mariposa. Nos aislamos, nos encerramos en nosotros mismos. Luchando contra la cobardía, nos enfrentamos a nuestros sufrimientos, los desenterramos del inconsciente y, en lugar de huir de ellos, nos esforzamos por dejar de querer obtener lo imposible, lo que nunca nos dieron. Aprendemos a ser nuestra propia madre y nuestro propio padre, avanzamos hacia lo más profundo de nosotros hasta sentir el ignoto centro vital y aceptar bañarnos en su manantial de amor: nos damos cuenta de que no habíamos amado porque no sabíamos amarnos. Entonces, nos encerramos el tiempo que sea necesario. Luchamos por zafarnos de cualquier hábito, de cualquier repetición maniática. Cortamos los lazos que nos atan al pasado y también dejamos de proyectarnos en el futuro: pasamos a aceptar lo que somos en *el instante.*

Así lo ilustra un koan zen:

Un discípulo dice al Maestro:

–Soy una persona estúpida. Floto, me ahogo, floto, me ahogo, floto, me ahogo... ¿Cuándo me liberaré de este doloroso mundo? Flotar, ahogarse, flotar... ¡Qué difícil es vivir!

El Maestro no responde nada. El discípulo lo mira largo rato, espera y por fin le dice:

–¡Maestro! ¿Acaso no estoy aquí, frente a usted, preguntándole una cosa?

–¿Dónde estás ahora? ¿Flotando o ahogándote?

Si el discípulo, dejando de pensar si flota o se ahoga, o que sobrevive con dificultad o que le va muy mal, se comunicara realmente con el maestro, dejaría de tener problemas. Son problemas ilusorios: ni se está ahogando ni está flotando, es un diamante frente a otro diamante, es un Buda frente a otro, una perfección frente a otra. La diferencia entre ellos es que el maestro es consciente de que el ser humano es una obra milagrosa, y el discípulo no. Éste, en lugar de identificarse con su Yo esencial, se sumerge en los límites de su Yo personal. Cree que la realización se encuentra en el futuro. Se inventa una enorme angustia que no le permite entrar en el presente... Por eso el Maestro no le responde. Si el discípulo dice que está ahogándose y flotando sucesivamente, no está en la realidad sino en su mundo mental. En cambio, el Maestro está en la realidad, presente. Y ahí no hay nada que permita ahogarse o flotar. Ni océano, ni agua, ni angustia. Sólo paz.

Convertido en oruga, aislado en sí mismo, el buscador de la Verdad se dice: «Dios interior mío, he pasado gran parte de mi vida sin verte, sin quererte conocer, sin satisfacerte, maltratándote con mi negación. En lugar de desarrollar un árbol frondoso, encarcelé tu semilla. Ahora quiero encontrarte. Voy a desprenderme de máscaras y disfraces y aceptaré ser lo que soy. Abandonaré mi constante invención de proyectos para dedicarme sólo a eliminar obstáculos. Todo lo que seré, en potencia ya lo soy. Y eso que soy eres tú, Esencia mía. Guíame, soy de ti, tengo confianza en ti, eres mi felicidad».

Y entonces, el buscador, demoliendo los muros intelectuales, imagina lo que el Dios interior puede decirle: «¡Por fin has dejado de hablar en nombre de alguno de tus egos y te has decidido a imaginar que existo! Más aún, te has permitido darme la palabra, oír lo que puedo pensar aunque *pensar* no sea una actividad propia de mi ser, ya que no necesito cerebro y mucho menos un cuerpo. Pero aceptemos que la palabra es mi forma actual de manifestación y veamos desde mi *eternidad* e *infinitud* qué es eso que tú quieres llamar realidad.

Antes que nada debo decirte que no esperes de mí ni un *sentimiento* ni un *deseo* ni una *necesidad*, son reacciones que se dan en un nivel que no me corresponde. Tampoco busques en mí impureza alguna: soy lo que soy en toda la manifestación de mi ser, no puedo ser juzgado en términos de espacio y tiempo. Para hablar contigo debo adaptarme a tus límites (ya pronunciar una palabra es mentir) y darte la energía suficiente para que abras el capullo en que te has envuelto, entregado a la transformación que significa salir de la imagen de ti mismo y ponerte en mi lugar, es decir, aceptar hablar en nombre de tu potencia superior. No es un simple juego. En todo momento puedes hacerlo. Aprende en las situaciones difíciles a ponerte en mi lugar. No eres tú quien dice humildemente "Soy de ti, tengo confianza en ti, eres mi felicidad". Escucha el inmenso amor con que me entrego a ti, porque *soy de ti.* Siente la ilimitada fe con que sostengo tu realización, porque *tengo confianza en ti.* Tu realización es *mi felicidad.* Aceptarme no es desaparecer, es integrarte en la unidad creadora. Si tratas de definirme caes en la trampa de la razón. Impensable, no soy ni el Cuerpo, ni el Alma, ni el Espíritu. No soy el oído, ni el gusto, ni el olfato, ni la vista, ni el tacto. No soy el agua, ni la tierra, ni el fuego, ni el aire. No soy el soplo vital ni ninguna parte de tu organismo. No siento aversión, ni atracción, ni avidez, ni confusión. No siento orgullo ni envidia. No tengo obligaciones, ni intereses, ni deseos, ni necesidades de liberación. Para mí no existen ni las buenas acciones, ni los pecados, ni el placer, ni el sufrimiento. Tampoco existen las plegarias, ni los lugares santos, ni las escrituras sagradas, ni los ritos. No soy el goce, ni el objeto ni el agente del goce. No conozco la muerte, ni la duda, ni las discriminaciones. Sin padre ni madre, nunca he nacido. No tengo amigos, ni parientes, ni maestros, ni discípulos. Soy sin determinante y sin forma. Omnipresente, no conozco ni la liberación ni la servidumbre. Sólo soy Felicidad pura».

Una madre está muy preocupada porque su hijo Abraham no ha regresado del colegio. Lleva ya media hora de retraso. Por fin, aparece. Su madre le dice:

–¿Por qué llegas con media hora de retraso? ¿Es que el rabino te ha dado una clase de hebreo más larga?

–No, no fue eso. En la calle me entretuvo una señora que había perdido una moneda.

–Ah, ahora comprendo... Eres tan bueno que te quedaste media hora ayudándola a encontrar su dinero.

–No fue así. Me quedé inmóvil durante media hora. Esperé que ella se cansase y se fuera, porque la moneda la tenía yo bajo mi pie.

Esa moneda puede simbolizar *la unidad.* El niño (nuestro Yo superior) pone su pie (su atención) en la moneda (la unidad) y se queda inmóvil (medita). Suceda lo que suceda, estamos ahí (en el presente) esperando a que la dama (los obstáculos del deseo) desaparezca. Estamos concentrados en nosotros mismos, sin ceder, sin desalentarnos. Cuando aquello que no somos se ha esfumado, cosechamos nuestra riqueza interior.

3. Transformación

La mosca, que por propia voluntad se ha dejado atrapar en la tela, cuando es devorada por la araña invade sus células y su alma. Araña y mosca forman ahora un solo ser que no es ni la una ni la otra, sino las dos al mismo tiempo.

Un próspero vendedor de diamantes es dueño de una joyería. Un día un ladrón enmascarado lo asalta y le roba todo lo que tiene. El mercader vende entonces sus muebles y, con el dinero recibido, comienza a vivir de la compra-venta de oro. Pero apenas ha amasado algo de riqueza, el ladrón vuelve a robarle todo y lo arruina por segunda vez.

Vende su reloj y dos o tres objetos de valor medio que le quedan, compra un poco de plata y empieza a venderla. Su negocio prospera, pero de nuevo le roban.

No le queda más que una pequeña medalla de cobre. Sale a un camino en busca de una posada cualquiera donde poder intercambiarla por un plato de comida... Mientras marcha, un bandido, montado en un gran caballo, avanza en dirección contraria. Viendo la medalla, le dice al pobre mercader:

–¡Dame eso!

–Pero... si no vale nada...

–¡Dámela!

–Piedad, es lo único que me queda...

–¡Te digo que me la des!

–¡No!

El jinete le echa el caballo encima y el hombre rueda por la tierra casi con la mandíbula rota. El otro le arrebata la medalla y se va. Adolorida, la víctima se queja:

–¡Ahora sí que ya no tengo nada!

Escupiendo sangre, emprende el camino de regreso. Cien metros más adelante, al volver una curva, ve que el caballo ha resbalado, ha caído y aplastado al bandido. Junto al muerto el mercader descubre unos sacos, en los que encuentra sus diamantes, su oro, su plata y su pequeña medalla de cobre.

Las riquezas que el ladrón (el Dios interior) le roba al mercader son en realidad todos sus deseos: deseos de poder, de aparentar, de riqueza material, de aceptación social e innumerables otros. Al final no le queda más que su cuerpo. Busca poseer un sitio, una raíz. Cuando cede esto y pierde toda definición, recupera entonces su auténtico intelecto, sus auténticas emociones, sus auténticos deseos, su auténtico lugar. Por fin es lo que es. El mercader que regresa a su pueblo se ha transformado. Ahora es capaz de comprender al otro, de acompañar al otro, de crear con el otro y prosperar junto al otro. Perdiéndolo todo ha encontrado en sí mismo la energía del amor.

La oruga, después de retorcerse de dolor, se entrega a aquello que ha gestado en su interior, pero ofreciéndole resistencia. La mariposa se debate para abrirse camino. Luchando por salir, se fortifica. Si no encontrara oposición, nacería débil y rápidamente se extinguiría. No se puede decir que la oruga haya muerto. Se ha transformado. Los gurús que insisten en que sus alumnos deben aniquilar su *despreciable ego* son meros charlatanes. La individualidad es necesaria para la supervivencia. Decir «eliminar el ego» es como decir «eliminar el huevo donde va a nacer el ave». No hay mariposa sin oruga. No hay Yo esencial sin Yo personal. En el arcano El Loco del Tarot vemos a un iluminado avanzar acompañado de un animal que bien puede ser un perro. El can lo sigue, no va delante de él guiándolo. El área razonable de lo que misteriosamente somos es como un niño que, para ser domado, debe ser amado. Si despreciándonos a nosotros mismos tratamos de anular el intelecto –una actitud sin amor–, éste se tornará tiránico, se cerrará a las llamadas del Dios interior y comenzará a guiarnos, como un perro-guía, hacia la autodestrucción. El pez que navega en la corriente forma parte del río. Si salta fuera de él, muere sofocado. Si llega con las aguas al océano, aporta Consciencia. Un mar sin flora ni fauna es una extensión de agua inútil.

Cuando por fin vemos la miserable vida que nos hemos fabricado al habernos dejado guiar por lo que creemos que somos –un limitado Yo personal–, iniciamos el trabajo doloroso de la transformación, que no es otra cosa que eliminar lo inútil para llegar a ser lo que siempre hemos sido. El cristal diamantino aparece cuando limpiamos el carbón que lo oculta. El cuádruple ego y sus desviaciones neuróticas no deben confundirse con la individualidad que nos ha otorgado la misteriosa creación universal. Ese ser único, diferente a todos los otros seres, es el canal sagrado por donde transitarán las energías creadoras de Consciencia. El Yo superior, llamado a ser el vehículo del Yo esencial, no debe ser eliminado: eso conduce a la locura. Las máscaras, los disfraces o los tatuajes mentales que familia, sociedad y cultura nos imponen, constituyéndose en costra psicológica a la que los improvisados maestros llaman «Ego», deben ser eliminados. Pero no hay que confundir el carbón con el diamante. Sólo un Yo superior depurado, respetado, sacralizado, puede permitirnos la unión con la impensable vida universal.

En esta búsqueda de autenticidad, al transformarnos, al dejar atrás lo que los iniciados llaman *el viejo hombre*, es decir, al comenzar a ser lo que somos, surgiendo con trabajo de nuestro aislamiento, accedemos a una nueva realidad con la pureza de un inocente. La herida se ha cicatrizado, se ha desprendido la costra, ahora la nueva piel es sensible. Hemos aprendido a dar y por lo tanto a recibir. Nos llegan palabras que no hemos pensado y que por su belleza nos sorprenden; nos llegan sentimientos diferentes, sublimes; deseos creativos que nos hacen transformar el espacio donde vivimos –haciéndolo más ordenado, más amplio, más limpio, más bello– o que nos inducen a cambiar de lugar para ir a un sitio que esté en más consonancia con nosotros. Todo lo no auténtico que nos rodea y acompaña, en cierta forma vampirizándonos, se desprende de nosotros. Podremos cambiar de ciudad, de trabajo, de pareja, de aspecto...

Cuando se ha realizado esta transformación interna, el mundo se nos aparece también en su naturaleza esencial. Advertimos con profunda claridad los errores de cada sistema, las injusticias, la agresión, la crueldad, el fanatismo, la ansiedad económica, la farsa política, la desinformación sistemática, la siembra de terror.

Debemos adaptarnos para sobrevivir. Aunque nuestros conocidos rechacen o no crean en nuestra evolución, debemos insistir, confiar, avanzar, aceptar tener miedo pero rechazar ser cobardes, encontrar nuevos aliados, nuevos territorios, y si nuestra pareja se resistiera al cambio, separarnos de ella. He aquí una posible carta de separación:

Querida/o amiga/o:

Si actuamos para ocupar el sitio del otro o para no «invadir» su sitio, si nos prohibimos actividades o temas porque uno de los dos los descubrió antes (es decir, si competimos o existimos ante los demás sólo porque el otro existe), si nos comparamos poniéndonos el uno al otro como rasero, si hacemos algo para mostrar al otro que le pertenecemos o que le negamos influencia y participación en nuestros actos, si dependemos del otro para vivir en cualquier plano, incluso aunque sólo sea en el alimenticio, si nos hacemos dueños o esclavos de un espacio que decimos vivir en común, si en el hogar no dejamos de entablar peleas y en la calle nos presentamos como si fuéramos una pareja sólida, si debemos vivir dándonos o pidiendo constantemente permiso, entonces... no somos amigos sino víctimas o verdugos, o estas dos cosas al mismo tiempo.

Ha llegado el momento de que nos adaptemos a lo que realmente somos, porque nada de lo que estamos viviendo hoy es real, o casi nada. No nos entendemos ni intelectual, ni emocional, ni sexual, ni materialmente. La excusa que nos damos para seguir atados es la existencia de nuestros bienamados hijos. Es una excusa pasajera, porque en unos años comprenderán que nada nos une y que son la dolorosa cuerda que nos amarra. Usándolos como cómplices involuntarios, hemos establecido una atmósfera familiar que es falsa. Emplear a los hijos como solución de la pareja es un abuso. En esta familia, ni ellos, ni tú, ni yo tenemos un sitio real, ni establecemos las relaciones que deseamos a la altura genuina de quienes somos... Nuestra convivencia actual nos quita autencidad. Todos perdemos y nadie gana. Yo ya no puedo seguir actuando en nombre de una familia, ni de una pareja, cuando, si me observo bien, soy un individuo, tanto como tú lo eres o ensayas serlo. Para mí, en este momento crucial de mi vida, es indispensable que nos separemos. Debemos encontrar un medio para solucionar los problemas económicos, de territorio, de objetos compartidos o de no desamparar a nuestros hijos, que sea equitativo y que no rehúya ninguna responsabilidad.

En este momento es fundamental para mí vivir en mi propio espacio y en mi propio tiempo, dirigidos y organizados por mí. Todo esto puede realizarse pacíficamente si dejamos que la realidad se imponga. No será una separación porque ya estamos separados. Sólo será una repartición amable. Si es así, siempre podremos vernos como amigos y ahí estaremos cual ángeles guardianes de nuestros hijos. Por mi parte, mientras viva, lo estaré.

Hay un momento en que se deben cortar las amarras neuróticas, abrir los blindajes, entrar en una nueva vida que, por supuesto, al comienzo será difícil porque aún no la hemos explorado: tenemos una experiencia de oruga, pero no de mariposa. Se podría decir que morir es lo mismo. Pero ¿qué sabemos en verdad de la muerte? Supongamos que hay un más allá, otra forma de vida: la muerte entonces correspondería al estado de oruga. En la agonía, cedemos el deseo de posesión, entregamos nuestro cuerpo, nuestra memoria, nuestra consciencia y asumimos la transformación. Nuestro Yo esencial sale del cuerpo como una mariposa y entra en una dimensión que no conoce. Al comienzo se sentirá perdido, pero en seguida encontrará la luz.

Un hombre parte con todos sus bienes en busca de Dios. Se encuentra con un ángel que le pregunta:

–¿Adónde vas?

–Trato de llegar a Dios.

–No puedes llegar a Dios con todos esos objetos. Tíralos.

El hombre se deshace de todo lo que tiene, incluso de su ropa, excepto de un pañuelo que lleva al cuello para que le cubran el rostro con él si, por azar, muere durante el viaje.

Vuelve a encontrarse con el ángel y le dice:

–Ya tiré todo. Ahora puedo encontrar a Dios.

–No te has desprendido de todo. Llevas un pañuelo.

Inmediatamente, el hombre tira el pañuelo. Se queda completamente desnudo y dice al ángel:

–Ahora indícame el camino para ir hacia Dios.

El ángel le responde:

–Ya no tienes necesidad de buscar a Dios. Ahora será Él quien te busque a ti.

En los arcanos menores del Tarot, hay flores cortadas: son ofrendas de nuestros diferentes niveles de consciencia al Dios interior. Para pasar de un nivel a otro hay que sacrificar lo obtenido en el nivel de menor desarrollo. Es un constante don de sí y una aceptación valerosa del cambio.

4. Transmutación

La araña-mosca se da cuenta de que la luz que la habita no le pertenece. Ella es tan sólo una humilde servidora y esa brillante energía es su dueña.

Quien acepta la transformación interior hace que la Consciencia que lo habita también exista en los otros.

Un grano de arena decide dar un paseo por el desierto del Sahara. Después de rodar un poco, se dice inquieto a sí mismo: «Tengo la impresión de que alguien me sigue».

Al adquirir Consciencia de los otros, en este nivel de la transmutación el *yo me transformo* se convierte en *yo te transformo.* «Transmutar» significa convertir algo en otra cosa. Éste ha sido el ideal de los antiguos alquimistas, que elevándolo a meta suprema –*Magnum Opus* (Gran Obra)– buscaban obtener la Piedra filosofal, una sustancia que tendría la virtud de convertir los metales viles (plomo, mercurio, cobre, etc.) en oro puro. Sin embargo, místicamente la Piedra filosofal simboliza la transmutación de la naturaleza animal del hombre en naturaleza divina. El hombre transformado en Piedra filosofal desarrolla cualidades espirituales que transmite a los demás, puede prevenir y curar enfermedades o prolongar la vida humana más allá de los límites que creemos naturales.

En este nivel nos preguntamos: ¿A quiénes estoy ayudando? ¿He creado campos de trabajo para los otros? ¿He proporcionado ideas constructivas? ¿He apoyado emocionalmente a los que sufren? ¿He comenzado a cambiar al mundo? ¿Me preocupo de la educación infantil, de la manera sana en que las mujeres deben dar a luz, de crear una moral no basada en prejuicios sexuales o en la exaltación de la propiedad privada? ¿He dado compañía a un moribundo, ayudándolo a morir en paz? ¿Lucho por la salud de todos los seres vivientes y del planeta?

En el nivel de la transmutación, el servir, acompañar y salvar es esencial. Si el mundo va mal, no sólo debemos poner en práctica un arte que cure, sino también negocios que curen, edificios que curen, políticas que curen, periódicos que curen, filosofías que curen, alimentos que curen, juegos que curen.

> Si tienes algo justo que decir, dilo en el mundo. Si no puedes decirlo en el mundo, dilo en tu país. Si no puedes decirlo en tu país, dilo en tu ciudad. Si no puedes decirlo en tu ciudad, dilo en tu casa. Si no puedes decirlo en tu casa, dítelo a ti mismo.
>
> Proverbio sufí

En esta Gran Obra, el creador de sí mismo actúa con delicadeza y dignidad. Sabe que la mayoría de las personas que frecuenta no están en su nivel. Entonces, paciente, perseverante, siembra sus conceptos, sus sentimientos, sus creaciones, sus acciones, sin dejarse jamás arrastrar hacia una negativa persistencia. Con un amor sin límites, sin odio, sin violencia, compasivamente, propone: «Esto deberíais cambiarlo. Deteneos. Entrad en vosotros mismos. Buscad vuestra joya interior. No deis excusas para explicar vuestro estancamiento. ¡Valor!».

Transmitimos el cambio porque sabemos cómo hemos llegado a él. Nos hemos dado cuenta de que mientras no captemos la existencia del otro poniéndonos en su lugar, toda pareja, familia u obra que creemos llegará como mucho a una satisfacción narcisista, pues los demás sólo existirán como pantallas de proyección de nuestros egos. La frase «No quiero nada para mí que no sea para los otros», se hace lema.

En este nivel, por nuestra sola presencia, producimos la aparición de pensamientos positivos, emociones sublimes, obras de arte sanadoras, actos constructivos. Somos lo contrario a un Atila, que «por donde pasa la hierba muere». Portamos la energía bendita: por donde marchamos, la hierba crece.

Un cuento hindú nos muestra a un elefante blanco que actúa como Piedra filosofal, transmutando a los seres. En esta historia todos los personajes son dignos, hermosos, nobles. No hay nada feo. Los antagonismos son resueltos y se encadenan de forma sabia. La obra que produce un artista consciente hace evolucionar a quien entra en contacto con ella. Las palabras de este cuento van dirigidas a quien las lea o escuche con la intención de liberarlo de su mente crítica, para transmitirle una alegría sagrada:

Quinientos leñadores viven en comunidad, acompañados de sus esposas e hijos, en un alejado bosque. Una elefanta salvaje, herida en una pata por una voluminosa espina, llega a la aldea. Inmediatamente los habitantes se ocupan de ella. Le quitan la espina y le desinfectan la herida. Como son pobres, cada familia da una parte de su comida para alimentarla. El animal sana. En agradecimiento a sus salvadores, comienza a trabajar para ellos. Al cabo de un tiempo, como estaba encinta, pare un elefantito blanco. La cría la sigue a todas partes mientras ella ayuda a los leñadores a cargar los pesados troncos.

Pasan algunos años. La elefanta, sintiéndose vieja, decide partir. Pide a su hijo que se quede en la aldea para continuar pagando su deuda. Éste acepta. La madre acude para morir a un lugar secreto, mientras el joven animal ocupa su puesto para seguir ayudando a los leñadores.

El paquidermo es de una gran belleza. Además, muy limpio. Cada vez que debe satisfacer sus necesidades, para no ensuciar el agua, lo hace en las orillas del río. Un día la corriente crece y se lleva los excrementos hacia la ciudad real. Llegan allí justo en el momento en que han llevado a bañar los mil elefantes del monarca. Éstos, al ver las heces, retroceden porque sienten que son la obra de un ser superior. El guardián de la manada, un hombre de sensibilidad extraordinaria, observa que esa materia no es impura. La recoge y la disuelve en el agua donde se bañan los elefantes. El excremento así disuelto se hace fragante como el incienso y todos los paquidermos salen del remojo perfumados.

Enterándose de esto, el rey se maravilla y desea fervientemente poseer al elefante misterioso. Sale de su palacio, seguido por cortesanos y guerreros, y remonta el río para encontrarlo. Llega a la aldea de los leñadores. Éstos se preguntan por qué el rey en persona ha venido a comprarles madera. Él pide ver al elefante. Se lo muestran. El rey entra en éxtasis. Lo quiere para él con toda su alma. Igualmente, cuando el elefante ve al soberano entra en éxtasis, pero con tristeza le dice:

–Majestad, vos sois el amo que yo querría tener. Pero es imposible: estoy comprometido. No puedo abandonar esta aldea tan pobre. Necesitan mi ayuda.

El rey le responde:

–Pagaré a cada uno mil monedas de oro por tu libertad.

–Está bien, pero no es suficiente. Tendríais que darles alimentos durante algunos años, ropas nuevas y cabañas con techos impermeables, así como proteger a sus mujeres e hijos.

El monarca, ansioso por llevarse al elefante, acepta y otorga todo cuanto éste acaba de solicitar. El animal lo sigue porque se siente liberado de su deuda.

Llegado al reino, el elefante blanco se convierte en el juguete del rey, luego en su cabalgadura oficial, luego en su amigo y por fin en su alma gemela. El soberano le concede la mitad de su reino. Gobiernan juntos.

La reina anuncia que está encinta. En ese momento, el rey fallece. Sus ministros deciden no decírselo al elefante, por temor a que muera de dolor, y lo llevan al bosque para que viva lejos del palacio.

Un rey vecino, enterándose de que el reino no tiene dueño supremo, decide atacarlo. Llega con su armada a la frontera. Desde ahí proclama su declaración de guerra. Los ministros le responden:

–Aún no sabemos si la reina va a dar a luz un niño o una niña. Si es mujer, nos rendiremos, porque no tendremos rey. Si nace un hombre, aceptaremos la guerra. Esperad a que la reina alumbre.

El rey enemigo responde:

–Concedido. Retendré a mis tropas hasta el momento del parto.

La reina da a luz un hijo. El reino, entonces, debe declarar la guerra. Los consejeros acuden a ver al elefante blanco, llevándole al niño. Delante del recién nacido, el elefante entra en éxtasis, como ya antes le sucedió con su padre. Los consejeros le confiesan:

–No te dijimos que tu amigo había muerto para no destrozarte el corazón. Ahora no puedes dejarte morir de tristeza porque la vida de este ser está en peligro. O bien defiendes el reino y salvas al pequeño o bien lo aplastas con tu pata antes de suicidarte.

El elefante parte a la guerra. Es tan poderoso que captura al rey enemigo y lo lleva ante los ministros. Éstos exclaman:

–¡Que muera!

El elefante se interpone:

–¡No! ¡No lo mataremos! ¡Lo dejaremos en libertad! –y dice al rey–: Ahora ya sabes que este reino tiene un rey. Acéptalo y deja de molestarnos. Vuelve a tu territorio y goza de lo que tienes, que es bastante.

El rey, al verse libre, agradece este gesto y nunca más ataca a sus vecinos. El niño crece con su amigo elefante, se convierte en un rey noble, muere iluminado y se va al paraíso con su blanco paquidermo.

5. Adoración

La araña-mosca, pudiendo ahora volar, asciende hacia el sol, fuente de su luz interior.

En un estado de arrobamiento entramos, hasta donde es humanamente posible, en posesión de nosotros mismos. Ha cesado la tiranía del cuerpo; ni las ideas ni los sentimientos ni los deseos ni las necesidades se contradicen entre ellos. Han cesado las transformaciones, hemos perdido el interés por afirmar nuestra superioridad, nos colma un amor apasionado por la existencia. En ese estado de éxtasis, de supremo desprendimiento, nuestra mente es por entero absorbida en el Espíritu, percibimos la energía divina en cada cosa, en cada ser, no hay separación entre interior y exterior, la creación entera brilla en toda su gloria natural.

Si danzamos en este estado, lo hacemos sin angustia, sin temor a la muerte, sin considerar la carne como una cárcel sino como una creación divina. Si pintamos, lo hacemos sumergidos en la Consciencia total, adorando lo que somos, recibiendo las formas y colores como un estallido del goce universal. El artista, en estado de mediumnidad, deja hablar a su Dios interior y no crea sino que recibe. La obra recibida, que es arte sagrado, sobrepasa los límites de la persona. Hemos atravesado las tinieblas del inconsciente y llegado a su centro de luz, a la fuente de donde surge la vida que es Felicidad pura. Nuestra fortaleza espiritual, defensiva, se ha convertido en templo, abierto a la luz de la Consciencia. Sintiéndonos así, nos damos cuenta de que el mundo también es un templo. Se respeta igual un pedrusco que una catedral. Las crisis mundanas nos parecen nubes oscuras ocultando en su vientre soluciones benditas. A quienes se angustian porque son mortales, porque la vida es tan corta y darían todo lo que poseen por continuar viviendo, les decimos «Sufres por lo que más amas y ya tienes: la vida. Y porque vas a perderla (esto afirmas al menos, aunque en realidad desconoces lo que hay más allá), no estás gozando de la existencia. ¡Basta, deja a un lado el futuro y ponte a vivir ahora! Cualquier acto será perfecto si lo haces en estado de adoración. Deja de competir, de envidiar y criticar a los demás para sentirte superior. Haz de la realización y la alegría de los otros tu alegría. En la mitología de todos los pueblos, un ángel nunca está solo. Hay miríadas de ángeles cantando loas al Ser Divino. Cada ángel es diferente y sin embargo acepta participar de una colectividad en éxtasis. Aprende a negarte a colaborar en obras destructivas, acepta sólo trabajos que sean útiles para ti y los demás. Comienza a ver en cada ser tus propios valores, comunícate con la luz que emana de sus centros. Si así lo haces, los otros comenzarán a darte tanto como tú les das. A coro, en un estado de agradecimiento constante, adoraréis ese milagro que es estar vivos y juntos».

Una historia iniciática que encontramos tanto en la tradición islámica como en la hebrea disfraza bajo el nombre de «Maestro» al Dios interior.

Un discípulo golpea la puerta del Maestro.
–¡Maestro, ábrame!
–¿Quién está ahí?
–¡Yo!
–¡No hay sitio para ti aquí!
El discípulo se va y al cabo de un tiempo regresa.
–¡Maestro, ábrame!
–¿Quién está ahí?
–¡Pues yo!
–¡Vete!
Mucho tiempo después, el discípulo insiste.
–¡Maestro, ábra...!
–¿Quién está ahí?
–Tú.
–Entra.

El Yo superior se abre como una flor de pétalos impersonales y conoce la adoración de la existencia. La palabra «adoración» procede del latín *adorare*, derivado a su vez de *orare*, «orar». Orar es, principalmente, rendir culto a Dios, luego a cosas o personas santas, pero en esencia orar es «hablar con la divinidad».

Un mahometano que agoniza, reza e implora una y otra vez:
–Alá, Alá, Alá...

Su crítico estado dura toda la noche. El enfermo no cesa de repetir el nombre de su Dios. Entonces el demonio se acerca a Alá y le dice:

–No comprendo, Majestad. Este hombre reza y ruega por vuestra presencia sin cesar, pero vos nunca vais hacia él.

–Te equivocas. Estoy en su plegaria. Su ruego es mi presencia.

En un momento determinado, cuando llegamos al centro vital, cesando de pedir y tan sólo agradeciendo, el Dios interior se hace eco de nuestras palabras y nos las devuelve, iguales pero colmadas de una energía sublime. Este nivel es alcanzado por muy pocos seres humanos porque requiere años de paciente perseverancia. La mayor parte de las familias, la sociedad y la cultura insisten en crear hábitos de vida que nos mantienen en la persistencia. Ante cualquier manifestación de desarrollo de la Consciencia, las instituciones –enraizadas en la tradición– de inmediato intentan refrenarla. El buscador de la Verdad tiene la sensación de ser un pez que nada contra la corriente. Es por esto por lo que la magia, a sus tres primeras acciones («querer, osar y poder»), agrega una cuarta: «callar». En su Evangelio (cap. 6, 6), san Mateo dice: «Mas tú, cuando ores, entra en tu aposento, y cerrada la puerta, ora a tu Padre que está en secreto...». Si interpretamos «aposento» como «corazón», y «Padre» como «Dios interior», podemos, aunque sea por un instante, crear en nosotros este estado de adoración.

El primer paso es «cerrar la puerta». Aislarnos. Sentados o acostados inmovilizar el cuerpo, ir descontrayendo cada músculo desde los pies hasta la cabeza, vaciar la mente lo más posible de palabras (si nos resulta muy difícil, basta con repetir incesantemente una sólo, la que se prefiera, preferible si es de nuestro idioma materno) y entregarnos a un agradable reposo, suspirar, dejar de lado los deseos, no pensar en ninguna persona y, respecto al dolor, la angustia o el sufrimiento, darnos una especie de recreo. Podemos decirnos:

En estos momentos nada me puede pasar, no necesito nada de nadie, dejo para más tarde mis miedos y mis rencores, me presento ante mí con lo único que tengo: la convicción de estar vivo. Yo, así, desnudo, vacío, sin compararme, sin juzgarme, sin que mi personalidad aparente me haga desear el reconocimiento de los otros antes de reconocerme a mí mismo, voy a sentir los latidos de mi corazón ahora. Él no es mi enemigo, no cuenta los minutos que me quedan por vivir, no me amenaza con paralizarse y matarme, es un centro de vida, late con la fuerza de la eternidad, transmite el amor infinito, la manifestación en mi cuerpo y en mi mente de la vida universal. El corazón es mi Maestro. Me entrego a él... Mi Espíritu, limpio de palabras, es energía pura. La siento. Dejo que se disuelva lentamente en mi corazón. Los latidos se hacen más conscientes... Mi fuerza sexual, cuando no se dirige a un objeto exterior, tiene la belleza y la potencia de la virginidad. También la vierto en mi corazón... Poco a poco percibo mis huesos, mi carne, mi piel, mis vísceras. En mi percepción, mi cuerpo no es materia sino sensaciones, diferentes gamas de energía. Una por una las sumerjo en mi corazón. En él he disuelto mis pensamientos, mis sentimientos, mis deseos. Todo mi ser está en mi corazón, es mi palacio, mi templo, me dejo sostener por él, rodearme. Soy un niño dorado encerrado en un vientre infinito. Soy una Consciencia que late con un ritmo abisal... Y conmigo late la tierra, el planeta, el sistema solar, las galaxias, el universo y la energía que lo sostiene. Me convierto en el centro vital del cosmos. Vienen a sumergirse en mis latidos los astros, las entidades invisibles, los seres vivientes, las plantas, los minerales, las moléculas, los átomos. Y el palpitar de mi corazón repite una y otra vez: YO-SOY-DE TI. Y con él, la creación entera (cada átomo, cada grano de arena, cada roca, cada hoja, cada flor, cada animal, cada hombre, cada mujer) clama: YO-SOY-DE TI. Y a esa oración se agregan los que fueron, las legiones de muertos y las legiones de seres y astros que nacerán: YO-SOY-DE TI... YO-CONFÍO-EN TI. Me entrego a tus designios con una confianza total. El universo entero confía en ti. Somos uno. No hay devorador ni devorado: es un intercambio continuo de vida. Tengo confianza porque sin ti no existiría, me estás dando lo que me pertenece. Nada te pido, te lo agradezco todo, cada latido de mi corazón resuena en la eternidad. Y mi voz y tu voz, al mismo tiempo, dicen: YO SOY DE TI. YO CONFÍO EN TI... ERES MI FELICIDAD.

En el momento en que comprendemos que ese YO SOY está en nosotros mismos, hemos llegado a la curación interior. En un momento dado, a fuerza de repetirlo, cuando decimos YO SOY, es el Dios interior quien habla. La enfermedad espiritual viene del hecho de que no dejamos de pensar YO NO SOY. Vivimos como muertos, formas rígidas sin interior. Cuando decimos YO SOY lo decimos a coro con el universo entero. Ya no hacemos las cosas. Las cosas se hacen en nosotros. Dejamos de buscar porque estamos continuamente encontrando.

Cuando nos encerramos a orar, ¿por qué soledad andamos? Por la maravillosa soledad de la fiesta cósmica. YO SOY la totalidad exterior e interior, YO SOY el acompañamiento absoluto. La soledad dolorosa es no saber estar con nosotros mismos. Y si la duda nos aqueja, pensamos: «El pozo puede secarse, el agua es inagotable. Incluso si somos ciegos, una luz infinita mora en nosotros».

–Dios, para que pueda tenerte es necesario que vengas a mí. ¿Cómo puedes hacerlo?

–Para que yo vaya a ti, es preciso que tú mismo vayas a ti.

Nicolas de Cues

6. Regresar

Como en el primer nivel, la araña espera a la mosca, pero ahora no se oculta sino que se muestra sin voracidad. La mosca, llegado su momento final, vuela directamente hacia la telaraña.

La transformación, la transmutación y la adoración han dado a la realidad un baño de felicidad. La caza se ha convertido en una danza donde la muerte continua es acompañada del nacimiento continuo. Cuando alcanzamos la impersonalidad del Yo esencial, de golpe volvemos al individuo que habitaba en un mundo persistente. Parecemos ser otra vez un humano común con su Yo personal, sumergido en la vida cotidiana. Sin embargo, hay una gran diferencia: todo vuelve a ser igual, pero sin angustia. Aceptamos agradecidos ser lo que somos. Nada que eliminar, nada que agregar. Podemos discernir qué es auténtico y qué es falso, y con una certeza indestructible sabemos que lo engañoso, si nos negamos a darle importancia, siempre termina por esfumarse, como una pesadilla. El mal que llega, condenado tarde o temprano a derrumbarse, es la simiente del bien que vendrá. Vivimos, a pesar de los golpes de la vida, en un estado de alegría perpetua. Hemos aprendido a amar el instante sabiendo que, en ese vórtice del torbellino del tiempo, los incontables contrarios paraíso e infierno, antes y después, Dios y Diablo, bien y mal, bello y feo danzan bañados en el éxtasis de la unidad. Todo cuanto hacíamos antes en la sombra lo hacemos ahora a la luz de la verdad. El competir se ha detenido. Somos capaces de reflejar al otro, su realización es la nuestra, su talento nos engrandece, su satisfacción nos colma de agrado. Los pequeños valores humanos nos parecen tan valiosos como joyas. No tenemos necesidad de exhibir diplomas ni premios, ni collares, ni medallas, ni insignias, ni fotografías de homenajes. Entre el desorden del mundo, hacemos de la simpleza nuestro amparo y de la sencillez nuestra finalidad.

–Maestro, ¿qué es el zen?
–Es la vida cotidiana.
–¿Cuál es su filosofía?
–Cuando como, como. Cuando duermo, duermo.

Para los cabalistas, la palabras hebreas *Tohu va vohu* («caos») significan «el huevo del orden».

La Tierra Santa es invadida por Roma. Se exige a ese pequeño territorio que envíe un regalo al emperador. Los habitantes, temerosos de represalias, entregan monedas de oro hasta llenar un respetable cofre. En seguida buscan un mensajero honrado y valiente, capaz de llevar ese tesoro al tirano. Eligen al hombre más sabio del país, un anciano que cree firmemente que todo lo que sucede, por venir de la voluntad de Dios, es para bien. Tiene un joven discípulo que lo sigue por todas partes y que no cesa de dudar. Ambos se embarcan, rumbo a Roma. De pronto estalla una terrible tempestad. El capitán dice a sus pasajeros:

–Vamos a naufragar. Preparaos para morir.

El discípulo exclama:

–¡Es imposible: en este barco viaja un hombre santo! ¡Dios no puede ahogarlo porque le ha encomendado una misión sagrada!

Los pasajeros le piden que vaya a buscar a su maestro. El discípulo baja a los camarotes y encuentra al viejo leyendo su Biblia, tranquilamente. Éste le pregunta sonriendo:

–¿Por qué tienes tanto miedo?

–Pero Maestro... estamos en medio de un huracán.

–No te preocupes, muchacho. Todo es para bien.

–De acuerdo... De acuerdo... Pero venga a rezar con nosotros, los pobres marinos y pasajeros lo necesitan.

–De acuerdo, iré...

El sabio sube al puente, alza las manos hacia el cielo y exclama:

–¡Dios nuestro, cúmplase tu voluntad!

Inmediatamente, la tempestad se calma. Un pasajero se acerca al anciano.

–Gracias por habernos salvado la vida. Soy primo del emperador. Si tuviesen necesidad de mí cuando estén en Roma, no duden en llamarme.

A pesar de que el mar ha vuelto a estar calmo, el sabio padece un fuerte mareo. Al llegar al puerto, sus molestias continúan. El discípulo se inquieta. Pero el anciano le responde:

–No te preocupes. Todo es para bien.

Van a una posada. Dejando el cofre en la bodega, el sabio, enfermo, se dispone a dormir. El joven, para acompañar a su maestro, hace lo mismo.

El posadero y su mujer entran en la bodega y abren el cofre. Al ver las monedas de oro, se apoderan de ellas y colocan en su lugar tierra que extraen del jardín.

Al día siguiente, el sabio se siente mejor. Decide llevar el tesoro al emperador. Va con el discípulo a la bodega. Cuando levantan el cofre, el muchacho exclama:

–¡No tiene el mismo peso! ¡Tenemos que abrirlo, Maestro!

–De acuerdo.

Abren el cofre y descubren que está lleno de tierra. El discípulo se angustia. Con toda calma, el sabio le dice:

–Son los propietarios de la posada quienes han robado el oro, pero van a negarlo. Nunca sabremos dónde lo escondieron. Si Dios quiere que sea así, así será. Como somos extranjeros no creerán que perdimos un tesoro. Llevémosle entonces este cofre lleno de tierra como ofrenda al emperador. No te preocupes. Todo es para bien.

El emperador los recibe amablemente. Seducido por la belleza del cofre, lo abre y descubre, estupefacto, su contenido. Se encoleriza.

–¿Cómo? ¡Sólo me traéis tierra como ofrenda? ¡Infames! ¡Esta noche dormiréis en la cárcel! ¡Mañana, al alba, os cortarán la cabeza!

Se los llevan presos. Mientras el discípulo se lamenta, el sabio le dice, como de costumbre:

–No te lamentes. Si Dios lo quiere así, así será. Todo es para bien.

Mientras están en la cárcel, el primo del emperador visita a éste y le dice:

–Primo mío, no cometas un error. Conozco a ese anciano. Hemos viajado juntos en el mismo barco. Es un gran mago. Con una sola plegaria hizo que el furioso océano se calmara. Me salvó la vida. No lo decapites. Espera. ¡Quizá esta tierra que trae de su país tenga poder!

El emperador le responde:

–Precisamente hay un enorme ejército de bárbaros atacando los muros de la ciudad. No tenemos bastantes soldados como para rechazarlos. Mañana, quizá, estemos todos muertos. Vamos a utilizar esta tierra contra ellos. Veremos qué sucede.

Se abren las puertas de la ciudad. Sale un cortejo acompañando al emperador. No llevan armas. Avanzan hacia los bárbaros... Éstos, curiosos por saber por qué el emperador osa mostrarse sin ninguna defensa, permiten que se acerque. Ven entonces al soberano abrir un cofre, tomar puñados de tierra y lanzarlos hacia ellos. Los feroces guerreros, aterrorizados por ese polvo misterioso, escapan en tremendo desorden.

El emperador regresa a su palacio, cargando el cofre.

–¡Es una tierra asombrosa! ¡Sembró el pánico entre los bárbaros! ¡Esos dos extranjeros, en verdad, son magos! ¡Traédmelos!

Cuando el sabio y su discípulo llegan ante él, los cubre de joyas y les devuelve la libertad.

Mientras van en el barco, de regreso a su país, el sabio dice:

–¿Viste? Todo fue para bien.

El discípulo refunfuña, sintiéndose culpable:

–No fue todo para bien. Nos convertimos en estafadores. El emperador nos dio joyas, pero nosotros no le dimos a cambio nada de valor. Sólo un poco de tierra.

–Dios sabe lo que hace. No va a ser una estafa. Ya lo verás...

Tiempo después se enteran de que el posadero y su mujer, habiendo oído que la tierra de su jardín hacía milagros, habían ido a ver al emperador cargados con un saco lleno.

–Majestad, nuestro jardín contiene toneladas de esa tierra mágica. Se la venderemos a buen precio. Aquella que le ofrecieron en el cofre, nosotros la pusimos a cambio de estas monedas de oro. Vea...

Y vaciaron el tesoro ante los pies del soberano. Al ver esto, el emperador exclamó, iracundo:

–¡Ladrones! ¡Cortadles de inmediato la cabeza!

Esta historia procede de la tradición hebrea. Y el mismo tema lo trata la islámica de esta forma:

De pronto, en una pequeña aldea, mueren todas las gallinas. Los habitantes van a ver al sabio del poblado y le piden su opinión. Responde:

–En cierta manera, eso es bueno.

–¿Cómo? ¿Es bueno que se mueran nuestras gallinas?

–Es bueno, eso es todo lo que os puedo decir.

Algunas horas más tarde, los perros caen al suelo, paralizados. Los aldeanos vuelven a ver al sabio.

–¿Es bueno que los perros parezcan de piedra?

–Sí, es bueno.

Los habitantes regresan a sus hogares dudando cada vez más de la claridad mental del viejo. Al anochecer, cuando están preparando la comida, los fuegos de las cocinas se apagan. Corren a ver al sabio.

–Si todos los fuegos se apagan, no nos digas que es bueno. ¡Es una maldición!

–Insisto, es bueno.

–¡Viejo loco, has perdido la cabeza! ¡Ya no te respetamos!

En ese momento se escucha el ruido atronador de un tropel de caballos. Una banda de asesinos pasa por ahí. Se detienen en el centro de la aldea. Su jefe observa:

–No hay una sola gallina, ningún perro, no sale humo de las chimeneas. Esta aldea no está habitada. Vámonos.

Y es así como los aldeanos se salvan de ser masacrados.

29. La felicidad de envejecer

El inconsciente colectivo, atravesando el miedo a las decadencias física y espiritual, ha creado chistes en los que, de forma sutil, se exalta a los viejos. He aquí seis de ellos, además de un cuento hindú y una historia sufí, en los que el personaje de edad muestra una sabiduría y una delicadeza ejemplares.

1. El hombre más viejo del mundo recibe la visita de un joven periodista, activo e impetuoso.

–Señor, usted que ha logrado vivir tan enorme cantidad de años, ¿tiene un método?

–Sí. Tengo un método.

–¿Y cuál es?

–Algo muy simple: nunca contradigo a nadie.

–¿Sólo eso? ¡No es posible!

–Sí, sí, no es posible.

2. El hombre más viejo del mundo siempre ha tenido éxito en todo lo que ha emprendido. Un joven periodista le pregunta:

–¿Cuál es su secreto?

–El secreto de mis éxitos es la paciencia con que hago lo que debo hacer.

–¿En verdad es eso? ¡No me dirá usted que puede, por ejemplo, transportar agua en un colador!

–Sí puedo, a condición de esperar pacientemente que el agua se hiele.

3. El hombre más viejo del mundo ha amasado una enorme fortuna. Un joven periodista le pregunta:

–¿Cómo la ha logrado?

–Me enriquecí vendiendo palomas mensajeras.

–¿Cuántas vendió?

–Una sola, que siempre regresó.

4. Un viudo está en su hogar con toda su familia, hijos, nueras, nietos. El jefe de su hijo viene a tomar café. Le han preparado un gran pastel. Todos están muy nerviosos, sólo el viejo conserva la calma... Con gran ceremonia, las mujeres traen el pastel. Lo cortan, pero olvidan dar un trozo al viejo. Mientras los otros comen, el anciano de pronto alza su plato y dice humildemente:

–Perdonad, ¿necesita alguien un plato limpio?

5. Un viejo está invitado a cenar en casa de una dama muy avara. Ella le sirve una taza de té y una tostada cubierta con una fina capa de miel. Viendo esto, el anciano le dice:

–¡Oh, señora, es usted muy generosa! ¡Tiene una sola abeja y me ha dado toda su miel!

6. Un viejo acude a buscar a su nieto al colegio. Una madre sale del lugar diciendo a su hijo:

–¡Niño descuidado, ve a lavarte las manos! ¡Es horrible tenerlas sucias!

El abuelo dice a su nieto:

–Muchachito, ve a lavarte las manos: es muy bello tener las manos limpias.

Cuento hindú. La tradición de ese reino exige que los familiares lleven a los ancianos a una alta montaña, donde mueren de frío. El consejero del rey, llegado ese cruel momento, ama tanto a su padre que lo oculta en el sótano de la casa. Viene a visitarlo el monarca y el consejero le ofrece una suntuosa cena. De pronto aparece un demonio que dice al rey:

–Si no me contestas tres preguntas te llevaré conmigo a los infiernos. Ésta es la primera: ¿Cómo harías para pesar un elefante?

El rey no sabe qué responder porque no existe una balanza tan grande como para pesar a un paquidermo. El consejero baja al sótano y pide a su padre que le dé la respuesta. Regresa y dice al rey al oído:

–Pesar a un elefante, majestad, es muy simple. Colocad al animal en una barca. Debido a su peso, el navío se hundirá un tanto en el agua. Marque con un trazo, en el casco de la barca, el nivel del agua. Desembarque en seguida al elefante y reemplácelo por piedras hasta que el trazo se sitúe en ese mismo nivel del agua que se había dibujado. Pese en seguida las piedras.

El rey queda encantado con la respuesta y se la repite al demonio. Éste le plantea la segunda pregunta:

–Si tienes dos víboras, ¿cómo puedes saber cuál es macho y cuál es hembra?

El viejo también proporciona la respuesta:

–Las lanzo a un mullido tapiz. La que se mueve mucho es macho, la que se queda quieta es hembra.

Y la tercera pregunta fue:

–Tienes dos yeguas. Una es la madre y la otra, la hija. ¿Cómo saber cuál es la madre y cuál es la hija, si son idénticas?

El viejo aconsejó:

–Hay que ponerlas frente a un pequeño montón de paja. La madre es la que cede la paja a la otra.

El demonio se esfuma. El rey, encantado, agradece a su consejero las buenas respuestas que le ha dado. Éste le confiesa:

–No fui yo, sino mi anciano padre. Lo tengo escondido en el sótano.

El rey le contesta:

–Desde ahora queda abolida la ley que ordena matar a los ancianos, porque tienen la sabiduría.

Historia sufí. Un obrero pierde su trabajo, cae en la miseria y junto con él toda su familia. Un día, en la calle, se encuentra con un viejo. Éste le dice:

–Soy un santo. Si me albergas en tu casa, ni a ti ni a los tuyos os faltará nunca de comer.

El obrero le cree y se lo lleva a su hogar. El viejo, con la desaprobación de la mujer y los hijos, se pone a devorar las provisiones de la familia.

Una mañana muy temprano, la esposa dice a su marido:

–Un nuevo día comienza y ya no tenemos nada que comer. Expulsa a ese viejo parásito.

El obrero despierta al anciano y le dice:

–Santo mentiroso: el gallo canta, un nuevo día comienza, tú estás aquí pero no tenemos nada que comer...

Responde, sonriente, el viejo:

–Te equivocas: aún queda un gallo.

En el chiste 1, el viejo nos enseña a ir a lo esencial sin malgastar nuestras energías en luchas y discusiones inútiles. Se dice la verdad a quien sabe escucharla. El silencio es la mejor respuesta para los oídos sordos. El gran maestro de la ceremonia del té Sen no Rikyu, al que ya citamos antes, dice en uno de sus poemas:

> Es necio quien juzga sin estudiar.
> Al hombre que lo desea verdaderamente,
> con una profunda simpatía
> le enseño, sin ocultar, los secretos del té.

En el chiste 2, el viejo insinúa al joven que los principales ingredientes de toda realización son la paciencia y la perseverancia. Sin embargo, calla un valor que no ve en quien lo interroga: para insistir y perseverar hay que desarrollar una sólida confianza en uno mismo y en el valor de lo que se emprende. El amor a la obra sustituye el amor a los premios.

En el chiste 3, podemos interpretar «una enorme fortuna»

como «un alto nivel de consciencia». El viejo nos enseña a lograr esto concentrando la atención, las fuerzas y la fe en una única finalidad. En lugar de cavar un centenar de pozos poco profundos, es mejor cavar uno solo hasta llegar al agua escondida.

En el chiste 4, el viejo nos enseña a pedir ofreciendo. La mejor manera de aprender algo es comenzar a enseñar. Si queremos curarnos, comencemos a sanar a los otros. Si queremos tener, comencemos por dar.

En el chiste 5, el viejo nos enseña a no criticar despreciando al otro, pues de ese modo sólo consiguiríamos aumentarle las defensas. Es mejor revelarle su egoísmo interpretándolo como generosidad. No sintiéndose atacado, pero sí querido, el otro abrirá su corazón, conociendo el goce de dar...

En el chiste 6, el viejo nos enseña a progresar mirando hacia lo positivo que nos ofrece el futuro, en lugar de recular hacia la meta desprendiéndonos de lo negativo del pasado. La primera actitud, luminosa, nos causa placer; la segunda, sombría, nos angustia.

En el cuento hindú, el viejo nos enseña a transmitir a las nuevas generaciones los conocimientos adquiridos. Sin egoísmo, aceptando el rechazo prejuicioso de la sociedad, discretamente el padre ayuda al hijo. El hijo ayuda al padre manteniéndolo, con la transmisión de sus enseñanzas, activo en el mundo. Esto quiere decir que el anciano ha sido un padre comprensivo, presente; ha sabido no decepcionar el amor de su hijo, se ha hecho merecedor de su confianza. En lugar de conflicto, hay don y absorción de los valores familiares.

En la historia sufí, el viejo nos enseña que si hay una posibilidad de triunfo, por mínima que sea, no podemos decir que la batalla esté perdida. Debemos seguir luchando hasta el final. Posiblemente el obrero encuentre en el vientre del gallo un gran diamante. Suceden cosas inesperadas, tanto positivas como negativas. En Texas, por ejemplo, un buen hombre salió a la calle y lo mató una vaca congelada que cayó desde un avión de carga. La realidad no obedece a esquemas petrificados, en cualquier momento podríamos encontrar un diamante en el vientre de un gallo o podría caernos una vaca congelada sobre la cabeza.

Cuando hemos alcanzado un alto nivel de consciencia, con la edad y la renuncia a la seducción, desanudamos las amarras que nos ligan al cuerpo, y sin negarlo, sabiendo que es el templo donde hemos habitado, respetuosos dejamos de considerarlo nuestra identidad. A pesar de habernos programado para vivir una larga vida, sabemos que estamos ya mucho más cerca del fin que en años precedentes. Somos capaces de captar la hermosura del tiempo que pasa. Cada segundo de vida nos parece un regalo sublime.

Como los que sufren una enfermedad terminal, conscientes de que disponemos de un tiempo limitado, cesamos de atenernos a planes importantes: nos contentamos con lo que somos, no con lo que seremos; con lo que tenemos, no con lo que tendremos. Dejamos de apegarnos a lo superfluo, permitimos que se esfumen las esperanzas, y al cesar las esperanzas cesa el miedo. Todo es un obsequio: las pequeñas satisfacciones, los sutiles mensajes de los sentidos, el cariño que nos baña como un bálsamo el corazón, los encuentros amables con otros seres humanos, la capacidad de servir de ayuda a los demás. Cada día es un buen día.

Envejecer no es ni decaer mentalmente ni convertirse en una ruina. Si nos hemos preocupado de mantener la salud de nuestro cuerpo evitando drogas y alimentos nocivos o tomados en exceso; si nos hemos preocupado de hacer cada día un poco de ejercicio, de meditar o contemplar, de seguir aprendiendo cosas nuevas, de desarrollar frente a la impermanencia una plácida humildad conservaremos hasta el último momento la lucidez juvenil; gracias al estado angélico que nos produce la disminución del deseo sexual, la vejez es una maravillosa etapa de nuestra vida. Quizá la mejor... Libres de angustias, de ambiciones, de posesiones inútiles, de ilusiones irrealizables, del deseo de ser reconocidos; capaces de amar incluso a quienes nos detestan, de aceptar los ataques y las críticas con simpatía, de silenciar el intelecto, de abrirnos en todas direcciones, de ayudar a los otros a liberarse del sufrimiento, aunque más presentes que nunca sabemos vivir como si ya hubiéramos desaparecido, gozar del supremo placer de crear artísticamente por amor a la obra y no por amor al aplauso, de colaborar en la mutación de la sociedad, de trabajar por un mundo mejor y, sobre todo, de encauzar a los jóvenes hacia el despertar de la Consciencia.

Un discípulo suplica a su viejo Maestro:

–¡Por favor, ayúdeme a vencer los límites de mi Yo personal!

–¿Quieres que en verdad te ayude? ¡Entonces vete de aquí! ¡Fuera!

–¡Pero lo necesito, Maestro! ¿Por qué me grita con tanta crueldad?

–Observa con atención...

Un pájaro entra en el cuarto por un pequeño agujero que hay en un cristal roto. Enloquecido, vuela chocando contra las paredes, tratando de salir. El anciano espera a que el avecilla, extenuada, se pose cerca del pequeño agujero. De pronto lanza un fuerte grito y el pájaro se escapa por ahí.

–Este animal va a pensar siempre que el grito que le di era agresivo, malvado, feo, cruel. Sin embargo es ese grito el que le ha dado la libertad... Tú me pides que te libere cuando yo sé que eres tú mismo y sólo tú quien puede liberarse. Te irás, es posible que me detestes toda tu vida. Sin embargo te he enseñado que el primer acto para llegar a ti mismo es dejar de ser dependiente... Para que lo comprendas mejor te voy a contar una historia: «Un joven como tú decide burlarse del oráculo de Delfos. Atrapa un pajarito y lo oculta bajo su toga. Se acerca al oráculo y dice: "El pájaro que llevo oculto ¿está muerto o vivo?", con la intención de matar al ave si el oráculo le dice "Está vivo", para demostrarle que se equivoca. El oráculo le responde: "¡Basta! ¡De ti depende que el pájaro esté muerto o vivo!"».

El Yo personal –que desea unir sus cuatro egos para, dejándose guiar por el Yo superior, avanzar hacia su realización– debe enfrentarse a cuatro ideales, cada uno correspondiente a un diferente centro... Antes que nada, en su juventud, cuando su energía física está en el nivel máximo, tiene la tentación de ser un *campeón.* ¡El mejor de todos! ¡Competir, ganar, sobrepasar límites materiales, batir récords, triunfar! Aunque lo consiga, con el paso del tiempo perderá fuerzas, y si se aferra por narcisismo a su gloria, hará de su cuerpo una angustiante prisión. No faltará un joven que le arrebate el cetro... Si no llega a ser campeón e insiste en llamarse «un frustrado», perderá la facultad de amarse y, por eso mismo, de amar a los otros y al mundo. Será un sembrador de amargura... La solución es pasar al nivel siguiente: convertirse en *héroe.* ¡Entregar la vida a una causa, a un ideal no sólo personal sino también colectivo; sacrificarse por el bien común; imponer, aun a riesgo de ser asesinado, ideas que parecen justas; sentir el miedo natural que todo ser viviente siente ante el peligro, pero nunca ceder a la cobardía! El héroe, por orgullo personal, arriesga convertirse en un guerrero sanguinario o bien transformarse en mártir de una causa fanática. Si lo vence el temor, vivirá avergonzado, despreciándose a sí mismo, insatisfecho con todo, negativo hasta la autodestrucción... No le quedará otra vía que desarrollar la mente, convertirse en *genio.* ¡Sobrepasar los prejuicios sociales, vivir adelantado a su tiempo, innovar en arte, ciencia, economía, política; inventar nuevas técnicas, descubrir otras formas de pensar! Si lo logra y es aceptado por la sociedad puede, por vanidad, quedar prisionero de su autovaloración, aceptando con indulgencia ciega el menor de sus propios caprichos, permitiéndose, en algunas ocasiones, la crueldad y hasta el crimen. Si la sociedad no lo acepta, quizá pierda la razón, se amargue, se envicie, se suicide. Si no es capaz de desarrollar su talento, puede pasarse la vida simulando ser un genio, como un travestido imita ser una mujer; o por envidia, sumido en una dolorosa mediocridad, transformar el asco hacia sí mismo en celos por cualquiera que se destaque, tratándolo de loco, degenerado, pernicioso, diabólico. Si por falta de carácter acepta ser un mediocre, se convertirá en un coleccionista infantil, sintiéndose creativo sólo porque admira con fanatismo. Si logra no caer en estas trampas, sobrepasando las tentaciones de poder, las decepciones, los obstáculos, puede con paciencia y perseverancia llegar al más alto nivel espiritual, convirtiéndose en *santo*. Esta cualidad es otorgada por el tiempo a quienes, gracias a una vida honesta y sana, la merecen. Todo anciano realizado es un santo.

Si para el hombre este camino es largo y difícil, para la mujer –en nuestra sociedad masculina– la tarea se hace inmensa. Si las cuatro cimas de la realización viril son el campeón (centro material), el héroe (centro libidinal), el genio (centro intelectual) y el santo (centro emocional), a las mujeres –con el beneplácito de las religiones– se las reduce a cuatro limitados roles: virgen (centro material), puta (centro libidinal), tonta (centro intelectual) y madre (centro emocional); es decir, señorita frustrada, pecadora despreciable, belleza hueca y esclava doméstica. Se cuenta que el primer Buda dijo a una monja «Espero que después de morir renazcas en un hombre, para que te puedas iluminar», y San Pablo escribió «Porque el varón... es imagen y gloria de Dios; pero la mujer es gloria del varón» (1 Corintios 11, 7). En los cuentos iniciáticos –producidos casi siempre por grupos religiosos masculinos– los maestros son viejos, pero no viejas. A la mujer de edad, nuestra sociedad no le concede la posibilidad de la sabiduría y la muestra siempre como si fuese fea, bruja, madre sacrificada o adefesio lujurioso, en fin, como un monstruo. La mujer puede y debe –aceptando la vejez como un don sagrado– recorrer el camino que lleva a la hermosa santidad.

Al hablar de santidad civil (no religiosa), estamos estableciendo una diferencia esencial, pues los santos religiosos pertenecen siempre a una comunidad específica: los seguidores del Nuevo Testamento son santos cristianos; los del Corán, santos islámicos; los de la Torá, *justos*, o sea santos hebreos; y los sutras y escritos semejantes producen santos budistas. Estos libros establecen preceptos que deben ser respetados. Los católicos deben cumplir 10 mandamientos. Los judíos, 613 *mitzvot* que indican lo que hay hacer y lo que no a lo largo del día. Nunca veremos a la Iglesia católica declarando «santo» a alguien que diga «El Cristo no es Dios, sino su profeta». Sin embargo esto no es así en el islam, donde un santo puede y debe declarar que el Cristo es sólo un profeta, de ninguna manera un dios. Así como los católicos no aceptarían un santo musulmán, los musulmanes tampoco un santo católico. Sería considerado un «infiel».

Nos han acostumbrado a que llamemos «santo» sólo a quien viva en el seno de una religión. Pero existen enormes diferencias dependiendo de que los santos sean católicos, sufíes, judíos, budistas o taoístas. Cada vez que se habla de «santidad», ésta se ve ligada a una institución o a una tradición que impone una moral determinada. Los mahometanos y los mormones se pueden casar con varias mujeres a la vez, cosa que un santo cristiano o judío no puede aceptar. Nadie se escandaliza por que un rabino se case y tenga hijos, sin embargo un monje católico ha de ser obligatoriamente casto. En resumen, la santidad es diferente según la tradición que la inspire. Si favorecemos una en desmedro de las otras, podríamos considerarnos intolerantes, racistas. El santo que permanece obtusamente encerrado en una religión, considerando «hereje» a quien profesa otra creencia, solamente es un «fanático».

¿Existe una santidad civil, libre, fuera de templos, libros sagrados, mandamientos caprichosos, prejuicios morales, prohibiciones y obligaciones doctrinarias? Para responder, antes tenemos que preguntarnos si producir milagros es una característica de la santidad. Según las leyendas, el Demonio es un maestro en el arte de romper las leyes universales y, tanto como Dios, puede seducirnos haciendo milagros. Un individuo diabólico es capaz de hipnotizarnos, embrujarnos, provocar catástrofes en nuestras vidas... ¡La característica esencial del santo no es hacer milagros!

¿Tiene que ver la santidad con las prohibiciones sexuales?

¿El hecho de que una mujer envejezca con su himen intacto o de que un hombre prefiera la abstinencia al coito, es prueba de virtud? ¿Es santidad convertirse en mártir, entregarse a la autoflagelación, vivir como un masoquista? ¿Es santidad hacer el bien por miedo al infierno o para intentar obtener un premio en el cielo? ¡Nada de eso!

El santo civil, contrariamente a lo que se nos ha inculcado al respecto, no espera con impaciencia su muerte. No aspira a un más allá, sino a un más acá. Para él, Dios no está en el presente sino que *es* el presente mismo. Cada segundo es sagrado. Al despertarse, siente como un regalo maravilloso estar aún en el mundo. Acepta con inmenso placer su existencia y la de los otros. Evita las destrucciones inútiles y dedica sus esfuerzos a construir jardines, sean éstos materiales o espirituales. No teme entregarse a esta locura divina que es la alegría de vivir. La sabiduría que le ha dado su longevidad, la comunica generosamente. No cree que guardar conocimientos secretos sea una forma de tener poder. El pan compartido es el mejor.

El santo civil, sabiéndose conectado a la fuente sagrada, respeta las ideas positivas que recibe y las transmite naturalmente, sin hacer esfuerzos por convencer. Las siembra, sin despreciar a nadie, esperando que fructifiquen. Si no es así, no se lamenta porque sabe que no es único, que algún otro santo civil vendrá un día a hacer el bien donde él no ha podido hacerlo. Acepta sus sentimientos sublimes porque ha dejado de temer la locura. Aunque se burlen de él, o le tachen de absurdo, no se prohíbe amar a todos los seres que vivieron en el pasado. No los ve como ejércitos de pasivos difuntos, sino como energías vivas que nos aportan su esperanza –tal como el viento hincha las velas de un navío– y nos empujan hacia el futuro, ese en que nos convertimos en la Consciencia del universo. Tampoco se impide amar a los que vendrán. Haciéndose ancestro de millares y millares de vidas, sabe que el mal que se haga se mantendrá durante cinco o más generaciones y que los actos positivos repercutirán en miles de años. El viejo santo ama a los otros porque los ve como de su familia –incluidos animales, vegetales, minerales–. Bendice cada ser o cosa que entra en su campo de percepción, no porque crea que otorga milagrosamente la salud sino porque desea con todo su ser dársela a todos: en su interior, ha dejado de ser una fortaleza defensiva para convertirse en un templo abierto. Respeta cada palabra, cada sentimiento, cada deseo, cada necesidad. Aunque los vea desviados, al mismo tiempo conoce su esencia sagrada. Sabe que siempre la raíz del odio es el amor. Establece muy claramente la diferencia entre la crueldad del mundo aparente –aquel que la historia cree *real*– y el mundo tal como es en su esencial potencialidad. A través de la agresión, de la injusticia, de la necedad bélica, busca y encuentra la belleza divina, así como se puede encontrar una perla dentro de una ostra. Nunca se deja absorber por los acontecimientos negativos, a pesar de padecerlos. No es un iluso, se da cuenta más que nadie de la codicia general, de la insania, de la decadencia, pero no las convierte en definición de la realidad. El recipiente de oro que contiene basuras no es basura.

El santo civil ve todo el tiempo a los otros como sus Maestros. Cada ser le aporta una lección, pues con sus cualidades le muestra lo que se debe hacer y con sus defectos le enseña lo que no se debe hacer. Cuando se encuentra frente a un prisionero del Yo personal, vampiro de energía obsesionado en someter a su capricho a los demás, lo considera un tirano útil porque le da la oportunidad de luchar contra sus reacciones de antipatía y vencerlas. Aprender a amar a los enemigos, aunque éstos nunca le correspondan, es el mejor ejercicio para su corazón.

El santo civil no vive en un tiempo que los no-mutantes llaman «normal». Aceptando que pronto se sumergirá en el vacío, lo ve en función de la eternidad. Comparados con la unidad infinita, los problemas personales dejan de amargarlo. Son sólo obstáculos momentáneos, dificultades soportables, no forman parte de su ser esencial. Si tiene deudas, injustas o merecidas, las paga como puede, sin perder la calma. Sabe que todo sucede en una escala más vasta que la que percibe el Yo personal.

El santo civil, aceptando que su organismo pertenece al reino animal y consciente de que ha nacido con sexo, afirma que el deseo sano es sagrado. Admite –sin por ello perder su pureza– el placer, y si está inscrito en su destino, fundará una familia. Sabe que la castidad y la virginidad perpetuas son neurosis egoístas, producidas por una educación religiosa equivocada que tiene como raíz el incesto.

El santo civil, puesto que su Yo personal –cristalizado en un Yo superior, unido a un Yo esencial, al servicio del Dios interior– no se interpone entre ese inmenso amor que lo habita y el mundo, comprende y perdona. Es consciente de que vive en una sociedad implacable donde pululan ladrones, criminales, estafadores, locos, prostitutos capaces de traicionar por dinero sus convicciones, padres ausentes, madres invasoras, hermanos celosos, familias crueles. Sin embargo perdona, porque reconoce que se trata de una desgracia colectiva. No hay culpa individual. Con su mirada enraizada en la eternidad, el santo civil ve cuanto ocurre como el gran desarrollo histórico de una especie que asciende –con crisis, errores o peligros de extinción– del nivel animal al angélico. En esencia, sufrimientos útiles, semejantes a los del gusano que se retuerce en su capullo para surgir metamorfoseado en mariposa... El santo civil sabe que el ser humano no es, sino que está siendo. Sus descendientes, algunos siglos después, con agradecimiento y cariño, lo verán como él ve hoy a los antropoides. ¿Cómo entonces no va a perdonar, a través de sus propias heridas, el mal que le hicieron? Perdonar es comprender las causas del daño.

El santo civil, sin descuidar su propia vida, hace lo posible por ser útil a los demás, sin nunca juzgarlos. En vez de luchar contra el rencor y la locura, hace lo necesario para ponerlos al servicio de la creatividad... Sin embargo, sabiendo que una cosa es dar y otra obligar a recibir, ayuda hasta donde puede, y si el otro se encierra en su búnker, no insiste. Sólo trata de acompañarlo sin intervenir. Jehová dice: «Si tú amonestares al impío, y él no se convirtiere de su impiedad y de su mal camino, él morirá por su maldad, pero tú habrás librado tu alma» (Ezequiel 3, 19).

El santo civil toma como un deber expresar lo que piensa. Si se le escucha, se siente bien. Si no se le escucha, no se perturba. Aunque no pueda cambiar al otro y aunque arriesgara su vida, le revela qué remedio es el que le convendría. Y le indica lo que él hizo consigo mismo: comenzó a analizar su desequilibro, separó sus cuatro egos, los liberó de sus escorias, los llevó a su más noble expresión y les dio una unidad. Supo domar a su Yo personal, enseñándole a inclinarse humildemente ante la Esencia y a tratar a los otros con bondad y delicadeza. «Para poderte amar, debo aceptar que bajo esa capa de imperfecciones eres perfecto. Si siento que a tu Esencia debo quitarle o agregarle algo, es que no la estoy viendo como una obra divina. Pero hay una frontera interna donde las críticas se esfuman. Es una felicidad que seas tú mismo, sin que yo ni nadie te adultere.» Un santo civil no intenta cambiar a los otros, porque para él los otros son sagrados. En un jardín, se limitará a aspirar el perfume de las flores, sin quitarles ni añadirles pétalos. Regará la tierra donde crecen, y si ve abrirse un capullo, lo celebrará tanto como si en el cielo naciera una nueva estrella.

El santo civil sabe que todo rechazo, todo dolor, si hemos desarrollado nuestra consciencia, se transforma en oportunidad.

Una monja japonesa, entrada ya la noche, pide albergue en una aldea. Le cierran las puertas, expulsándola sin piedad. Se tiene que refugiar junto a unos árboles, temblando de frío. Al llevarse el viento las nubes, dejando lucir una luna llena, la monja ve que los árboles son cerezos. Al darles la luz, comienzan a florecer. La religiosa agradece el rechazo que le ha permitido asistir a la maravillosa eclosión de esas flores.

Este libro ha sido impreso en los talleres
de Novoprint S.A.
C/ Energía, 53 Sant Andreu de la Barca
(Barcelona)